José María Sicilia
Fukushima
Flores de invierno

ホセ・マリア・シシリア
福島
冬の花

José María Sicilia
Fukushima
Winter Flowers

José María Sicilia
Fukushima
Flores de invierno

ホセ・マリア・シシリア
福島
冬の花

José María Sicilia
Fukushima
Winter Flowers

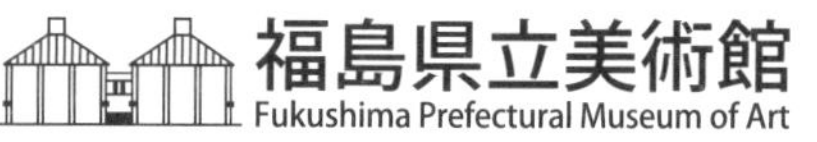

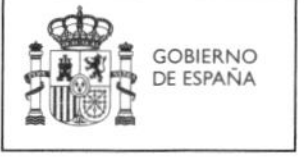

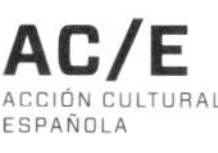

FUKUSHIMA PREFECTURAL
MUSEUM OF ART
福島県立美術館

Director
館長
Director

Hiroaki Hayakawa
早川博明

Director adjunto
副館長
Assistant Director

Yoshitaka Uzawa
鵜澤義孝

EMBAJADA DE ESPAÑA
スペイン大使館
EMBASSY OF SPAIN

Embajador
大使
Ambassador

Miguel Ángel Navarro Portera

Consejero Cultural
文化担当参事官
Cultural Counsellor

Santiago Herrero Amigo

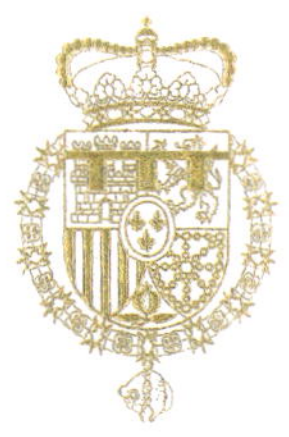

PALACIO DE LA ZARZUELA
Madrid, 30 de julio de 2013

La celebración del Año Dual de España en Japón y de Japón en España, 2013-2014, responde a una iniciativa conjunta hispano-japonesa orientada a estrechar las relaciones entre dos sociedades que a lo largo de más de cuatro siglos y medio de contactos vienen compartiendo intercambios y mutua admiración.

El Año Dual, del que tengo la satisfacción de ser co-Presidente de Honor junto con Su Alteza Imperial el Príncipe Heredero del Japón, conmemora de esta forma el IV centenario de la primera misión diplomática japonesa a España —la Embajada Keicho— con la mirada puesta en las oportunidades que nos brinda el futuro.

El Año abarca, por ello, una amplia variedad de actividades, desde el terreno económico, donde ya son numerosos los proyectos empresariales conjuntos, al ámbito científico-tecnológico, el mundo académico, la lengua, el hispanismo japonés y el campo cultural. En este último ámbito, España ha programado una serie de iniciativas con el fin de divulgar algunas de las facetas de nuestra cultura menos conocidas en Japón y de suscitar de esta forma un renovado interés hacia nuestro país.

Estoy seguro de que esta actividad contribuirá a ese doble objetivo mostrando en toda su riqueza la pujanza y la diversidad de los aspectos más contemporáneos de nuestra creatividad, fomentando así el mejor conocimiento entre nuestras dos Naciones.

Con mis mejores deseos.

Felipe
Príncipe de Asturias

サルスエラ宮殿にて
2013年7月30日、マドリッド

2013年から2014年にかけて開催される「日本におけるスペイン年」及び「スペインにおける日本年」は、スペインと日本の両国が四世紀半以上にわたって、お互いを尊重しながら培ってきた交友関係を、さらに強固な絆に発展させようとするものです。

「日本スペイン交流400周年」は、日本からスペインを訪れた初の外交使節団である慶長遣欧使節団の派遣から400年を迎えることを祝い、未来が両国にもたらす明るい展望を視座に置いて開催されます。私はこの度、日本の皇太子殿下と共に本交流年の名誉総裁に就任しましたことを、大変光栄に存じます。

本交流年は、数多くの企業が参画する経済部門をはじめ、科学技術、学術、言語、日本でのスペイン語圏文化研究、その他の文化部門に至るまで、多岐にわたる活動で構成されます。文化部門では、日本でまだ十分に周知されていないスペイン文化の諸相をご紹介し、私たちの国への新たな関心をお持ちいただけるような数々の企画を計画致しました。

私はこの度の活動が、現代スペインの創造力が持つ力強さと多様性を存分に紹介することにより、日本とスペイン両国の相互理解の促進に貢献するものと確信しております。

成功への願いをこめて
アストゥリアス皇太子 フェリペ

LA ZARZUELA PALACE
Madrid, 30 July, 2013

The celebration of the Dual Year of Spain in Japan and of Japan in Spain during 2013-2014 stems from a joint Spanish-Japanese initiative aimed at forging closer bonds between two societies whose history of shared exchanges and mutual admiration spans more than four and a half centuries.

This Dual Year, of which I have the satisfaction of being Honorary Co-Chair, along with His Imperial Highness the Crown Prince of Japan, commemorates the Fourth Centennial of the first Japanese diplomatic mission to Spain —the Keicho Embassy— with a view to the opportunities that the future offers us.

The Year consequently encompasses a wide variety of activities, ranging from the economy, in which many joint business projects are already under way, to such fields as science and technology, academia, language, Hispanic studies in Japan, and culture. In the latter area, Spain has planned a series of initiatives to increase awareness regarding some of the lesser-known facets of our culture in Japan, thus arousing renewed interest in our country.

I am certain that this activity will contribute to the dual objective we seek, showcasing the drive and diversity of the most contemporary aspects of our creativity, thereby furthering greater mutual understanding between our two nations.

Best wishes,
Felipe, Prince of Asturias

Acción Cultural Española (AC/E) participa en el *Año Dual España-Japón*, organizando la exposición *José María Sicilia. Fukushima. Flores de invierno*, una de las principales actividades culturales para conmemorar los 400 años de intercambio hispano-japonés.

Esta exposición presenta los últimos trabajos de José María Sicilia (Madrid, 1954), uno de los artistas que mejor representa el panorama artístico español actual. Sicilia plasma, a través de una serie de obras con diferentes técnicas, materiales y formatos, distintos sucesos en la región de Tohoku, causados por el gran terremoto y posterior tsunami del 11 de marzo de 2011. Para llevar a cabo este proyecto, el artista visitó en múltiples ocasiones las zonas afectadas, con el fin de investigar, descifrar y comprender lo que allí pasó y sigue pasando. El resultado de estas investigaciones artísticas queda recogido en una selección de piezas que incluye, entre otras, banderas, esculturas, pinturas, joyas, obra sonora, un documental y también obras realizadas por los niños de Tohoku en talleres infantiles que dirigió el artista.

Para el Gobierno de España a través de AC/E, es una gran ocasión para presentar esta exposición como una iniciativa de impulso al diálogo y al acercamiento intercultural entre nuestros dos países mediante las obras conmovedoras, sorprendentes y brillantes de un artista español en activo, que aporta una visión profunda sobre la realidad de aquellas catástrofes, y que se convierte en un testigo artístico del trágico acontecimiento de la historia reciente de Japón.

Queremos expresar nuestra más sincera gratitud al Fukushima Prefectural Museum of Art y a la Embajada de España en Tokio por la generosidad con la que nos han abierto sus puertas para acoger esta exposición, así como a todos los que han realizado el enorme esfuerzo para que este proyecto vea la luz.

Deseamos que esta muestra contribuya a fortalecer los lazos de amistad, unión y cooperación que hermanan a ambas naciones.

Acción Cultural Española (AC/E)

Acción Cultural Española　AC/E、スペイン文化活動公社）は、日本スペイン交流400周年に際し、主要な記念文化事業の一環として、「ホセ・マリア・シシリア、福島・冬の花」と題した展覧会を開催し、両国の交流年に参加致します。

本展覧会では、現代のスペインアートシーンを代表する一人であるホセ・マリア・シシリア（1954年、マドリード生まれ）の最新の作品をご紹介します。シシリアは、2011年3月11日に起こった大地震とそれに伴って発生した津波によって引き起こされた東北地方でのさまざまな出来事を、手法や素材、形態の異なった作品群を通して造形しました。このプロジェクトの遂行に当たり、彼は何度となく被災地を訪ね、そこで何が起こり、また起こっているのかを調査し、その解釈そして理解を試みました。その芸術的視点からの探究の成果は、数々の旗で構成された作品や、彫刻、絵画、宝石、音声作品、ドキュメンタリー、また、ワークショップに参加した東北の子供たちの手による作品を含む、厳選された作品群に反映されています。

スペイン政府にとりましては、AC/Eを介して、両国間の対話や相互理解への推進役として本展覧会を開催できますことは、たいへん意義深い機会です。現役のスペイン人アーティストによる感動的で意外性に富んだ優れた作品群は、あの災害の現実について深い見識を与え、そして日本現代史における惨事の芸術的証人となることでしょう。

本展覧会開催のために、寛大にもその門戸を開いてくださった福島県立美術館と在京スペイン大使館へ、また、このプロジェクト実現のために惜しみないご協力をくださいましたすべての皆様へ、心からお礼を申し上げます。

本展覧会が、両国の友好と団結そして協力の絆を強めるために、大きく寄与することを真に願ってやみません。

Acción Cultural Española（AC/E、スペイン文化活動公社）

Acción Cultural Española (AC/E) is participating in the *Dual Year of Spain and Japan* by organizing the exhibition *José María Sicilia, Fukushima Winter Flowers*, one of the main cultural activities held to commemorate 400 years of contact between Spain and Japan.

This exhibition presents the latest works by José María Sicilia (Madrid, 1954), one of the artists who best represents Spain's current art world. Through a series of works using different techniques, materials and formats, Sicilia has found a way to express some of the events which occurred in the region of Tohoku due to the large earthquake and resulting tsunami on March 11, 2011. In order to complete this project, the artist visited the affected areas on several occasions so that he could research, decipher and understand what happened and continues to happen there. The result of this artistic investigation has been brought together in a selection of pieces which include items such as flags, sculptures, paintings, jewelry, sound-based works, a documentary and artwork created by the children of Tohoku at children's workshops run by the artist.

For the Government of Spain, through AC/E, presenting this exhibition provides a wonderful opportunity to promote inter-cultural dialogue between our two countries so that they may come closer together through the moving, startling and brilliant works of an active Spanish artist, who contributes his profound viewpoint on the reality of those catastrophes, thereby becoming an artistic witness to this tragic event in Japan's recent history.

We would like to express our most sincere gratitude to the Fukushima Prefectural Museum of Art and to the Embassy of Spain in Tokyo for the generosity which they have shown by opening their doors to us to host this exhibition, as well as to everyone who has made such great efforts so that this project could come to light.

We hope that this exhibition contributes to strengthening the bonds of friendship, union and cooperation which link our two nations.

Acción Cultural Española (AC/E)

Como parte de los actos del 400 aniversario del inicio de los intercambios entre Japón y España, tenemos el placer de inaugurar la exposición *José María Sicilia. Fukushima. Flores de invierno.*

En 1614, la llamada Embajada Keicho —enviada por el señor feudal de Sendai, Date Masamune, y encabezada por el samurái Hasegura Tsunenaga— fue recibida en audiencia por el monarca español Felipe III. Desde entonces, Japón y España han protagonizado un rico intercambio cultural y económico, que se extiende también a otros muchos campos. José María Sicilia es una de las figuras más pujantes del panorama del arte moderno español, un artista de renombre mundial y, como es bien conocido, un hombre que viene manteniendo una relación muy especial con Japón.

Nuestro país está todavía en vías de reconstrucción tras los enormes daños que sufrió como consecuencia del gran terremoto del Este de Japón, ocurrido en marzo de 2011. En este contexto, José María Sicilia ha desplegado una gran actividad, aprestándose a elaborar su proyecto *Fukushima. Flores de Invierno*, dentro del cual ha producido una serie de obras de arte que incluye pinturas, objetos de arte e instalaciones, y participando activamente en actividades como talleres con los niños de las zonas afectadas por el terremoto. La presente exposición es la primera oportunidad que se nos depara de obtener una visión de conjunto de todo su proyecto.

Deseamos fervientemente que esta exposición, además de servir de base para nuevas formas de intercambio cultural entre ambos países, se convierta también en un símbolo de esperanza en el camino hacia la reconstrucción.

Finalizaremos nuestro saludo expresando nuestro agradecimiento al artista, al Gobierno de España, a Acción Cultural Española (AC/E) y a la Embajada de España en Japón, que han hecho posible que esta exposición sea una realidad.

Hiroaki Hayakawa
Director del Fukushima Prefectural Museum of Art

このたび、日本スペイン交流400周年記念事業の一環として「ホセ・マリア・シシリア　福島・冬の花」展を開催する運びとなりました。

日本とスペインとは、仙台藩主伊達政宗が派遣した、支倉常長を大使とする慶長遣欧使節団が1614年に国王フェリペ3世への謁見を果たして以来、文化、経済をはじめ、さまざまな分野において親密な交流を継続してきました。そしてホセ・マリア・シシリア氏は、現代スペイン美術界を牽引するアーティストの一人として世界的に知られるばかりでなく、かねて日本との深い関係を築いてきたことはご周知の通りです。

折しもわが国は、2011年3月に発生した東日本大震災によって甚大な被害を受け、今なお復興の途上にあります。こうした中で、ホセ・マリア・シシリア氏はいちはやく「福島・冬の花」プロジェクトを構想し、絵画、オブジェ、インスタレーションなどから成る一連の作品を制作したほか、被災地の児童らとのワークショップ活動を精力的に行ってきました。今回の展覧会は、そのようなプロジェクトの全貌が紹介される初めての機会となります。

この展覧会が、日本とスペインのさらなる文化交流への礎となることはもちろん、今後の復興に向けた希望の象徴となることを祈念してやみません。

最後になりましたが、本展覧会の実現にあたりご尽力をくださいましたホセ・マリア・シシリア氏、スペイン政府ならびにAcción Cultural Española(AC/E)、駐日スペイン大使館に厚く御礼を申し上げます。

福島県立美術館長　早川博明

As another of the events held to commemorate the 400th anniversary of the beginning of contact between Japan and Spain, we have the pleasure of officially opening the exhibition *José María Sicilia. Fukushima. Winter Flowers.*

In 1614, what was known as the Keicho Embassy —sent by the feudal lord of Sendai, Date Masamune, and led by samurai Hasegura Tsunenaga— was received at the royal court by Spain's monarch Felipe III. Since then, Japan and Spain have shared a wealth of cultural and economic exchanges, which have also included many other fields. José María Sicilia is one of the most up-and-coming figures in the Spanish modern art world. He is an internationally renowned artist and, as many are aware, a man who has had a very special relationship with Japan.

Our country is still on the path of reconstruction after the enormous damage which it suffered as a result of the huge earthquake in Eastern Japan that took place in March 2011. Within this context, José María Sicilia has undertaken a great deal of activity, completing the task of producing his project *Fukushima. Winter Flowers*, through which he has created a series of art works that include paintings, art objects and installations, while actively taking part in activities such as workshops with children from the areas affected by the earthquake. This exhibition is the first opportunity we have been given to get an all-encompassing perspective of his project as a whole.

We greatly hope that this exhibition, in addition to serving as a foundation for new forms of cultural sharing between the two countries, will also become a symbol of hope on the path towards reconstruction.

We would like to end our greeting by expressing our thanks to the artist, the Government of Spain, Acción Cultural Española (AC/E) and the Embassy of Spain in Japan, all of whom have made it possible to hold this exhibition.

Hiroaki Hayakawa,
Director of the Fukushima Prefectural Museum of Art

Introducción   José María Sicilia

Salvaje es la muerte, segadora de la humanidad,
¿Por cuánto tiempo construimos casas?
¿Por cuánto tiempo nos comprometemos?
—Poema de Gilgameš, x,vi, 17-18

Mientras la tierra exista, habrá siembra y cosecha,
frío y calor,verano e invierno, y días y noches
—Génesis, 8:22

El instante no espera a nadie, es irreparable, no lo puedes prolongar. En los acantilados de yeso del Pays de Caux, las playas creadas por el efecto de las mareas, el subsuelo de tiza y la luz se vuelven tornasoladas, apariciones naciendo y muriendo, espejos de carne. El tornasol no es un color, es un «entre dos», es lo efímero, el tiempo no es continuo, es una innovación continuada. Y la carne, la madre de todos los colores. El 11 de marzo de 2011, las costas de Tohoku se hundieron por efecto de un terremoto producido en la Fosa de Japón, el terremoto liberó una gran energía, 680 veces superior a la de la bomba de Hiroshima. Miles de muertos, heridos, desaparecidos y desarraigados fueron sus víctimas. Miyako, Yamada, Otsuchi, Kamaishi, Ofunato, Rikuzentakata, Ishinomaki, Minamisoma y Fukushima hablan de lo efímero. Lo efímero no es el instante, es una cualidad del tiempo, su vibración sensible. Lo efímero es aceptar lo fluyente y lo flotante, «el espíritu de la ola». En Japón, a finales del siglo xvi, la cultura chōnin urbanizó y levantó estas ciudades; en el siglo xvii nace el *ukiyo-e*, las estampas japonesas que tendrán su desarrollo del siglo xvii al xx. *Ukiyo* quiere decir 'mundo flotante', su homónimo es 'mundo dolorido'. En el *ukiyo-e* se dan cita la moda y la muerte, como en el siglo xvii en las «pinturas de jeroglíficos» de Valdés Leal, en el *Finis Gloriae Mundi* e *In Ictu Oculi* del Hospital de La Caridad de Sevilla, *vanitas* sobre la caducidad de los bienes temporales y la brevedad de la vida. Tohoku, inmenso *ukiyo-e*, incierto y ambiguo, a la espera del momento, de la ocasión, en que los ojos se abran y vean lo terrible, el instante, un casi nada, huidizo.

はじめに　　José María Sicilia

野性は死、人類を根こそぎにする、
私たちは、いつまで家を造り続けるのか？
私たちは、いつまでこれを余儀なくされるのか？

—ギルガメシュ叙事詩　第10書板、第6書板、17-18

地のある限り、
種まきの時も、刈入れの時も、
暑さ寒さも、夏冬も、
昼も夜もやむことはないであろう。

—創世記　第8章22

瞬間は、誰をも待っていない。それは取り返しようもなく、引き延ばすこともできないものである。ペイ・ド・コーの白亜の断崖では、潮の干満作用によって造られた海岸線が、灰白色の下層土と陽光が、虹色にきらめきながら反転を繰り返し、そこに現し身の幻影が生まれ、そして死ぬ。きらめきは色でなく、「二つのものの間」であり、はかなく、そして連続しない時間、絶えざる刷新である。そして、その現し身はすべての色彩の産みの親。2011年3月11日、日本海溝に起きた地震により、東北沿岸部は高波に揉まれた。地震は広島原爆の680倍を超える巨大なエネルギーを解き放った。死者・行方不明者合わせて約1万9千人、他に多数の負傷者、家屋倒壊という犠牲をもたらした。宮古、山田、大槌、釜石、大船渡、陸前高田、石巻、南相馬、福島の惨状は、命のはかなさを物語っている。だがはかなさは瞬間ではない。それは時間の特性、その感知し得る振動である。はかなさとは、流れるもの、漂うもの、「波の霊」を受け容れることである。日本では、16世紀末に町人文化が、町々を都市化し繁栄させた。17世紀には、浮世絵が誕生し、日本版画は17世紀から20世紀にかけて発展していく。ウキヨとは、「浮世(ふせい) [はかない世の中] 」と「憂き世 [つらい世の中] 」の二つの意味が重なりあった言葉。浮世絵の中で流行と死が相まみえる。それは17世紀のバルデス・レアルの「ヒエログリフ[神聖文字]的　絵画」とも言うべきFinis　Gloriae Mundi [世の栄光の終焉] とセビリア・カリタス病院所蔵のIn Ictu Oculi [瞬く間に] 　やVanitas[空しさ]がそうであるように、この世の富の空しさと人生のはかなさを物語っている。不確かで曖昧模糊とした巨大な浮世絵とも言うべき東北は、恐ろしいもの、つかの間、ほとんど無と言ってもいいもの、に両目を開くその瞬間を、その機会を待っている。

Introduction José María Sicilia

Savage is Death, reaper of mankind,
For how long do we build houses?
For how long are we endangered?
—The Epic of Gilgamesh, x,vi, 17-18

While the earth remaineth, seedtime and harvest,
and cold and heat, and summer and winter,
and day and night shall not cease
—Génesis, 8:22

The moment waits for no one, it is irreparable, you can't prolong it. Along the gypsum cliffs of the Pays de Caux, the beaches created by the effect of the tides, together with the chalk subsoil and the light, produce iridescent apparitions, arising and dying, mirrors of flesh. Iridescence isn't a color, it's a "between," the ephemeral; time isn't continuous but is an ongoing innovation. And flesh, the mother of all colors. On March 11, 2011, the coast of the Tohoku region was inundated by the effects of an earthquake produced in the Japan Trench. The earthquake released a vast amount of energy, 680 times greater than the atomic bombing of Hiroshima. Thousands of dead, injured, missing, and homeless people numbered among its victims. Miyako, Yamada, Otsuchi, Kamaichi, Ofunato, Rikuzentakata, Ishinomaki, Minamisoma, and Fukushima speak of the ephemeral. The ephemeral isn't the moment, it's a quality of time, a sensible vibration. The ephemeral is accepting what flows and floats, "the spirit of the wave." In Japan, at the end of the 16th century, the culture of the Chonin urbanized and built these cities; the 17th century saw the beginning of *ukiyo-e*, the Japanese print movement that would develop between the 17th and 20th centuries. *Ukiyo* means "floating world"; its homonym is "world in pain." In *ukiyo-e* fashion and death meet, as in the 17th-century "hieroglyphic pictures" of Valdés Leal, the *Finis Gloriae Mundi* and *In Ictu Oculi* of the Hospital de La Caridad in Seville, *vanitas* paintings that speak of the perishability of worldly goods and the brevity of life. Tohoku, an immense *ukiyo-e*, uncertain and ambiguous, awaiting the moment, the occasion, when eyes will be opened and will see the terrible, the moment, an almost nothing, fleeting.

Antropología nómada del canto y lo feroz

Antonio Lucas

Demencial es el mar al no poder morir de una única ola
—Edmond Jabès

Este mundo
¿con qué puedo compararlo?
Con campos de otoño
tenuemente iluminados, al anochecer
por los relámpagos
—Minamoto No Shitago

Puede que la obra de José María Sicilia sea, en su raíz más honda, un proceso de desenvolvimiento. Un arco de tránsito. Un portón sin doctrina donde el artista se halla, en silencio, ante la proximidad de una grieta. La grieta es el mundo y su lógica viene dada por todo aquello que en él se concreta. No solo la materia sino también el concepto, que es una forma sublime de huida. Esa dialéctica extrema de explorar sin buscar, casi sin saber, sencillamente interpretando lo que sale al paso del viaje como condensación, quizá, de una forma más alta. Se trata de un combate por alumbrar la existencia depositando en esa investigación todo el azar necesario, estableciendo una suerte de alquimia entre lo que el instante contiene y su significado, su modulación hasta concretar lo fortuito, lo abstracto, en algo que pesa ya sobre la tierra. En cierta manera el acto de pintar es eso. Pero también el gesto de pensar en la pintura, en la acción de crear. En la contradicción que implica y en el cerco al que condena.

José María Sicilia, quizá por eso, es un artista en fuga que acepta la necesidad de escoger el itinerario imprevisto, armando desde el desconcierto esa otra realidad en la que necesita anclarse, fascinarse, sorprenderse. Sicilia está más que nunca sujeto a lo real como ejercicio de experimentación, como epifanía y, por qué no, como un fervor de transparencia. Casi como un compromiso que busca en la deriva de las cosas la cosa misma. De ahí que en sus más de cuarenta años en el arte, su avanzar se pueda hoy asumir como una de las expediciones más inquietantes de los artistas de su generación. Aquella tribu que en los años ochenta irrumpió con un bronco pictoricismo que contemplaba la monocromía y el gesto de la mancha, el expresionismo abstracto con vetas de suprematismo, el pop con lo matérico y lo centelleante. Desde aquel comienzo de ímpetu donde el color era enunciado como una poética en combustión, Sicilia ha huroneado por distintos pabellones plásticos que le han llevado del papel a la parafina, de una cierta agonía *sfumatta* en el dibujo al objeto contemplado más como umbral que como cerradura. Es decir, que no se ha detenido en el caudal de sus primeros hallazgos, sino que se ha ido negando sucesivamente como quien no tiene otra posibilidad que la furiosa y terrible intemperie de su propia gramática. En este deambular de fuerza y veladuras ha llegado a una suerte de dimensión panteísta, «al fervor de beber con los ojos el espectáculo de la naturaleza», según escribe Karl Abraham en su ensayo sobre Giovanni Segantini. En el origen fue la pintura. Después el hallazgo de la cera. Las flores más tarde. Los papeles de la serie «Manuscritos de Sanlúcar de Barrameda». Las colmenas. La fotografía... Lo orgánico y lo inerte. Los ciclos de la vida y la muerte, no como ejercicio de ponderación estética, sino como un acto de culto. Pero de culto ¿a qué? Exactamente a esa correspondencia del ciclo kármico del nacer y del morir. Pues Sicilia es un creador mutante que ha encontrado en el vértigo de la experiencia insospechada la matriz mítica de su narración. Algo así como un aventurero en esa suspensión de los siglos que implica el acto de crear. El gesto del cuadro. La transubstanciación del canto del pájaro en relieve de sí mismo, en tridimensionalidad del aire, del sonido. En aquello que el tiempo ya no puede aniquilar porque se ha reoriginado en forma. O, mejor, en cuestionamiento de una forma. Y por ahí levanta Sicilia cada etapa de su pensamiento. Cada afirmación de sus obsesiones.

Japón es hoy el territorio inspirador de sus nuevas obras y el pálido rebaño de su querencia estética, de su investigación de fondo en ese principio que, a modo de aleta caudal, va punteando su trabajo: el instante. Ese fogonazo ignoto que lleva consigo la actualización de la vida entera del individuo. El instante que genera y que destruye. Aquello que alude a lo que aún no sabemos y que es un vestigio de lo está por venir. Y no lo es tanto por espacio vital como por fragmento incalculable del vivir.

Ese instante mueve a Sicilia como un motor de explosión porque en él se concentra el hallazgo con todas sus querellas. Lo explica así en un breve texto, recuperando a la vez a Maurice Blanchot y el pulso de *La locura de la luz*:

> Había captado el instante a partir del cual la luz, habiendo tropezado con un acontecimiento verdadero, iba a apresurarse hacia su fin. Ya llega, me dije, el fin viene, algo sucede, el fin comienza. Estaba embargado por la alegría. Borges decía que la vida es la muerte que llega. Ni felicidad ni infelicidad, sino un paso más allá. El infinito que se abre. El instante es ese tiempo de la ausencia de tiempo, el tiempo de lo inaudito, de lo impensable. Lo que ha llegado llegará, volverá a llegar irreconocible. Nos roba nuestra imagen dándonos otra. El instante es un pasado más presente que el presente mismo, un futuro sin porvenir que pertenece al pasado.

Y uno de los modos de aprehenderlo está en el canto de los pájaros. Es ese canto el que lleva a Sicilia a plantearse el sonido como una realidad única e inconmovible. Pero no solo la percepción del sonido, sino su representación, la modulación traducida, casi mineralizada que surge de la actualización de la música en una forma inesperada. De la nota en materia. Porque la obra del arte no está evadida del fluir, «del ir y no volver de las cosas», que diría José Ángel Valente, sino que es parte irremediable de la negociación constante del accidente, de lo fortuito, de lo inapresable, de aquello que rebasa la realidad actual y viviente para ser realidad virtual no menos cierta. Sicilia lo expresa así, de nuevo, desde el eco del pensamiento aristotélico que afirma que «el accidente revela la sustancia»:

El accidente es lo que sucede, lo que sobreviene imprevistamente en el sistema, en nuestras vidas: lo inesperado, la sorpresa... Sin embargo, todo estaba ya ahí. El accidente nos es revelado cada día, oculto hasta que sale a la luz. El accidente está íntimamente unido con el tiempo, con el instante, con la vida. Toda sustancia es materia para el accidente. El tiempo todo lo devora. Somos la imagen de una imagen: un eco. Un instante es el canto de un pájaro. El azar se nos parece cada vez más y el miedo empieza a ser la pasión de la vida.

Sicilia disecciona los sonidos y vuelca su traducción en dos y tres dimensiones. Y en esa laboriosa aventura ha llegado hasta Japón fascinado por la posibilidad de traducir el rugido del tsunami que sufrió la costa japonesa del Pacífico en la región de Tohoku. El proyecto *Fukushima. Flores de invierno* establece una correspondencia honda entre las experiencias de las víctimas y cómo estas se han anclado a su memoria muchos meses después del drama. Este ejercicio establece, a la vez, una nueva visibilidad del tsunami ante nosotros, espectadores a la deriva frente al estremecimiento de lo radical. Una sensación que nos conecta de inmediato con uno de los poemas del samurái Ouchi Yoshitaka (1507-1551):

Tanto el vencedor
como el vencido no son
sino gotas de rocío,
sino el instante de un mismo rayo.
Así deberíamos ver el mundo.

Pues Sicilia, en esta ocasión, rompe las jerarquías entre víctima y espectador, sugiriendo un campo de acción recíproco que tiene en la abstracción y en lo sensorial la potencialidad de una experiencia extrema y declarada radical por cuanto tiene de indecible. Desde el título mismo de la exposición, traído de un relato de Tamiki Hara, «Natsu no Hana» [Flores de verano], estamos convocados a ese límite de lo extraño y lo extremo que la delicadeza de las flores proponen. El poeta Hara fue un superviviente de la bomba atómica de Hiroshima. La muerte de su mujer, Sadae Hara, y la devastación nuclear fueron el eje principal de su obra. Así que Sicilia se mueve desde este origen simbólico entre la imposibilidad de decir (cómo se expresa en toda su certeza la desaparición de lo amado) y la imposibilidad de no decir (cómo no expresar ese daño, cómo no darle a la ausencia su sitio, cómo no constituirla como espacio). Las piezas de esta imprescindible cita, reveladora en la trayectoria artística de José María Sicilia, se interesan por los sonidos de los pájaros y del tsunami —principalmente el «ruido» de Fukushima—, y los interpreta tomando como punto de partida las distintas fuentes a través de parámetros concretos: lecturas de datos sonoros registrados en el océano durante las horas del tsunami, grabaciones recogidas en aquel momento, mensajes de alerta emitidos en algunas de las zonas afectadas o el sonido de los pájaros en el tiempo de la catástrofe, así como voces de hombres, mujeres y niños fijadas en vídeos antes y después de que la gran ola de agua lo arrasara todo... Este espacio de «recolección» y sus consecuencias en la obra plástica del artista se acercan extraordinariamente al sentido de la nota que Wittgenstein redactó en 1931: «Lo inexpresable es tal vez el fondo sobre el que cuanto he podido expresar adquiere significado». Porque lo inexpresable es también el campo de acción de este trabajo que alcanza cotas de belleza y de extrañeza de muy alta gradación.

Las piezas son múltiples, de naturaleza muy distinta. Nacen no solo de la investigación del sonido, sino del uso forense de los materiales sobre los que van a ser volcados esos sonidos para alcanzar la plenitud de lo que en origen no tiene arquitectura. Las telas, las fibras de vidrio, las planchas de Corian, los papeles japoneses, las rejillas de chapa cincada, el acero inoxidable... Todo para concretar algo tan leve e inapresable. Pues José María Sicilia anda cada vez más despojado de ornamentos y retóricas. Ahora el combate es la ingravidez. La voluntad de simplificar la obra hasta que la intervención del artista sobre la pieza sea mínima, casi nula. Es la voluntad de que ese centro vacío de lo que suena sea ocupado con la plenitud de lo que no tiene perfil ni arista y encierra a la vez la potencialidad de todas las formas de la creación.

Un conjunto de banderas reunidas bajo el título de *Un país llamado Accidente* exhibe en sus telas el dibujo de las grafías que genera la traducción del rugir del tsunami. Han sustituido el escudo inerte del símbolo por esa mayor premura del ruido atroz de la naturaleza desquiciada. Así, el cataclismo del desastre genera una inquietante gramática que da paso a unos dibujos abstractos que podrían ser asumidos como una pequeña ofrenda a lo incalculable del desastre, a ese silencio también de lo que queda después, en la devastación, en ese paisaje cambiante que nunca llega a revelar del todo lo que encerraba dentro antes de haberse perdido. Sicilia ha hecho del gesto desnaturalizado de lo sonoro un lenguaje propio, casi una iluminación. «Pero no es más que la representación de la vida. Sí, aunque suene raro es eso mismo», explica. Es la traducción de lo inmediato que sucede a la vacuidad, al vacío, a la nada. De ahí el terrible y hermoso calambre poético de esta propuesta. Pues en el vaticinio rugiente de la catástrofe está no solo el anticipo de una desposesión absoluta, sino casi la plenaria significación del caos, de una existencia impugnada en favor de un no lugar, consecuencia de la Naturaleza que, dinámica, se desborda hasta sobresalir de su estado inicial y constitutivo, de su orden, de la domesticidad pensada por el hombre.

Cualquiera de los trabajos que José María Sicilia reúne en *Fukushima. Flores de invierno* encierra la potencialidad infinita de todas las formas de la creación: se trata de volúmenes y tramas, dibujos imprevistos y líneas donde el mundo se concreta. Y, a la vez, tiene esta obra la seducción de esa fuerza estética que sale de la indagación. La serie que da título a la muestra, *Flores de invierno*, es otro de los trabajos detonantes. Medio centenar de piezas en resina, de pequeño formato, generadas a partir de la traducción de los datos de temperatura, presión y radiación del reactor nuclear número 1 de la central Daiichi en Fukushima. Sucede aquí, como afirma Yves Bonnefoy al referirse a la poesía, que traducir es generar una nueva interpretación de lo leído/observado/escuchado. Es decir: la reinvención de ese material primero que queremos descifrar:

> La función de la poesía es la de inquietar el lenguaje, la de romper en las palabras las redes de relaciones conceptuales a causa de las cuales no tenemos de la realidad más que una imagen, sin acceso a esa unidad que uno presiente, sin embargo, detrás de todas las representaciones parciales, y por lo tanto abstractas... Traducir acrecienta entonces toda interpretación posible.

Sin embargo, en el caso de Sicilia, existe un fenómeno constitutivo de incertidumbre aún mayor que en el ejercicio mismo de la traducción. Ese fenómeno es el de convocar para la mirada el arrebatamiento del tsunami. O de las voces de quienes poseen la experiencia de vivirlo «desde dentro». O en, otro ámbito, captar y «construir» los «bramidos» de los reactores nucleares de las centrales. Es un ejercicio extraordinario. La grafía de un sonograma en 3D con la trama nacida de esas grabaciones establece para el creador (y en quien observa el resultado) una apertura máxima de transparencia y disponibilidad absolutas ante el paisaje nacido y la extraña metamorfosis de la que proviene. O por decirlo a la manera de san Juan de la Cruz: «Para venir a lo que no posees/debes ir por donde no posees». Esa desposesión está también en el epicentro del trabajo más reciente del artista madrileño, pues actúa con elementos que son irremediablemente inaprensibles y ante los que repara un significado nuevo. La obra *Ausencias* juega con la brifontalidad del sonido. Es decir, con los vídeos recuperados en Youtube de lo sucedido el día de la tragedia en distintas ciudades de la región de Tohoku (Minami Sanriku, Sendai y Ofunato). Los sonidos de las escenas registradas en la fecha clave del tsunami pasan a dos dimensiones sobre planchas de Corian. El jardín sígnico deja el rastro de la perplejidad de los ciudadanos ante la aparatosa sobrenaturalidad del suceso y, poco después, da paso a un silencio denso, laberíntico, sonámbulo, casi una apertura abrupta hacia la nada como ese estado permanente y continuo que reclama el budismo. Pero no es un silencio estático, sino sobreabundante, hacia fuera y volviendo sin cesar hacia dentro. Es el silencio que implica el daño, ese dolor que produce memorias imborrables.

Y este es otro de los ámbitos de reflexión de José María Sicilia en *Fukushima. Flores de invierno*: la memoria. Esa idea de tiempo que se da en el trance entre la vida y la muerte. Lo permanente frente a lo desvanecido. La ausencia como una presencia de la metáfora esencial. «Las cambiantes formas de la memoria, de las que está hecha de olvido», como escribió Borges. Algo que va generando una sucesión de movimientos e inmovilidades y explica de algún modo el gran despliegue de la vida cuando el recuerdo reengendra la emoción, la referencia y el instante de un pasado cuyos protagonistas iniciales fueron marginados o aplastados. Diríamos que Sicilia trabaja con la tensa materia de lo que no puede ser olvidado. No solo con los sonidos naturales de una catástrofe, sino con la metabolización social de esos sonidos, que establecen en quien vuelve a ellos (o en quien se enfrenta por vez primera a su modulación) una comprensible violencia. O mejor, un conflicto: el de apreciar que se trata de convertir un gesto siniestro en algo bello. En un artefacto que a la vez que establece una corriente alterna de belleza ocupa el espacio como un fenómeno de transmisión o de convergencia, no sabemos. Es la recuperación del anatema para convertir el tabú en realidad asombrosa, cualesquiera que sean su latitud y su contexto. Es la materia del hombre la que asume la incandescencia de las piezas de Sicilia. El individuo ya entendido no como presencia sino como aparición, como psicofonía de su propia memoria, de la liberación de recordar que genera en el trauma colectivo la solidaridad del hombre con todos los hombres, casi como un poderoso canto de reconciliación que el artista reconoce en ese ejercicio que requiere el ir reuniendo las experiencias de decenas de víctimas. Algo así sucede, con extraordinario ánimo, en la pieza de acero inoxidable que traduce la voz de Miki Endo alertando de la llegada del tsunami en Minami Sanriku.

Hay en esta senda de la ancha poética de José María Sicilia algo de todo aquello que ha dominado sucesivamente su evolución: la fuerza del color, el llameante ir y venir de las formas a la luz, su versátil pasión hacia lo orgánico, el proceso de unificación y oposición que desde los años ochenta mostró su pintura y con el que ha ido navegando en los muy distintos pabellones de su trabajo. Espacios aparentemente desconectados, pero que en la perspectiva larga de los cuarenta años que lleva Sicilia en la aventura del arte adquieren una coherencia asombrosa y lo señalan como un creador de voz intransferible. En todo lo que hace exige una búsqueda de razón poética. Y ve en el ala sutilísima de la poesía, en el aire de ese vuelo, algo así como el elemento central de la visión del mundo, el tembloroso fulgor necesario fuera de toda zona inmediatamente reconocible de la realidad. Sicilia sabe que la sombra y la luz, el sonido y el silencio, el tránsito y la quietud, el cielo y la tierra, valen cada uno por su contrario.

Es en ese camino como se combina en la exposición la huella sonora del tsunami con la señal celebratoria que encierra el canto de los pájaros. No por oposición, sino por duración y perduración de los sonidos en sí mismos. Fenómenos que a la vez están relacionados, como explica el creador madrileño en una entrevista de prensa: «Los pájaros son fascinantes. Están llenos de misterio. Un mes antes del tsunami de Japón hay ya grabaciones que alertan de que los cuervos comenzaron a graznar con insistencia. Esas huellas sonoras no son más que ecografías en dos dimensiones en las que se recoge la frecuencia y el tiempo. La proyección visual de todo ello son columnas con ocho millones de signos. Y eso que solo recogimos parámetros como la luz, la rugosidad, el color...». El trabajo caprichoso con estas estructuras de sonido escogidas en función del interés o del azar genera en su traducción unos dibujos octogonales, de líneas limpias, que se acercan a las galaxias de Pablo Palazuelo y, a la vez, a ciertas concepciones geométricas del sufismo. La geometría del ocho está relacionada con el karma, pues genera un viaje de ida y vuelta entre los actos de nuestro presente y de nuestro pasado. Y, a la vez, está en la genealogía del misterio, como sucede en los laberintos octogonales de algunas catedrales góticas francesas como la de Amiens, Arras o Reims.

A través de los cantos, Sicilia vuelve una y otra vez a intentar describir ese proceso entre el instante y el tiempo. Lo aborda en la serie *El instante*, integrada por siete esculturas en fibra de vidrio suspendidas en el aire. Todas ellas son la representación escultórica del canto de distintas aves. Piezas que van de la llameante explosión musical al sonido menos cromático y de más sorda reverberación. La traslación a caprichosa materia de esta experiencia genera unas piezas que tienen la belleza de lo azaroso, pero a la vez trae también la extraña percepción de que el arte podría ser un fenómeno póstumo que nace, en realidad, cuando la experiencia sensible (incluso sublime) fenece. Es decir, que el arte es, sobre todo, un objeto de la memoria. Una combinación de acción y memoria. Es decir: no la experiencia misma, sino el rastro de la emoción que llevó a esa experiencia y que se origina en un proceso de transferencia donde definitivamente el tiempo queda abolido.

De ahí que otra de las instalaciones que da cuerpo a *Fukushima. Flores de invierno* tenga por eje el momento en que convergen el dolor, la sinrazón, el daño. Es *Castillos de arena* con dibujos realizados por niños de las escuelas y guarderías de Tohoku, donde los párvulos dan su versión original del recuerdo del día del tsunami. En realidad, muestran la mecánica emocional del individuo ante los distintos grados de aniquilación recobrados en un ejercicio memorístico retrospectivo. Es un «texto comparado» y su concepción funcional está perfectamente incardinada en la ratificación del proceso de tiempo e instante al que ya nos hemos referido como riel primero de esta parte de la obra de Sicilia: las huellas invocadas de la Historia, la descodificación de la tragedia desde la memoria, desde la evocación, desde lo súbito que en un niño muere y nace en un instante. Es decir, todo lo que también sucede plásticamente en un dibujo. Pero recordar no basta. O no lo es todo. Así lo sugiere Rilke en el tercer movimiento del poema que dedica a Lou Andreas-Salomé, en diciembre de 1911:

> Pero ahora no basta recordar.
> El puro existir debe alzarse desde cada
> uno de esos instantes, sobre mi propio fondo:
> sedimento de una solución
> colmada sin medida.
> Porque yo no recuerdo: me conmueve por ti lo que soy. [...]
> A menudo el anhelo conduce a lo impreciso...

Estas instalaciones tienen como marco una pieza sonora que abre y cierra la exposición. Sicilia pasó semanas entre la ciudad abandonada de Minamisoma y Fukushima buscando huellas. Las huellas que suenan en colegios, en hospitales: en el espacio del principio y en el caladero de los finales. Allí pregunta. Observa y pregunta: «¿cuál es la primera imagen de tu vida? ¿Y el primer sonido? ¿Cuál es el primer olor?» Las respuestas generan unos presupuestos vitales que son, a la vez, un ejercicio de representación estética sobrevenido por el fenómeno de la convergencia del habla multitudinaria. En esta antropología que apunta a la belleza de lo originario y al desastre de lo sucedido estalla la extraña belleza de las voces, también de los cantos ornitológicos, de los sonidos apabullantes, generando así un coro donde colisionan voces de supervivientes. Ese gran orfeón de espanto y resignación se funde con el eco del batir metálico de los aviones B-29 bombardeando Tokio en mayo de 1945, y se funden también con la mansedumbre de un amanecer. Rastros vividos que no se derogan unos a otros, sino que generan una vibrante mezcla de elementos humanos que rompe los arquetipos anulando la localización, la materia y el sueño en favor de una libertad documental de caos y orden, de arrebato y contención, de extremo y de sutileza. Es la propuesta de un nuevo estadio de percepción en quien escucha, en quien observa esta nueva genealogía de la obra de José María Sicilia: porque el dolor, ya lo hemos dicho antes, produce memorias imborrables.

Pero *Fukushima. Flores de invierno* es algo más que un proyecto que notifica una experiencia. Es, en definitiva, un ejercicio de identificación del individuo en el espacio sin límite del arte, que es una suma de contradicciones, incertidumbres y presencias. Y todo lo que sucede plásticamente en la obra sucedió antes fuera de ella porque es memoria, evocación y procedencia que conduce a lo que germina. A aquello que permite dejar sobre la realidad la noción incierta de lo que somos: lo súbito, lo que atardece, lo que nace y muere. El puro instante inédito. Pues como decía Edmond Jabès de la escritura: «Lo escrito no es un espejo. Escribir es enfrentarse a un rostro desconocido». Así es también el arte, que no amnistía ni perdona, sino que traslada a lo otro. Y es a su vez también lo otro, la existencia de los otros, «lo que sustenta nuestra supervivencia en la propia memoria», por decirlo de nuevo con Valente.

Diríamos que este intenso hábitat que ha generado José María Sicilia, a la manera de Emily Dickinson, es «la casa que persigue el hechizo». Cada una de las piezas que ahora presenta tiene el espíritu del *hanna*, la palabra japonesa que nombra la flor del cerezo. La delicadeza. La fugacidad. La intensidad. La belleza. Y añadiríamos: lo extraño. Una representación natural del mundo (y sus devastaciones) tal y como aspira el misterio estético del *ikebana*, cuya máxima no es solo la representación estética de la flor, sino el deseo de vivir en comunión con la naturaleza. En cualquiera de sus manifestaciones. Así lo apunta el poeta Matsuo Basho: «Todos los que logran sobresalir en el arte poseen una cosa en común: una mente en comunión con la naturaleza a lo largo de las estaciones... Y todo lo que ve una mente así es una flor y todo lo que una mente así sueña es la luna...».

En esta nueva curva del camino que es *Fukushima. Flores de invierno*, Sicilia abunda más en su lenguaje. Las tecnologías sonográficas son aquí una herramienta para alcanzar esa altura de profundidad que va ensanchando su trabajo desde los años ochenta. Estamos ante un artista que interroga, que cuestiona, que no acepta moldes y siente la necesidad de quebrar los formatos en busca de misterios y palpitaciones artísticas que imantan y fijan un singularísimo horizonte de libertad creadora, convocando la emoción sobre las humeantes ruinas de lo que creímos.

Madrid, 31 de mayo de 2013

歌と激しさの遊牧民的人類学　　　Antonio Lucas

錯乱は、ひと波で死ぬことのできない海である。
エドモンド・ジャベス

世の中を
なににたとへむ秋の田を
ほのかにてらす宵の稲妻
源順

ホセ・マリア・シシリアの作品は、その根底深くにある展開上の一過程であるかも知れない。通過過程に現れるひとつのアーチ。近づきつつあるひとつの亀裂を前にして、このアーティストが無言で立ち止まる、教義のないゲートである。その亀裂とは世界であり、そこでの論理は、その世界で具体化されるものによって成り立つ。物質のみならず概念も、逃走のための崇高な手段である。それは、無心で探検し、旅の途中に現れる凝縮されたもの、おそらくそれ以上のものを、シンプルに表現する究極の弁証法である。それは偶然が累積したすべてを照らし出すための闘争でもある。瞬間が包含するものとその意味との間で、偶発的なもの、抽象的なものを、錬金術に類する技法によって、大地に重くのしかかる何物かに具体化するまでの変化である。ある意味では、絵を描くという行為がそれである。しかし同様に、創造に当たって絵の構想を練る行為もそうである。矛盾の中で、そして、それを取り巻く環の中で。

おそらくそうした理由から、ホセ・マリア・シシリアは、そこで立ち止まり、魅了され、且つ驚嘆しなければならないもう一つの現実を、そうした混乱の中から組み立てつつ、予見不可能な旅程選択の必要性を引き受けて逃走するアーティストなのだ。シシリアは、現実的なるものにかつてないほど囚われている。現実的なるものとは、つまり実験の遂行であり、キリストの御公現[エピファニア＝自己顕示]のようなもの、あるいは透明性への熱狂と言っても過言ではないだろう。おそらくそれは漂流するものの中にもの自体を探すという取り決めのようなものである。したがって、40年以上の長きに渡る作家活動において、同世代のアーティストたちの中でも、彼はより注目を集めるところのひとりであると言える。1980年代に突如として頭角を現した、あのピクトリアリスムのグループは、モノクロームや素描、シュプレマティスムの影響を受けた抽象的な表現で、従来の素材に加えて、砂や布地やきらめく金属系素材を用いたポップアートを普及した。

あの燃焼の詩学とも言えるような、主張の強い色彩の鮮烈なデビュー以来、シシリアは、紙からパラフィンに至る異なる造形芸術に挑んできた。そして、スフマート技法によって、ある種の熱望をデッサンから物体へ転化させるということを、常に彼の原点であるかのように探究してきた。すなわち、彼が当初見出した豊富な発掘に甘んじず、彼独自の作風である不安定な激烈さ以外に可能性はないかの如く、留まる事を拒み続けてきたのだ。こうした力とグラッシ[透明な絵の具の重ね塗り]を通じて、彼は一種の汎神論的次元に到達した。つまりカール・アーブラハムがジョヴァンニ・セガンティーニについてのエッセイで書いているように、「自然の景観を目で貪るまでの熱狂」に到達したのだ。彩色材料から始まり、蠟という素材に着目し、続いて、花々、十字架の聖ヨハネによるサンルーカル・デ・バラメダの写本、蜜蝋、写真、オーガニック素材、静物などへと彼の興味は飽くことがない。美的バランスの実践としてではなく、崇拝なる儀式としての生と死の周期。しかし一体、何を崇拝するのか？正確には、生まれることと死ぬことのカルマ[行為]のサイクルに対する崇拝に当たる。言うなればシシリアは、思いもかけぬ体験の奔流の中に、彼の<語り>の神話的基盤を見出した突然変異のクリエーターである。創造行為が内包する何世紀にも渡る宙吊り状態の中の冒険者と言えばよいだろうか。彼は、鳥のさえずりをレリーフに表現し、空気や音声を立体化させる。それらは、形態の再生であるために、もう時間というものに壊滅されることがない。あるいは、ある形態自体の設問と言ったほうがいいかもしれない。そうした観点から、シシリアは思索の各段階を踏んできた。彼のそれぞれのこだわりにおける主張である。

日本は今や、彼にとって新作の着想を得る場となっている。つまり彼の作品に尾びれのように句読点を打つあの原理、すなわち瞬間、に立脚した根底からの探求の対象、あるいは彼の美的愛好の向かう青ざめた群れなのだ。それは、個人の全生涯の具現化を自ずと伴う未知の閃光である。生成し破壊する瞬間である。それは私たちが未だ知らぬものを暗示し、そしてこれから到来するものの痕跡である。瞬間とは、生の空間でもなければ生の計測ができない断片でもないのだ。

その瞬間が、炸裂の原動力となりシシリアを動かす。なぜなら、彼はそこにあらゆる抗争を見出すからだ。それについて、モーリス・ブランショの「白日の狂気」*から下記を引用して説明している。

「それは理性を欠き、規律もなく目的もなく、私を襲うのだった。さあやってくるぞと、私は独語した。終末が来るのだ。何かが到来するのだ、終末が始まるのだ。私は歓喜にとらえられていた。」*

ボルヘス　は、人生とはこれからやって来る死だと言っていた。幸福でも不幸でもなく、そのもう一歩先の世界。開かれた無限。瞬間とは、時間不在の時間、聞いたことも想像したこともないものの時間である。たどり着いたものは実はこれからやってくる、そして見分けのつかないものとしてまたやって来る。私たちのイメージを奪ったと思ったら、また別のイメージを与えていく。瞬間は、現在そのものよりもさらに現在である過去、過去に属する未来のない未来なのだ。

そして、それを感知する手段のひとつが、鳥の声の中にある。この声こそがシシリアを、唯一且つ揺るぎない現実としての音にしようと駆り立てる当のものである。それは単なる音の把捉ではなく、意外な形状の中に音楽の具象化として生じて来る表象であり、言い直された転調、ほぼミネラル化された転調なのだ。

物質化された音符。だがそれは、ホセ・アンヘル・バレンテが言うように「ものは去っていってもはや戻ってこないだろう」から、芸術作品が流れることを回避できないからというより、偶発事[アクシデント]、思いがけないこと、触知できないものに常時つきまとう問題である避けられない部分なのだから。シシリアは、アリストテレスの思想を借りて、今一度こう表現する、「アクシデントは物質を明らかにする」。

偶有性とは、「継起するもの」を意味する。私たちの生活システムに不意にふりかかるもの、予期せぬ驚嘆を指している。しかしながら、すべてはそこに潜在していたのである。日ごと私たちの前にさらけ出される偶有性は、それがあらわにされるまでは隠れている。偶有性は生と緊密に結びついている。すべての実体は偶有性の元となる。時間がすべてを飲み込む。私たちは映像の映像、つまり反映である。瞬間は小鳥の歌である。偶然性は事あるごとに私たちに似たものとなり、次第に恐怖が生の情熱となり変わる。

シシリアは、音を分解し、二次元、三次元へと変化させる。その困難な冒険は、東北の海岸を襲った津波の轟音を転調させる可能性に魅かれた彼を、日本へと導いた。「福島・冬の花」プロジェクトは、犠牲者の体験と、それが悲劇から何か月を経た後、彼らの記憶にどのように根差したかの深い照応を立証する。これは同時に、過激な戦慄を前に、押し流される傍観者である私たちに、津波を異なった形で捉えさせてくれる。その感覚は、瞬時にして、私たちに大内義孝（1507-1551）の和歌を連想させる。

討つ人も討たるる人ももろ諸ともに
如露亦如電応作如是観
（討つ人も討たれる人も、
人生は露のように、
稲妻のようにはかないものだ）

このように、シシリアは、この機会に、抽象性と感覚的なものの中に、また言葉に尽くせない極度の体験の潜在意識の中に、相反作用の領域を暗示しながら、犠牲者と傍観者との序列関係を打ち破る。彼が、原民喜の小説「夏の花」から展覧会のタイトルを着想して以来、私たちは、不思議さと花のこの上ない繊細さの極限の世界へと招かれているのである。作家、原は広島原爆の生存者である。妻、貞恵の死と広島の原爆が、彼の作品の基軸であった。したがって、シシリアは、主張することの難しさ（愛する人や物の喪失をいかに正確に表現するか）と、主張しないことの難しさ（その苦痛をいかに回避するか、喪失が起因する欠如の部分を空白としないためにはどうするか）の狭間で、この象徴的な原点から作業を開始することになる。ホセ・マリア・シシリアの作家歴の中で、欠かすことのできない斬新なこれらの作品は、鳥の音声と津波の音、主に福島の「物音」に関心を抱き、これらの音源を起点として表現に挑んだものである。その音源は、津波発生時に大洋で記録された音声データの測定値、被災地で放送された避難警告、大災害時の鳥の声、大波がすべてを押し流す前後のビデオに収録された男女や子供の声などである。「収集」によるこの空間と、造形美術としてのその成果は、ウィトゲンシュタインが1931年に書いた論評の趣旨に著しく近い。「言い表しようがないものは、おそらく自分が表現できたものの背景が意味を成すこと。」なぜなら、言い表しようがないものは、この作品が到達する美的水準と非常に高いグラデーションの奇異感の水準が作用するところでもあるからだ。
作品は、かなり性質の異なった多種多様のものである。それらは、元々構造を持たない物を最大限に引き出すために、音声を分析するだけでなく、音声を形作っていく素材を法医学的に扱うことによって出来上がった賜物である。その素材は、布地、グラスファイバー、人工大理石プレート、和紙、亜鉛めっきの金属製格子、ステンレス鋼等など、バラエティーに富む。すべては、かすかなつかみどころのない何かを具体化するためである。ホセ・マリア・シシリアは、ますます修飾や修辞を排除する傾向にある。彼は今、無重力と葛藤しているのだ。作品上の作家の介在が最小限、ほぼ皆無になるほど、作品を簡素化する意欲。それは、鳴り響くものの空白を、輪郭も縁もないものの最良の状態で埋め尽くし、同時にそこへ創造上のあらゆる形態の可能性を閉じ込める意欲である。

「アクシデントという名の国」のタイトルの下、数枚の旗で構成された作品は、津波の轟音の解釈を布地に描画したものを展示する。撹乱した自然の轟音の重要な切迫感を象徴的な不動の盾で表現した。このように、大災害による大異変は、デッサンに抽象性をもたせる不穏な法則を生んだ。抽象的なデッサンは、計り知れない大災害と、惨事の後の荒廃、つまり喪失以前の一切を封じ込め、もう決してそれを表面に現すことなく移り変わる風景に漂う静寂へのささやかな奉献物ともとれる。シシリアは、音の出るものを変質させることによって、ほぼ啓蒙と言ってもいい独自のスタイルを築き上げた。「しかし、生命の表現のみではない。奇妙に聞こえるかもしれないが、生命そのものなのだ。」と彼は語る。中身のないところ、空白、何もないところに起こる即時のことの解釈である。そこから、この取り組みであるところの、恐ろしく且つ美しい詩的なバイブレーションが生まれるのだ。遠吠えのようの響いていた大災害の予感は、有無を言わさぬ奪略の前兆だけでなく、混沌というもの重要性と、自然の猛威の結果、価値を失った場所を庇護する論駁的存在の重要性を含んでいる。力学が、元来の構成的状態や秩序状態、人間がコントロールし得ると考える状態を超越することである。

ホセ・マリア・シシリアが「福島・冬の花」に集結するいずれの作品も、量感や構想、意表を突くデッサンや描線が世界を具体化するという、あらゆる形態による創造の限りない可能性を秘めている。同時にこの作品群は、その探究心の産物として美的な力強さの魅力を持っている。「冬の花」というタイトルのシリーズは、そのインパクトの強い作品のひとつである。福島第一原子力発電所原子炉内の温度、圧力、放射線の解釈から作られた50あまりもの小さな樹脂のパーツでできている。ここで起こっているのは、イヴ・ボヌフォアが詩について主張しているように、翻訳とは、読んで、見て、聞いたことの新しい解釈を生み出すことだ、ということである。言いかえれば、私たちが解読したい原材料の再創作である。

　　　　詩が果たす機能は、言葉を不安定にすることである。私たちが一つのイメージしか持たないために、言葉の中の概念的関係網を打ち破る役割である。そのイメージとは、予感するそれに到達するすべもなく、しかし、すべての部分的表現の裏にあり、それゆえに抽象的である。表現するということは、あらゆる解釈の幅を広げる。

しかし、シシリアの場合には、解釈の遂行そのものよりさらに大きな不確実性という構成上の現象が存在する。その現象は、津波による剥奪へ視線を向けることである。または、それを「内側から」経験した人々の声とも言える。あるいは、原子炉という別分野の「轟音」を捉えて「構築」すること。いずれにしても、非凡な仕事である。それらの録音から発想を得た、音の三要素である周波数、音量、音色を3Dで表示するソノグラムによって生まれた景観と不思議な変貌は、作者自身に（また、それを見る者に）、この上ない透明感と可用性を印象付ける。または、十字架の聖ヨハネの言葉に倣うならば、「所有せざるものに行き当たるには、所有せざる道を辿るべし」。その無所有こそは、このマドリード生まれのアーティストの最新の作品の震源にも存在する。なぜなら彼は、どうやってもとらえることのできない素材をもって、新たに意味づけられた素材を視界に入れながら行動を起こすからである。作品「無」は、音声の平面表現である。それは、東北の各都市（南三陸、仙台、大船渡）で悲劇の日の様子をYou　Tube　にアップされた動画から抽出されたビデオである。津波の日に記録された場面の音声は、人工大理石プレート上に平面造形として転化されている。記号の庭は、あまりにも超自然的な出来事を前にした人々の当惑、続いて夢遊病的とも言える重く錯綜した沈黙の痕跡を残す。仏教が説くところのほぼ普遍の継続的な虚無へ向けての険しい道程の始まりである。しかし、それは静寂とは違い、過大で、心の内外を絶え間なく往来する。無念さ、消し去ることのできない記憶の悲しみによる沈黙である。

そしてこれが、ホセ・マリア・シシリアの「福島・冬の花」におけるもう一つの内省の場、すなわち記憶である。これが生と死の狭間で与えられる時間の観念である。消えゆくものに対置される永続的なもの。本質的な隠喩の現前としての不在である。これこそがボルヘスの言う「忘却によって形成されている記憶の移り行く形式」である。あるものが運動と不動の連動を生み出し、思い出が疎外され押しつぶされてしまったかつての主役たちの過去の感情や関連や瞬間を呼び覚ます時、人生の大いなる展開について何らかを説明する。言うなれば、シシリアは、忘れてはならないものという張り詰めた素材に取り組んでいるのである。災害の自然音だけでなく、それらの音声の社会的代謝が、その音声に立ち返る者に（あるいは、初めてその転調に向き合う者に）ある強烈な印象を与える。不吉なものを美しい何かに変換することを評価する、むしろ一つの紛争を見せつけると言うべきだろうか。同時に美しさの交互の流れを樹立する装置の中には、伝達あるいは集合現象としての空間が存在するのかどうかは、私たちにはわからない。規模や背景に関わらず、タブーを驚くべき実際に変換するための、アナテマ[呪われたもの]の回収。シシリアの作品の中に白熱する人間の問題である。存在としてではなく、自身の記憶の電子音声現象として表現された個人が、想起から解放されることによって、人々のトラウマの中に団結心が生まれる。数十人の犠牲者の経験に基づいたこの取り組みの中に、作者は、団結を和解のための力強い歌声のように認識している。それが、非凡な精神力をもって、南三陸において遠藤未希さんが津波警報を発する声を変換したステンレス製の作品に反映している。

ホセ・マリア・シシリアの詩的な幅広さを持つこの手法には、過去の作風の推移の過程に一貫して支配してきたすべてのものが含まれている。色彩の強さ、燃えるような光線の加減、オーガニックなものに対する熱意など。1980年代から彼が辿ってきた統合や反発の過程は、異なる作風をもって彼の絵画に大いに反映してきている。一見脈絡のないようなスペース、しかしシシリアが40年間の長きに渡る芸術探究の視点の中では、驚くべき一貫性を保っており、彼の声のクリエーターとしての位置付けを揺るぎないものにしている。彼は、すべての作品において、詩的なメッセージの飽くなき探究を要求する。そして、詩の極めて微妙な翼に、その翼が羽ばたく空気の中に、世界観の中核のようなものを見る。私たちが一見して認識する現実以外のところに、欠かすことのできない微動する輝きを見るのである。シシリアは、影と光、音と静寂、動と静、天と地というように、各々がその相反するものによって価値をもつことを知っている。

そうした行程において、この展覧会では、津波の音源と、鳥の声による明るさを組み合わせている。対照的であるだけではなく、音声自体の持続性と存続性の観点によるものである。これに関わる現象について、マドリード出身のこの作家は、記者会見で次のように説明している。「小鳥は魅惑的だ。神秘性に満ちている。日本の津波の一か月前、すでにカラスが執拗に鳴き始めていたことを示す録音がある。それらの音源は、単に頻度と時間を示す二次元の超音波検査法でしかない。でも、それらの視覚投影は、800万の記号によるグラフになるのだ。私たちはただ、光や凹凸や色としてのパラメーターを拾い上げるだけなのだ…。」このような、興味からあるいは偶然、拾い上げられた音声によって構造するという、この風変わりな作業は、その転化に美しい描線で創り出された八角形のデッサンを生み出し、パブロ・パラスエロの「銀河」という作品の世界を彷彿とさせる。同時にある種の禁欲主義の幾何学的な着想へと近づいていく。8の形状は、カルマ[行為]を意味する仏教の概念と関係している。つまり、私たちの現在と過去における行為の間を行き来する旅の起因となる。フランス北部の町アミアン、アラス、ランスのゴシック様式大聖堂の八角形迷路に見られるような不可思議な系譜にも、それは同様に存在する。

八角形の辺を通して、シシリアは、瞬間と時間の間のプロセスの記述を何度にも渡って繰り返す。その困難な作業に挑んだのがシリーズ「瞬間」である。空中に吊り下げられたグラスファイバー製の7体の彫刻で構成される。いずれも、異なる鳥の歌声の彫刻表現である。燃えるような音楽的炸裂から抑えた音や鈍い残響を網羅する作品群。一風変わった材質への転化という試みは、偶発的な美しさを醸し出す。しかし同時にそれは、芸術は死後に生じる現象、実際には、その微妙な（崇高とすら言える）体験が終わる時の現象であるかもしれないという奇妙な感覚すら与える。つまり芸術は、とりわけ記憶の対象である。行為と記憶の組み合わせである。要するに、経験そのものでなく、その経験をもたらし、時間が完全に廃止されるまでの推移の過程に生じた感情の痕跡である。

したがって、インスタレーション[展示様式]によって、苦痛や非条理や被害が集中する瞬間を軸とする「福島・冬の花」をより確固としているものがある。それは、東北の小学生や幼稚園児によって、各自の津波の日の記憶を絵に表現させたワークショップである。実際に、過去を振り返り、記憶を新たにすることによって、異なる規模の消滅を眼前にした個人の感情のメカニズムを示している。それは「比較されたテキスト」であり、その機能的な概念形成は、この段階におけるシシリアの作品の最初の軌道として既に言及した時間と瞬間の認証過程で完璧に批准されている。つまりそれは歴史から喚起された足跡であり、記憶や連想からの悲劇の解読、そして子供うちに一瞬のうちに生き、そして死ぬその石火からの悲劇の解読である。要するに、デッサンの中にも造形的に生じるすべてのものである。しかし、記憶を辿るだけでは不十分である。いや、そのすべてではない。リルケは、1911年の12月、ルー・アンドレアス・ザロメに捧げた詩の第三章で、それを次のように示唆している。

でも今は、記憶を辿るだけではだめだ。
純粋な存在が、
それらの瞬間のひとつひとつから、
僕自身の内面の上に
立ち上がらなければならない。
それは際限なく注がれ
溶解した澱だ。
僕は思い出せない、
君のせいで、
あるがままの僕が動揺しているから。
[中略]
しばしば、欲求は曖昧さへと導く。

これら作品のインスタレーションには、展覧の始まりと終わりを印すかのようにひとつのオーディオ作品が含まれている。シシリアは何週間にも渡って、痕跡を探し求めながら、見捨てられた町・南相馬市や福島市の間を行き来した。学校や病院の中に残る音響の痕跡、[震災の]始まりの空間、そして最後の魚場に残された痕跡。そこで彼は自問する。観察し自問する。「君の人生最初の映像は何か？そして最初の音は？最初の匂いは？」その答えは、彼に極めて重要な動機をもたらすと同時に、多数の言葉の集約という現象によって偶発的に派生する美的表現の遂行へと導くのである。元来の物の美しさと災害が引き起こした事に狙いを定めたこの人類学には、鳥類の歌や轟音が生存者の声と衝突するかの如き混声の不思議な美しさが炸裂する。その恐怖と屈従の大合唱は、1945年5月のB-29による東京大空襲の金属反響音と融合し、同様に夜明けの柔和さとも融合する。生きた証の数々は、互いに相殺し合うのではなく、所在の特定と物質を無効にし、混沌と秩序、感情の爆発と抑制、極端さと細やかさの記録の自由のための夢をも無効にすることによって、原型を破る人間的要素の不安定な混合を生む。ホセ・マリア・シシリアの作品の中に、この新しい系譜を聴く者にそして見る者へ向けられる、知覚の新しい局面の提案である。なぜなら、前述の通り、消し去ることのできない記憶を創り出すからである。

しかし、「福島・冬の花」は単にある経験を知らしめるだけのプロジェクトではない。最終的に、芸術という無限の空間の中で個人を確認する実践、矛盾と不確かさと現前の結集である。そして、作品の中に造形的に起こるすべては、それ以前に作品外で実際に起こったこと、なぜならそれは人々の記憶であり、その想起とそこから芽生えるものに導く起点であるからだ。私たちの在り様、突然のもの、暮れ行くもの、生まれ死に行くもの、それらすべてのものの不確かな概念を現実の上に残してくれるもの。世に出ることの無かった純粋の瞬間。つまりエドモンド・ジャベスがエクリチュール[書くこと・書かれたもの]について語ったように、「書かれたものは鏡像ではない。書くことは見知らぬ顔と向き合うこと」なのだ。そして芸術もまた、恩赦でも許しでもなく、他者へと移ることである。それ自体が他者に、他者たちの存在

になるかも知れない。すなわちそれは、再びバレンテの言い草を借りるなら、「おの
が記憶の中に己れを永続させる支え」なのだ。

ホセ・マリア・シシリアが創造したこの強烈な独自の空間を、エミリー・ディキンソ
ン流に言うならば、「魅惑を追い求める家」とでも言えるであろう。今回展示される
それぞれの作品に「ハナ」[桜の花を指す日本語]の霊が宿っている。繊細さ、はかな
さ、強さ、そして美しさ。私たちは、そこにさらに玄妙さを加えよう。生け花の美的な
神秘性が目指す現世の(そして、その荒廃の)自然な表現、その極致は、花の美的な
表現のみならず、むしろ自然との共生への願望でもある。彼の作品のいずれにおい
ても、それがある。松尾芭蕉は、次のように書き留めている。

「芸術の世界で一頭地を抜くことのできるすべてのものは、共通して一つのものを
持っている。すなわち四季を通じて自然と交わる精神…。そして、そのような精神が
見つめるものはすべて花となり、そのような精神が夢見るものはすべて月となる…」。

「福島・冬の花」というこの道程の新たなる岐路において、シシリアは、より表現豊
かになっている。音を解釈して視覚化する技術は、ここでは1980年代より幅を広
げてきた彼の研究の深さの高みに届くための手段である。私たちが前にしている
のは、自問自答を繰り返し、型にはまらず、創造的自由の境界線に独創性を磁化定
着する神秘性と芸術的鼓動を追及するために、型を破る必要性を肌で感じる芸術
家。私たちがくすぶる廃墟と考えていたところへ感動を呼び起こすことのできる芸
術家なのである。

2013年7月31日、マドリードにて
アントニオ・ルカス

Nomadic Anthropology
of Song and the Ferocious

Antonio Lucas

Insane is the sea when it cannot die in a single wave
—Edmond Jabès

This world
with what can I compare it?
With autumn fields
softly lit at dusk
by bolts of lightning
—Minamoto No Shitago

At its deepest roots, José María Sicilia's work may be a process of unwrapping. A gateway arch. A portal without a doctrine, where the artist is found in silent proximity to a crevice. That crevice is the world, and its logic is determined by everything that is made concrete within it — not just matter but also concepts, which are a sublime form of flight. This extreme dialectic of exploring without searching, almost without knowing, simply interprets what emerges during the journey as a possible condensation of a higher form. It consists of a struggle to illuminate existence, a struggle in which the investigation will be amply provided with the indispensable element of chance, and which establishes a kind of alchemy between what the moment contains and what it means, its modulation before it concretizes the fortuitous and the abstract into something that now has weight on the earth. In a way, the act of painting is precisely that. But so is the gesture of thinking about painting, about the act of creating, in the contradiction that it implies and the isolation to which it condemns one.

Perhaps because of this, José María Sicilia is an artist in flight who accepts the need to follow an unplanned itinerary, building within disconcertedness another reality in which he must find his footing, fascination, and surprise. More than ever, Sicilia is attached to what is real as an exercise in experimentation, as an epiphany and — why not? — as a passion for transparency. Almost as a commitment to seek the thing itself within the drift of things. Which is why his advances, in more than forty years in art, can now be seen as some of the most unsettling expeditions undertaken by any artist of his generation, that tribe that arose in the 1980s, making use of a raw pictorialism that contemplated the monochromatic and the gesture of staining, abstract expressionism with veins of suprematism, pop art encompassing the material and the shimmering. From that earliest impetus in which color was enunciated as a combustible poetics, Sicilia has explored different visual realms that have led him from paper to paraffin, from a certain *sfumato* agony in drawing to the object contemplated as more of a threshold than a lock. In other words, he hasn't paused before the flow set loose in his earliest findings, but instead has successively acted out refusals, like someone who has no other choice but the furious and horrific weather of his own grammar. In this wandering of strength and glazes, he has reached a sort of pantheistic dimension, "with a zeal for drinking from the spectacle of nature with his eyes," as Karl Abraham wrote in his essay on Giovanni Segantini. In the beginning was painting. After that came the discovery of wax, then flowers. The papers in the series "Manuscripts of Sanlúcar de Barrameda." Beehives. Photography... The organic and the inert. Cycles of life and death, not as an exercise in aesthetic contemplation, but rather as an act of worship. But worship of what? Of exactly that correspondence in the karmic cycle of being born and dying. Because Sicilia is a mutant creator who has found the mythical matrix of his narrative in the vertigo of unsuspected experience. He is like an adventurer in that suspension of the centuries that is implied in the act of creating, in the gesture of painting. The transubstantiation of birdsong into a relief of itself, into the three-dimensionality of air, of sound, into what time can no longer annihilate because it has been recreated as form. Or, better, as the interrogation of form. And it is from there that Sicilia raises each stage of his thought, each affirmation of his obsessions.

Today, Japan is the land that inspires his new work and the pale flock of his aesthetic longing, of his in-depth investigation into a principle which, like a caudal fin, has propelled his work: the moment. The gunshot out of nowhere that marks the actualization of an individual's entire life. The moment that generates and destroys. The moment that both alludes to what we don't yet know and stands as a vestige of what is to come. And it is not this way due to living space, but rather because of the incalculable fragments of experience. That moment propels Sicilia forward like an internal combustion engine, because in it are concentrated the discovery and all of its struggles. He explains this in a brief text, one that begins with a quotation from Maurice Blanchot and the heartbeat of *The Madness of the Day*:

> "I had captured the very moment at which light, having stumbled upon a true event, began to rush headlong towards its end. 'It's coming,' I told myself, 'the end is coming, something is happening, the end is beginning.' I was seized with happiness." Borges said that life is the approach of death. Neither happiness nor unhappiness, but one step further along. The infinite that opens up. The moment is that time when there is no time, the time of the unheard, of the unthinkable. What has come will come, and will come again in an unrecognizable form. It steals our image from us and gives us another. The moment is a past more present than the present itself, a future without a future that belongs to the past.

And one of the ways to grasp this is with the song of birds. It is that song that leads Sicilia to think of sound as a unique and unmovable reality. Not just the perception of sound, but also its portrayal, the translated, nearly mineralized modulation that arises from the actualization of music in an unexpected way, from the musical note in material form. Because works of art don't avoid the flow, "the leaving and not-returning of things," in José Ángel Valente's words, but rather form an inevitable part of the constant negotiation of the accidental, the fortuitous, the ungraspable, of that which spills beyond present, living reality to become a no less certain virtual reality. Sicilia expresses it in this way, once again, in an echo of Aristotelian thought which affirms that "the accidental reveals substance":

The accidental is what happens, what arises unforeseeably within the system, within our lives: the unexpected, the surprising… Nevertheless, all of it was already there. Hidden until it emerges into the light, the accidental is revealed to us every day. The accidental is intimately linked with time, with the moment, with life. All matter is grist for the accidental. Time devours everything. We are the image of an image: an echo. A moment is the song of a bird. Chance appears before us more and more, and fear begins to become the passion of life.

Sicilia dissects sounds and transforms them into two- and three-dimensional translations. In this arduous adventure, he has gone as far as Japan, fascinated by the possibility of translating the rumbling of the tsunami that struck the Tohoku region on Japan's Pacific coast. The project *Fukushima. Winter Flowers* establishes a profound correspondence between the experience of the victims and the way in which those victims, many months after the disaster, have anchored themselves to their memories. At the same time, this exercise creates new visibility for the tsunami before our eyes, we spectators who are adrift amid the tremor of the radical. This sensation immediately connects us to a poem by the samurai Ouchi Yoshitaka (1507-1551):

Both the victor
and vanquished are
nothing more than dewdrops
nothing more than the moment of one single lightning bolt
So should we see the world

In this instance, then, Sicilia breaks down the hierarchies between victim and spectator, suggesting a field of reciprocal action where abstraction and the sensory hold the potential of an extreme experience that has been declared radical because of all of the unsayable things it contains. From the very title of the exhibition, taken from a story by Tamiki Hara, *Natsu no Hana (Summer Flowers)*, we are asked to approach that border of the strange and the extreme that is proposed by the delicate nature of flowers. The poet Hara was a survivor of the atomic bombing of Hiroshima, and the death of his wife Sadae Hara and nuclear devastation were the central focus of his work. Thus, from this symbolic origin, Sicilia oscillates between the impossibility of saying (how to express in all its certainty the disappearance of that which is loved) and the impossibility of not saying (how to avoid expressing this damage, giving absence a place of its own, and constructing it as a space). The pieces in this indispensable encounter, so revelatory of the artistic path taken by José María Sicilia, reflect an interest in the sounds of birds and of the tsunami — in particular the "noise" of Fukushima — and interpret them using its various sources as starting points according to concrete parameters: readings of sound data recorded in the ocean during the hours when the tsunami struck, recordings collected at the time, warning messages issued in some of the affected areas, and the sounds of birds at the moment of the catastrophe, as well as the voices of men, women, and children captured in videos made before and after the huge wave of water annihilated everything… This space of "recollection" and its consequences in the artist's artwork come extraordinarily close to the meaning of the note penned by Wittgenstein in 1931: "The inexpressible is perhaps the background against which everything I have been able to express acquires meaning." Because the inexpressible is also the field of action of this work which reaches highly elevated levels of beauty and astonishment.

The pieces are multiple and quite distinct in nature. They spring not only from research on sound, but also from forensic use of the materials upon which those sounds will be placed in order to achieve the fullness of what in its origin has no architecture. Fabrics, fiberglass, Corian panels, Japanese paper, zinc-plated gratings, stainless steel… All in order to concretize something that is light and ungraspable. Because as José María Sicilia advances he dispenses more and more with ornamentation and rhetoric. The battle now is to achieve weightlessness, to simplify the work until the artist's intervention in the piece is minimal, almost nil. He seeks to fill the empty core of what creates sound with the fullness of what has neither profile nor edges, but at the same time encloses within it the potential of every form of creation.

An ensemble of flags brought together under the title of *A Country Called Accident* displays in its fabrics a drawing of the graphics produced by translating the roar of the tsunami. They have replaced the inert shield of the symbol with the greater urgency of the atrocious sound of nature gone mad. The cataclysm of the disaster thus generates a disturbing grammar that yields a set of abstract drawings that might be a small offering to the incalculable quality of the disaster, to the silence, as well, of what remains afterwards, in the devastation, in the altered landscape that never quite reveals everything it enclosed before it was lost. Sicilia has used the denatured gesture of sound to create his own language, almost an illumination. "But it's no more than the representation of life. Yes, though it sounds odd, it is precisely that," he explains. It's the translation of the immediate that gives way to the vacuum, the emptiness, the void. Thus the horrific yet beautiful and poetic shock of this proposal. Because in the rumbling omen of catastrophe lies not only the anticipation of complete dispossession, but also nearly the full signification of chaos, of an existence challenged in favor of a non-place, the consequence of a dynamic Nature that overflows and spills out of its initial, constitutional state, out of its order, out of the domesticity imagined by man.

Each of the pieces that José María Sicilia has brought together in *Fukushima. Winter Flowers* encloses the infinite potential of all forms of creation; they are volumes and patterns, unplanned drawings and lines in which the world is made concrete. At the same time, this work holds the seduction of an aesthetic force arising out of exploration. The series that lends its title to the exhibition, *Winter Flowers*, is another of these detonating works. These approximately fifty small-format pieces formed from resin were generated by translating temperature, pressure, and radiation data from reactor Unit 1 at the Daiichi nuclear power plant in Fukushima. What occurs here, as Yves Bonnefoy declared in reference to poetry, is that translation entails creating a new interpretation of what is read/observed/heard. In other words, it is the reinvention of the raw material that we wish to decipher:

> The purpose of poetry is to disturb language, to break down into words the networks of conceptual relationships as a result of which we have nothing more of reality than an image, with no access to that unity than one nevertheless senses behind all partial, and therefore abstract, representations... Translating then builds up all possible interpretations.

However, in Sicilia's case, there is an even greater phenomenon of uncertainty than there is in the exercise of translation itself. This phenomenon consists of evoking for the viewer's eye what the tsunami took away. As well as the voices of those who possess the experience of having lived it "from the inside." Or in another realm, capturing and "constructing" the "roars" of the nuclear power plant's reactors. It's an extraordinary exercise. The graphics of a three-dimensional sonogram with a pattern arising from these recordings produce for the creator (and for those who witness the result) the maximum aperture of transparency and availability, in the face of a landscape which has been born and the bizarre metamorphosis from which it originates. Or, to put it in the words of St. John of the Cross, "To reach what you do not possess/ you must go through places you do not possess." This dispossession also lies at the epicenter of the Madrid artist's most recent work, because he employs elements which are inevitably impossible to grasp and in the face of which he erects a new meaning. The work *Absences* plays with the bifrontal nature of sound. That is, he uses YouTube videos of what happened on the day of the tragedy in different cities of the Tohoku region (Minami Sanriku, Sendai, and Ofunato). The sounds from the scenes recorded on the key date of the tsunami are shifted into two dimensions on Corian panels. This semiotic garden preserves a trace of people's bafflement in the face of these spectacular, supernatural events and, quickly, gives way to a dense, labyrinthine, sleepwalking silence, almost an abrupt opening towards nothingness, like the permanent, continuous state sought by Buddhism. It isn't a static silence, though, but rather an overabundance reaching outward and returning endlessly within. It's a silence that implies damage, the pain produced by memories that can never be erased.

And this is another of the realms upon which José María Sicilia reflects in *Fukushima. Winter Flowers*: memory. This idea of time that spans the space between life and death. The permanent compared with what has vanished. Absence as the presence of the essential metaphor. "The changing forms of memory, of which oblivion is made," as Borges wrote. Something that gradually produces a succession of motions and immobilities and in a certain way explains the grand display of life when memory once again engenders emotion, reference, and the moment of a past whose initial protagonists were marginalized or crushed. We could say that Sicilia works with the tense material of what cannot be forgotten. Not only with the natural sounds of a catastrophe, but also with the social metabolism of those sounds, which arouse an understandable violence in those who hear them again (or who are confronted with their modulation for the first time). Or better stated, a conflict: that of appreciating what amounts to an attempt to turn a sinister act into something beautiful, into an artifact which, while producing an alternating current of beauty, occupies space as a phenomenon of transmission or convergence; we don't know which. It's a recovery of anathema in order to convert taboo into shocking reality, regardless of its latitude and context. What takes on incandescence in Sicilia's pieces is the material of mankind. The individual is no longer understood as a presence, but rather as an apparition, as a psychophony of its own memory, of the liberation of remembering that produces in the midst of collective trauma the solidarity of all human beings with their fellows. It's something approaching a powerful song of reconciliation that the artist recognizes in an exercise that requires bringing together the experiences of dozens of victims. Something like this occurs, with extraordinary force, in the stainless-steel piece that translates Miki Endo's voice warning of the arrival of the tsunami in Minami Sanriku.

Along the path of José María Sicilia's broad poetics lie elements of everything that has controlled its evolution: the force of color, the fiery comings and goings of form into light, his versatile passion for the organic, the process of unification and opposition which his painting has displayed since the 1980s and which he has used to navigate the highly varied realms of his work. From the long-term perspective of the forty years during which Sicilia has conducted this adventure in art, seemingly disconnected spaces acquire an astounding coherence and point to him as the creator of an irreplaceable voice. In everything that he makes, he demands a search for poetic reason. And in the subtlest wing of poetry, in the lift of that flight, he sees something like the core element of a world vision, the trembling glow necessary outside of every immediately recognizable zone of reality. Sicilia knows that shadow and light, sound and silence, movement and stillness, heaven and earth, can each be exchanged for its opposite.

It's along this path that the sonic trace left behind by the tsunami is combined in the exhibition with the celebratory signal enclosed in birdsong. Not because they are opposites, but rather because of their duration and the endurance of the sounds in and of themselves. These phenomena are, in turn, related, as the artist explained in an interview with the press: "Birds are fascinating. They are filled with mystery. One month before Japan's tsunami, there were already recordings that warned that crows had begun to caw insistently. Those soundprints are nothing more than two-dimensional sonograms recording frequency and time. The visual projection of it all consists of columns with eight million signs, despite the fact that we only collected data on parameters such as light, roughness, color…" The whimsical work with these sound structures, selected on the basis of interest in them or at random, produces in his translation a set of octagonal drawings with clean-cut lines that approximate at one time both the galaxies of Pablo Palazuelo and certain geometric conceptions from Sufism. The geometry of the number eight is related to karma, because it creates a round trip between the acts in our present and our past. At the same time, as happens with the octagonal mazes at certain French Gothic churches, like those in Amiens, Arras and Reims, it lies within the genealogy of mystery.

Through these songs, Sicilia attempts over and over to describe the procession between the moment and time. He examines this in the series *The Instant*, which is made up of seven fiberglass sculptures suspended in mid-air. These pieces, which range from the blazing musical explosion to the least chromatic sound and dimmest reverberation, are all sculptural portrayals of the songs of various birds. The translation of this experience into capricious matter creates pieces that possess the beauty of the haphazard, but at the same time also creates the odd perception that art could be a posthumous phenomenon that is actually born when sensitive (even sublime) experience perishes. In other words, art is above all an object of memory, a combination of action and memory. Put another way, art is not the experience itself, but rather the trace left by the emotion that led to the experience and which arises from a process of transference in which time has been abolished once and for all.

This is why another of the installations that gives shape to *Fukushima. Winter Flowers* has as its axis the moment when pain, senselessness, and damage converge. This is the *Sandcastles* with drawings made by children at schools and day care centers in Tohoku, where the pupils provided their original versions of how they remembered the day of the tsunami. In fact, they reveal the emotional mechanisms of individuals who are faced with varying degrees of annihilation, all of which are recovered in a retrospective exercise of memory. It is a "compared text" and its functional conception is perfectly aimed towards ratifying the process of time and moment that we have already cited as forming the primary guideline running through this part of Sicilia's work: the marks invoked by History, the deciphering of tragedy through memory, through evocation, through the suddenness which in a child dies and is born in a single instant. In other words, everything that also happens artistically in a drawing. But remembering isn't enough — at least it isn't everything. This is suggested by Rilke in the third stanza of the poem that he dedicated to Lou Andreas-Salomé in December 1911:

But now it's not enough to remember.
Pure existence must be raised out of each
one of these moments, onto my own background:
the sediment of a solution
spilling over beyond measure.
Because I don't remember: I am moved for your sake by what I am.
[...]
Longing often leads to the imprecise...

The framework of these installations is made up of the sound-based piece that opens and closes the exhibition. Sicilia spent weeks in the abandoned cities of Minamisoma and Fukushima looking for marks left behind, marks that can be heard in schools, in hospitals, in the space of the beginning and in the depths of ends. There he interrogates. He observes and wonders, "What was the first image you remember in life? And the first sound? What was the first smell?" The answers produce a set of vital assumptions which, in turn, are an exercise in aesthetic representation produced by the phenomenon of convergence when many speak at once. In this anthropology, which highlights both the beauty of what lies at the origin and the disaster of what occurred, the strange beauty of the voices, as well as the song of the birds, the awe-inspiring sounds, bursts forth, thereby creating a choir in which the survivors' voices collide. This grand choir of fear and resignation blends with the echo of the metallic drumbeat of the B-29 planes bombing Tokyo in May 1945, and is mixed as well with the gentleness of dawn. These vestiges of experience don't diminish each other, but instead produce a vibrant mixture of human elements, a mixture that shatters archetypes, abolishing location, matter, and dream in favor of a documented freedom of chaos and order, of fury and restraint, of the extreme and the subtle. It proposes a new state of perception to those who listen, who observe this new genealogy in the work of José María Sicilia: because pain, as we have already said, produces indelible memories.

Fukushima. Winter Flowers is, however, something more than just a project that provides notice of an experience. It is, definitively, an exercise in identifying the individual within the limitless space of art, a space that is a mass of contradictions, uncertainties, and presences. Everything that occurs artistically in the work has already happened outside of it, because memory, evocation, and origin are what leads to what it germinates, to what makes it possible to impress upon reality the uncertain notion of what we are: the sudden, the waning, that which is born and dies. The pure unedited moment. Because, as Edmond Jabès said of writing, "What we write is not a mirror. Writing means looking at an unknown face." The same is true for art, which gives no quarter and shows no mercy, but instead transforms into otherness. And, in turn, it is otherness, the existence of others, "which upholds our survival in memory itself," to cite Valente once again.

We could say that this intense habitat that José María Sicilia has created is, in the words of Emily Dickinson, "a house that tries to be haunted." Each of the pieces presented here has the spirit of *hana*, the Japanese word that designates the cherry blossom. Delicacy. Fleetingness. Intensity. Beauty. And, let us add, strangeness A natural representation of the world (and its devastations), as aspired to by the aesthetic mystery of *ikebana*, whose maxim is not simply the aesthetic representation of the flower, but also the desire to live in communion with nature, in whatever way it manifests itself. This is underlined by the poet Matsuo Basho:

"Everyone who manages to excel in art shares one thing in common: a mind in communion with nature throughout the seasons... Everything a mind like this sees is a flower, and everything that a mind like this dreams is the moon..."

At this new turn in the path that makes up *Fukushima. Winter Flowers*, Sicilia's language becomes even more abundant. Sonographic technology is here a tool used to reach the degree of profundity which, since the 1980s, has gradually broadened his work. We have before us an artist who interrogates, who questions, who doesn't accept pre-determined forms and who feels the need to shatter formats in search of artistic mysteries and palpitations that magnetize and establish a extraordinarily unique horizon of creative freedom, summoning emotion over the smoking ruins of what we once believed.

Madrid, May 31, 2013

Un país llamado Accidente

アクシデントという名の国

A Country Called Accident

Un país llamado Accidente, 2012
Banderas de tela
con impresión digital
250 x 140 cm

———

Estas obras corresponden a la traducción del
sonido del tsunami registrado en la Universidad
Politécnica de Barcelona en 3D y transformado a 2D

Accidens significa 'Lo que sucede'.
Accidens alude a lo que sobreviene improvisamente en
el sistema de nuestras vidas. El accidente nos es revelado
cada día, oculto hasta que sale a la luz. «El accidente revela
la sustancia»*. El accidente está íntimamente unido con la
vida. Toda sustancia es materia para el accidente. El tiempo
todo lo devora. «El tiempo es el accidente de los accidentes»**.
Somos la imagen de una imagen, un eco. Un instante es el
canto de un pájaro. El azar se nos parece cada vez más y
el miedo empieza a ser la pasión de la vida.

———

*/** *Physique*, IV, op. Aristóteles

アクシデントという名の国　2012年作
デジタルプリントを施した布製旗
250 x 140 cm

———

これは、バルセロナ工科大学で行われた津波の
音声記録の3D解釈を2Dに変換したものである

偶有性とは、「継起するもの」を意味する。
偶有性とは、私たちの生活システムに不意にふりかかるものを指
している。日ごと私たちの前にさらけ出される偶有性は、それが
あらわにされるまでは隠れている。「偶有性は実体をさらけ出す」。*
偶有性は生と緊密に結びついている。すべての実体は偶有性の元
となる。時間がすべてを飲み込む。「時間は偶発時の偶有性であ
る」。** 私たちは映像の映像、つまり反映である。瞬間は小鳥の
歌である。偶然性は事あるごとに私たちに似たものとなり、次
第に恐怖が生の情熱となり変わる。

———

*/** アリストテレス著「自然学」第4巻より。

A Country Called Accident, 2012
Digitally printed fabric flags
250 x 140 cm

This set of pieces corresponds to the translation of the
sound from the tsunami, recorded at the Universidad
Politécnica de Barcelona in 3-D and transformed into 2-D

Accidens means "That which happens."
Accidens alludes to what happens, what arises unforeseeably
within the system of our lives. Hidden until it emerges into
the light, the accidental is revealed to us every day. "The
accidental reveals substance."* The accidental is intimately
linked with life. All matter is grist for the accidental. Time
devours everything. "Time is the accident of accidents."**
We are the image of an image: an echo. A moment is the
song of a bird. Chance appears before us more and more,
and fear begins to become the passion of life.

*/** *Physique*, IV, op. Aristotle

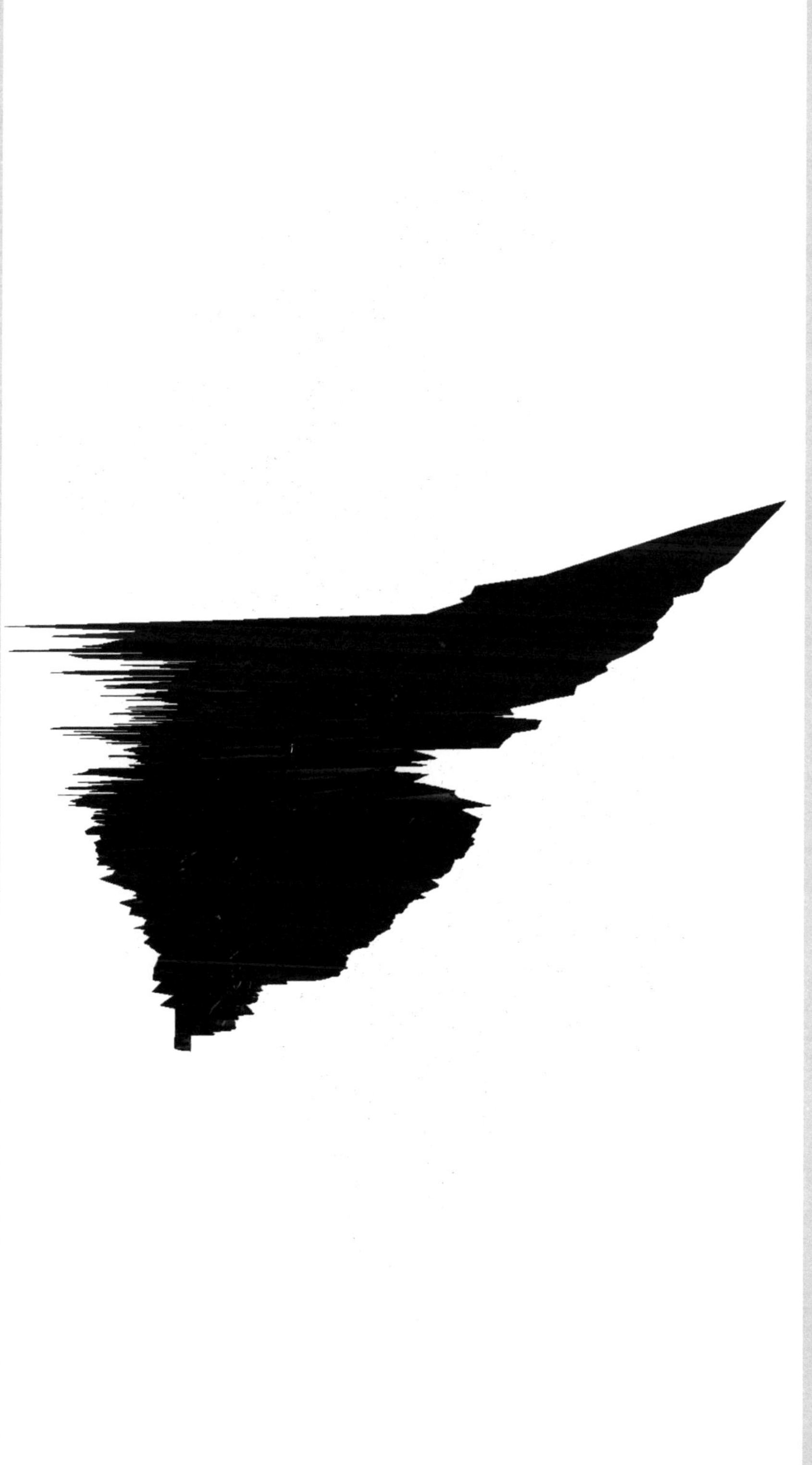

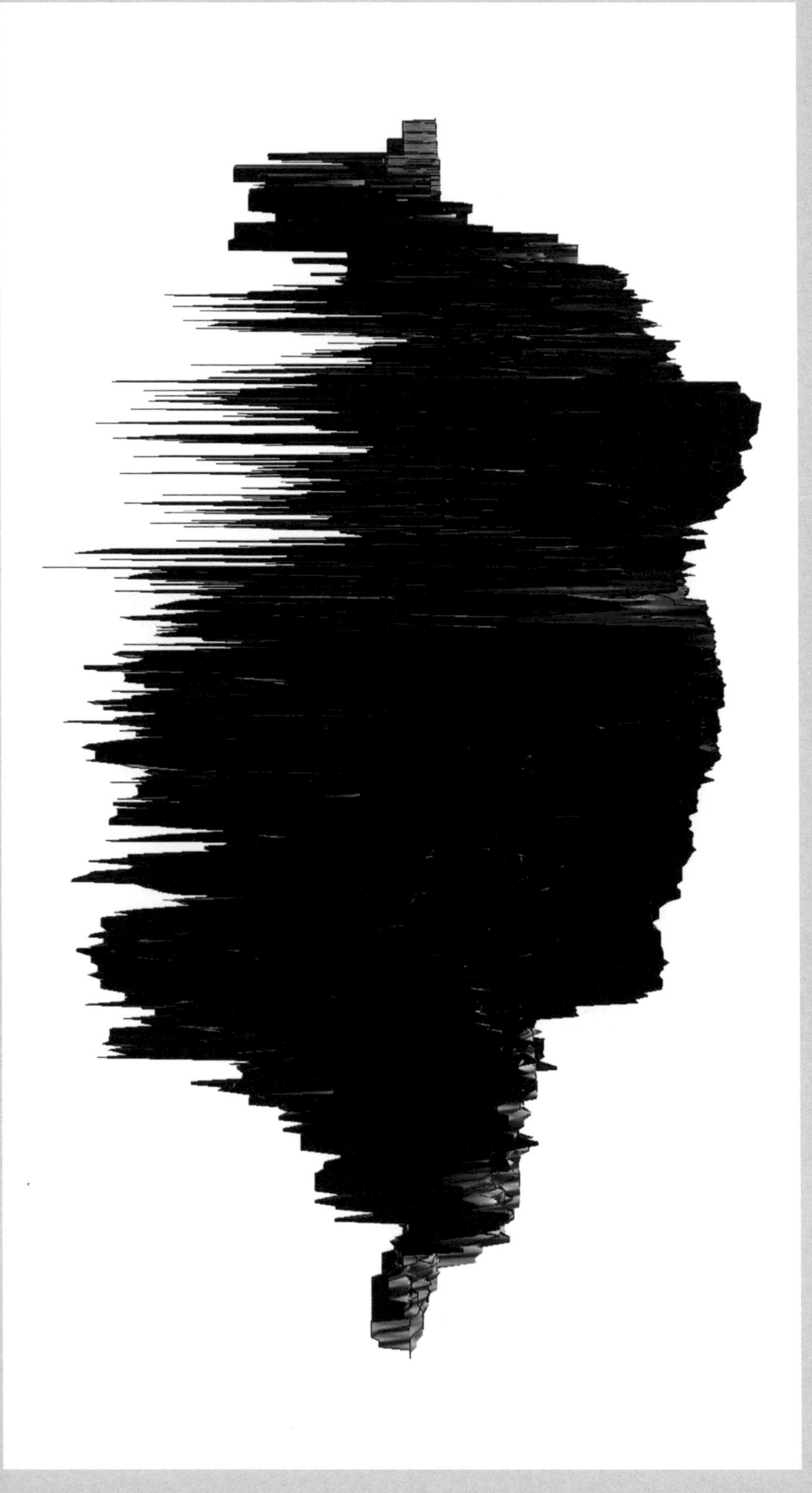

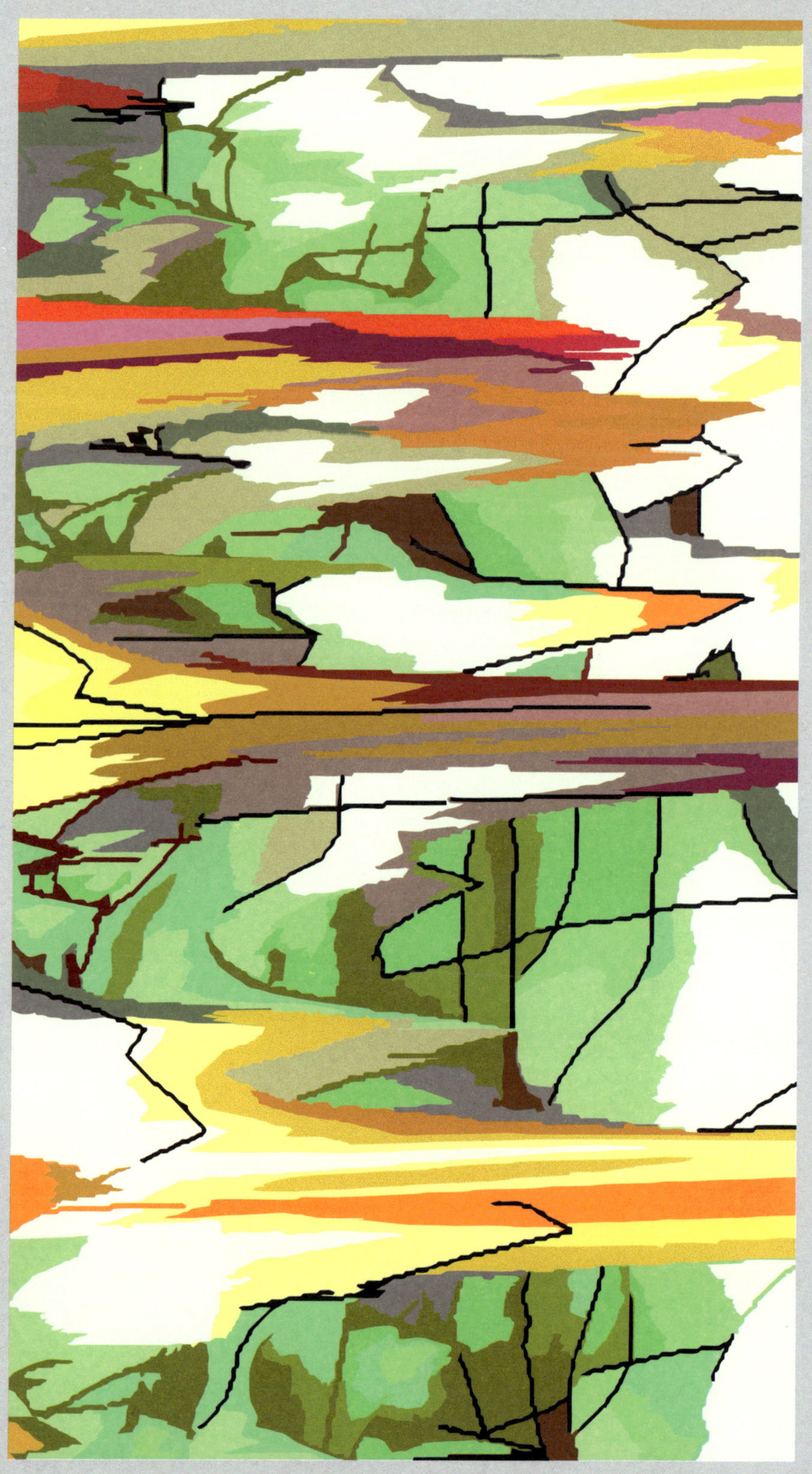

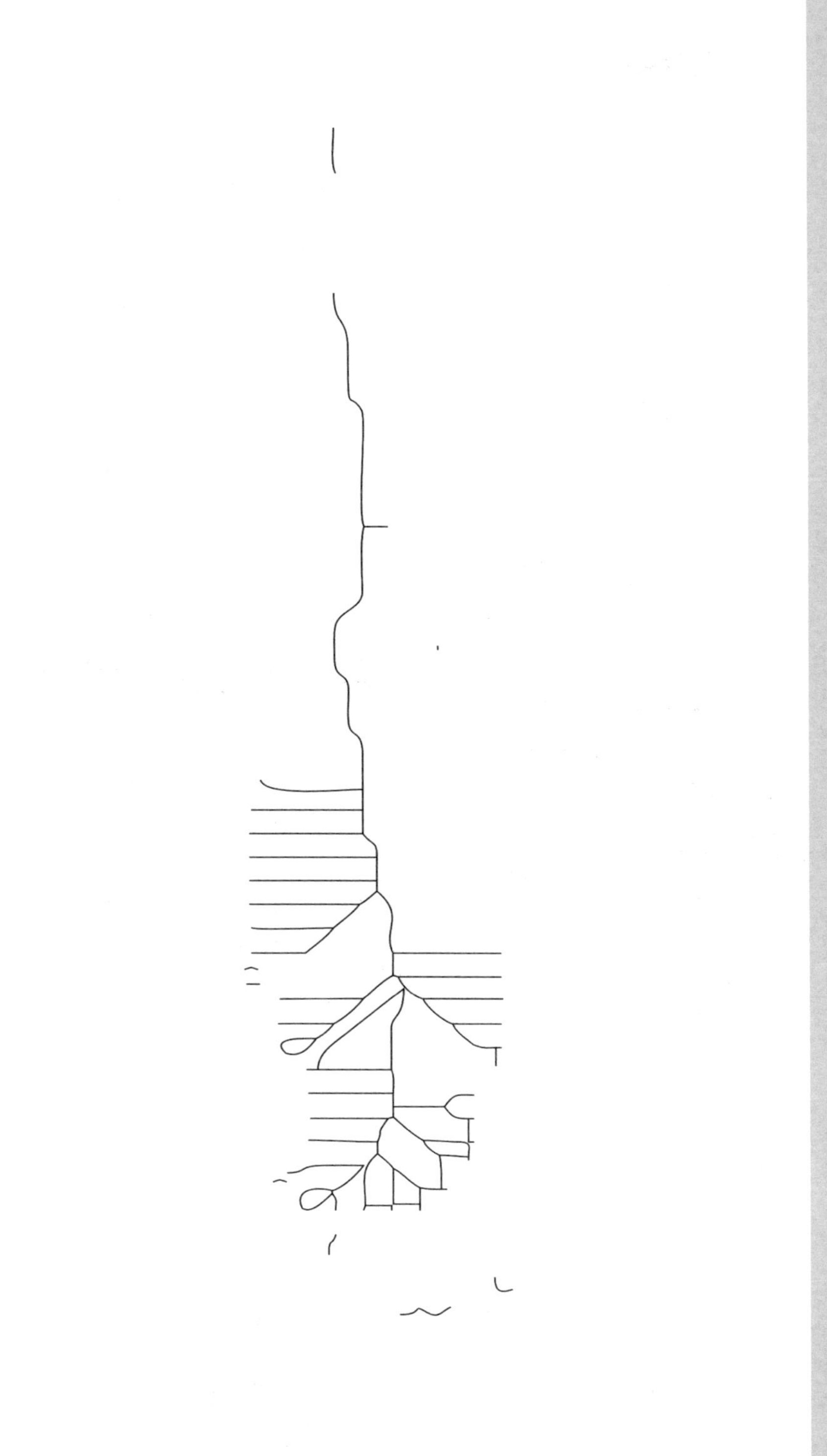

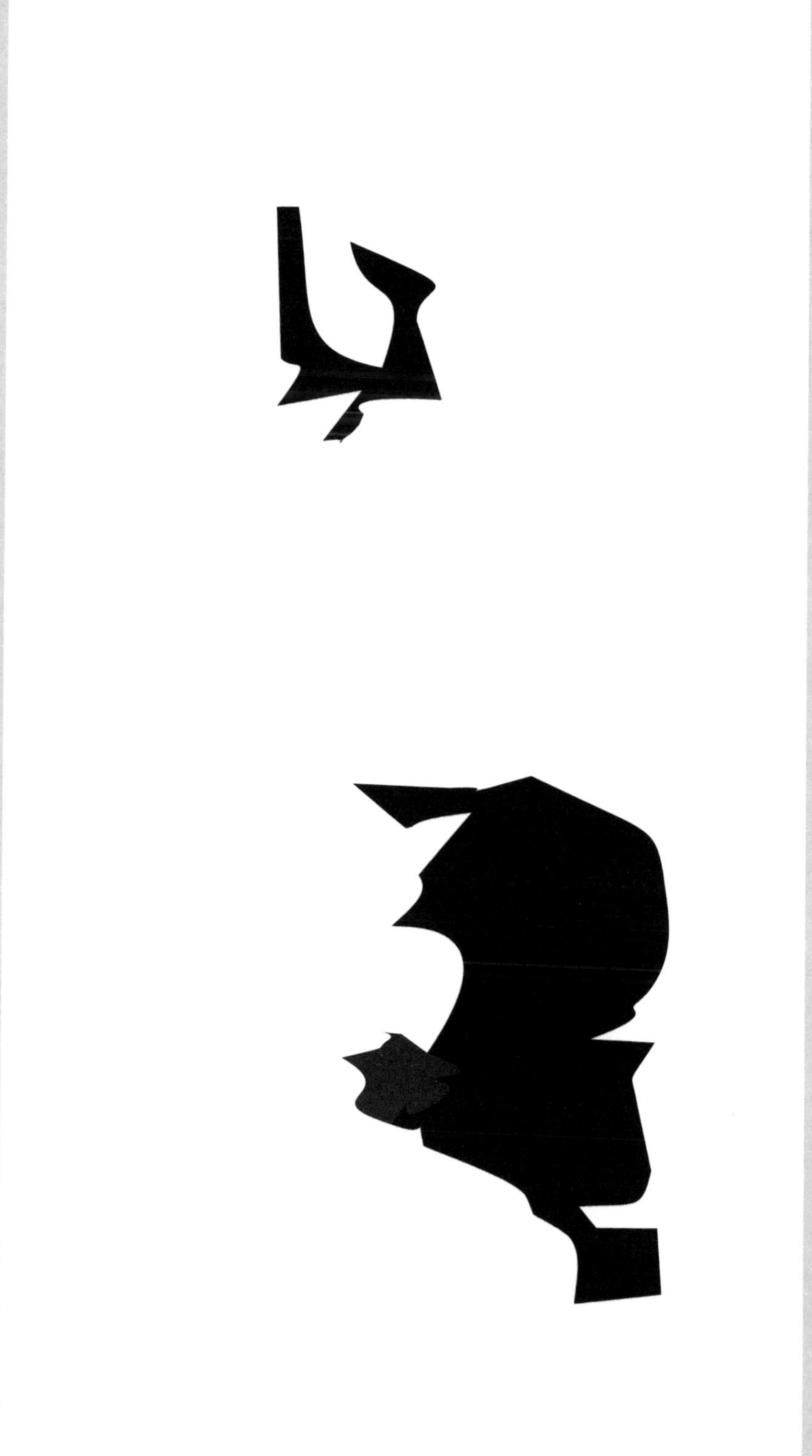

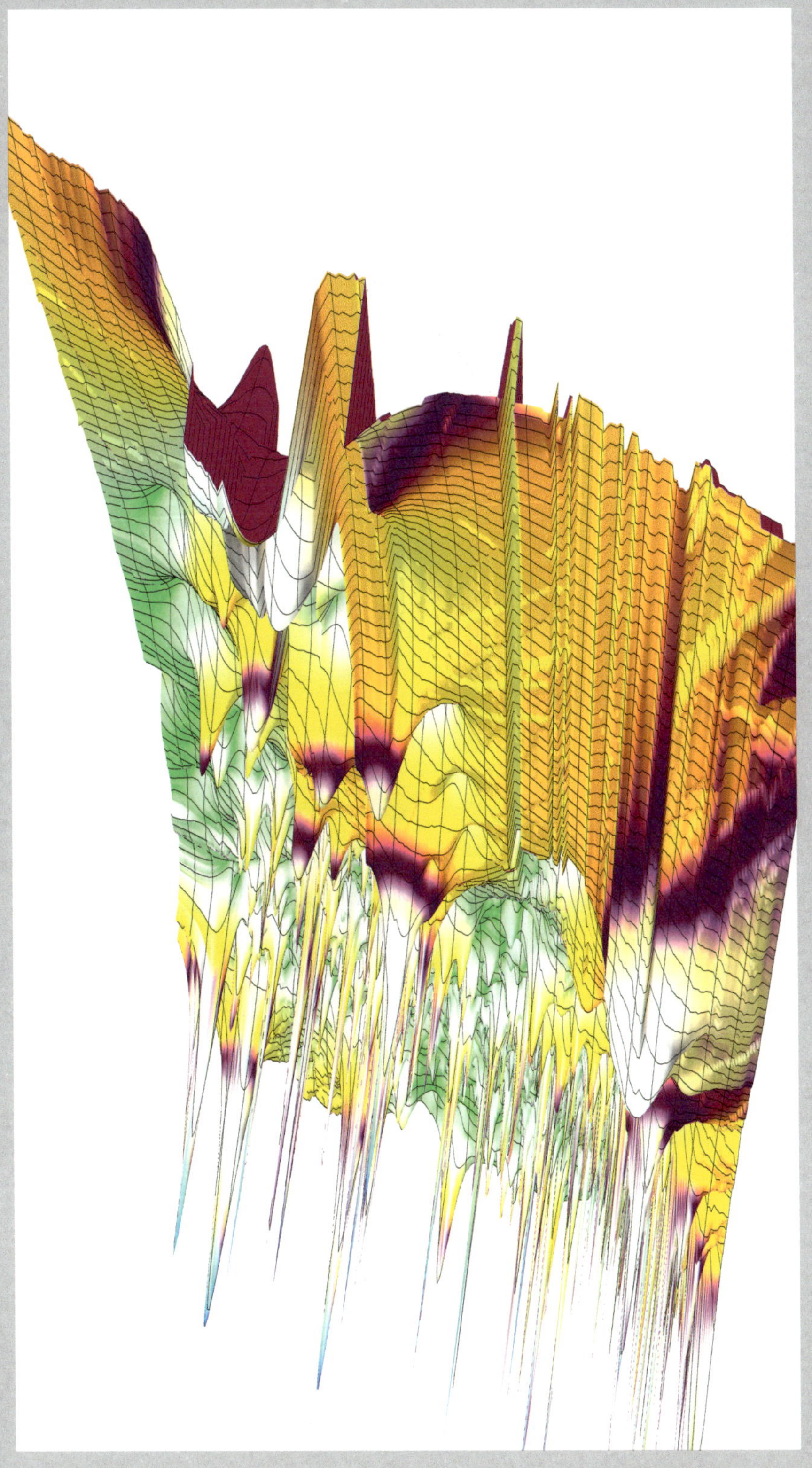

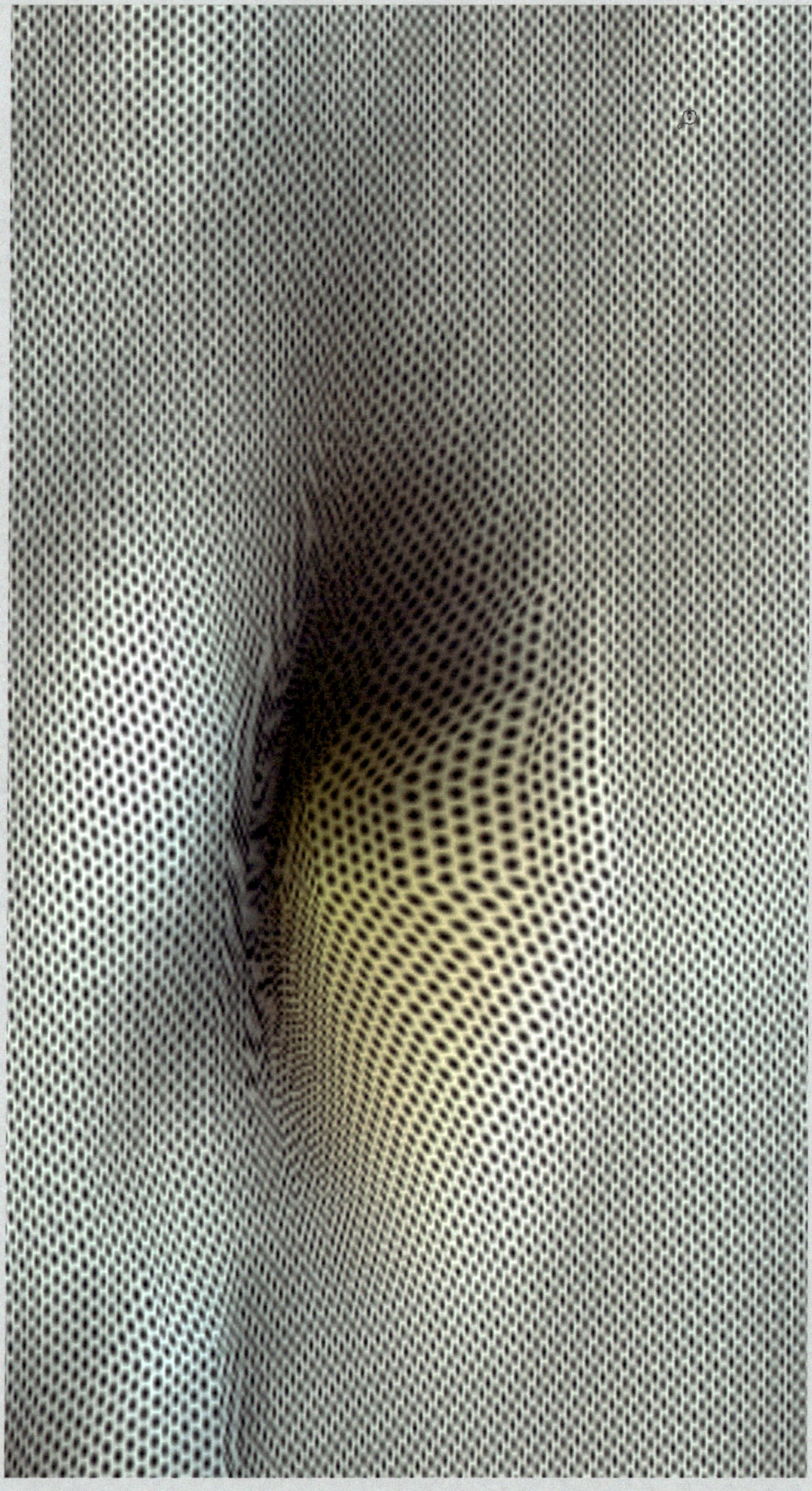

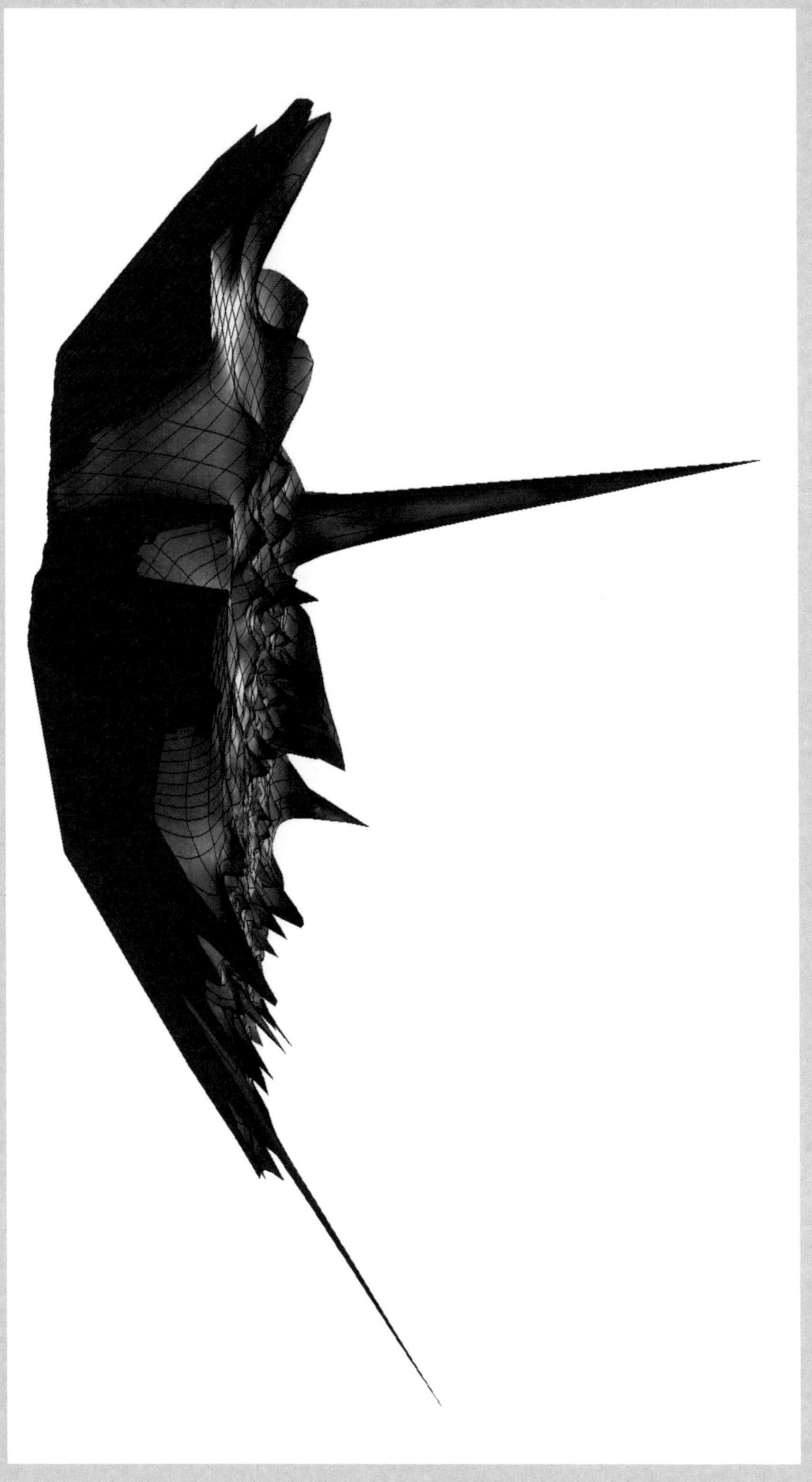

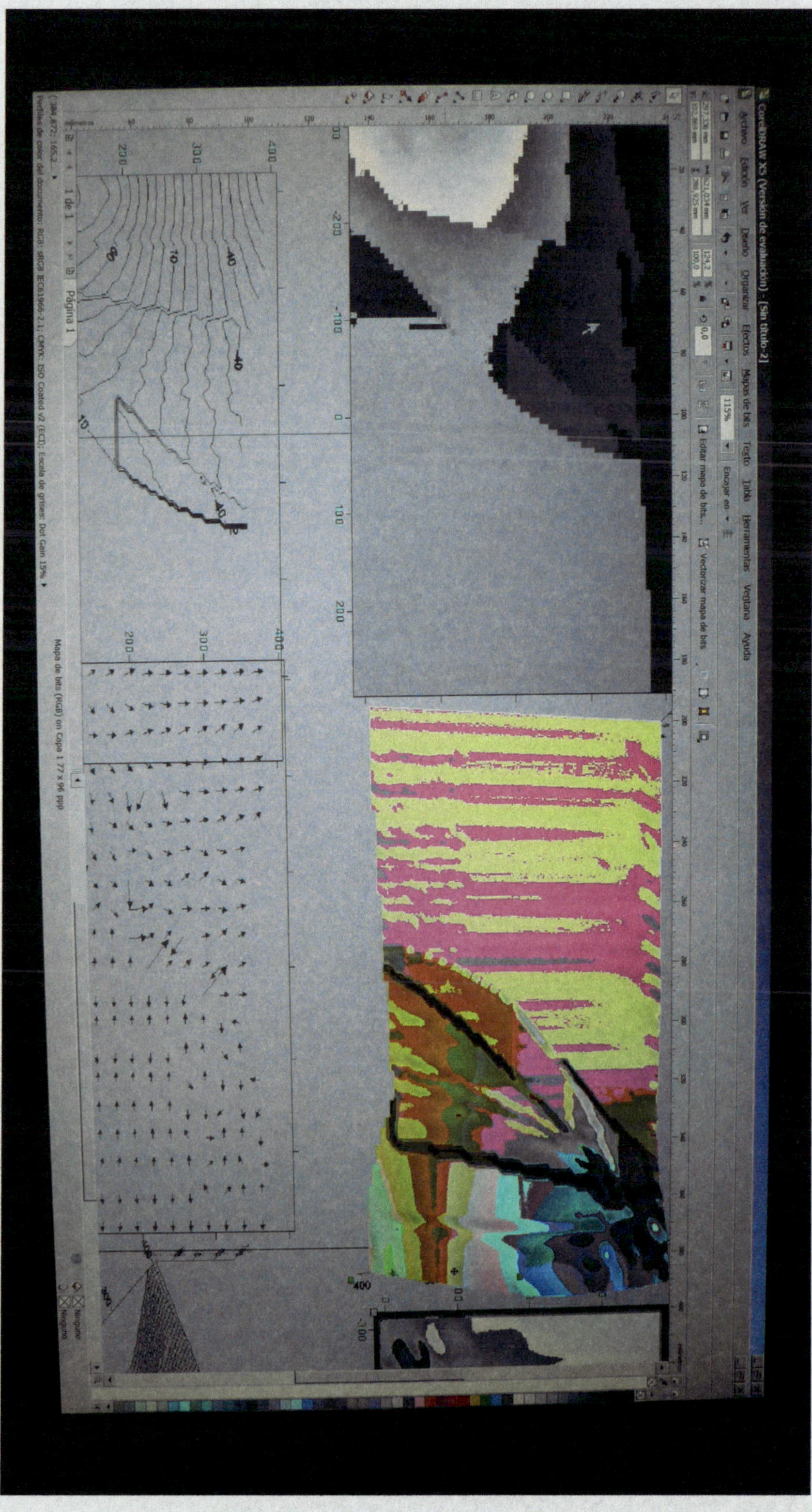

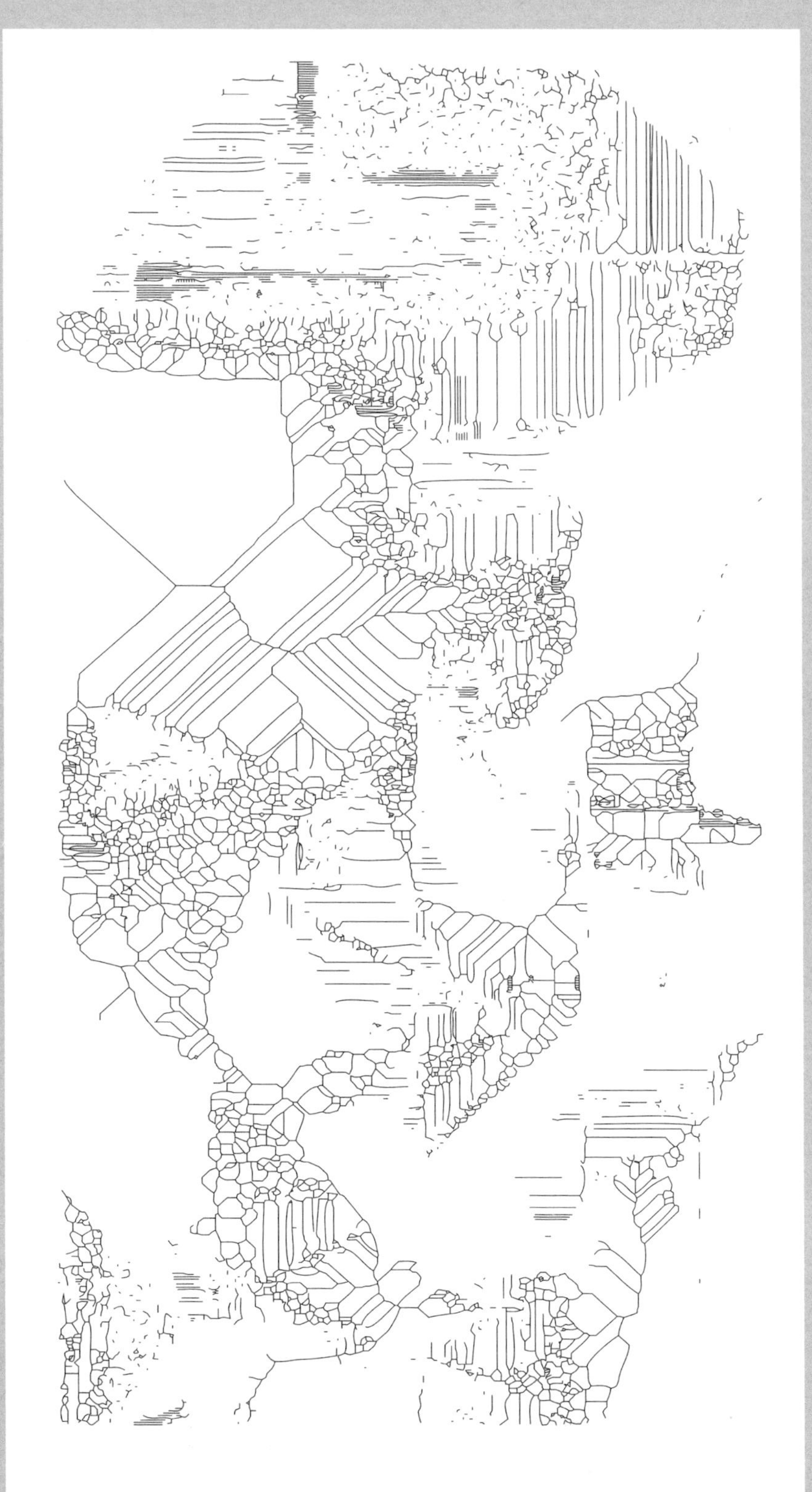

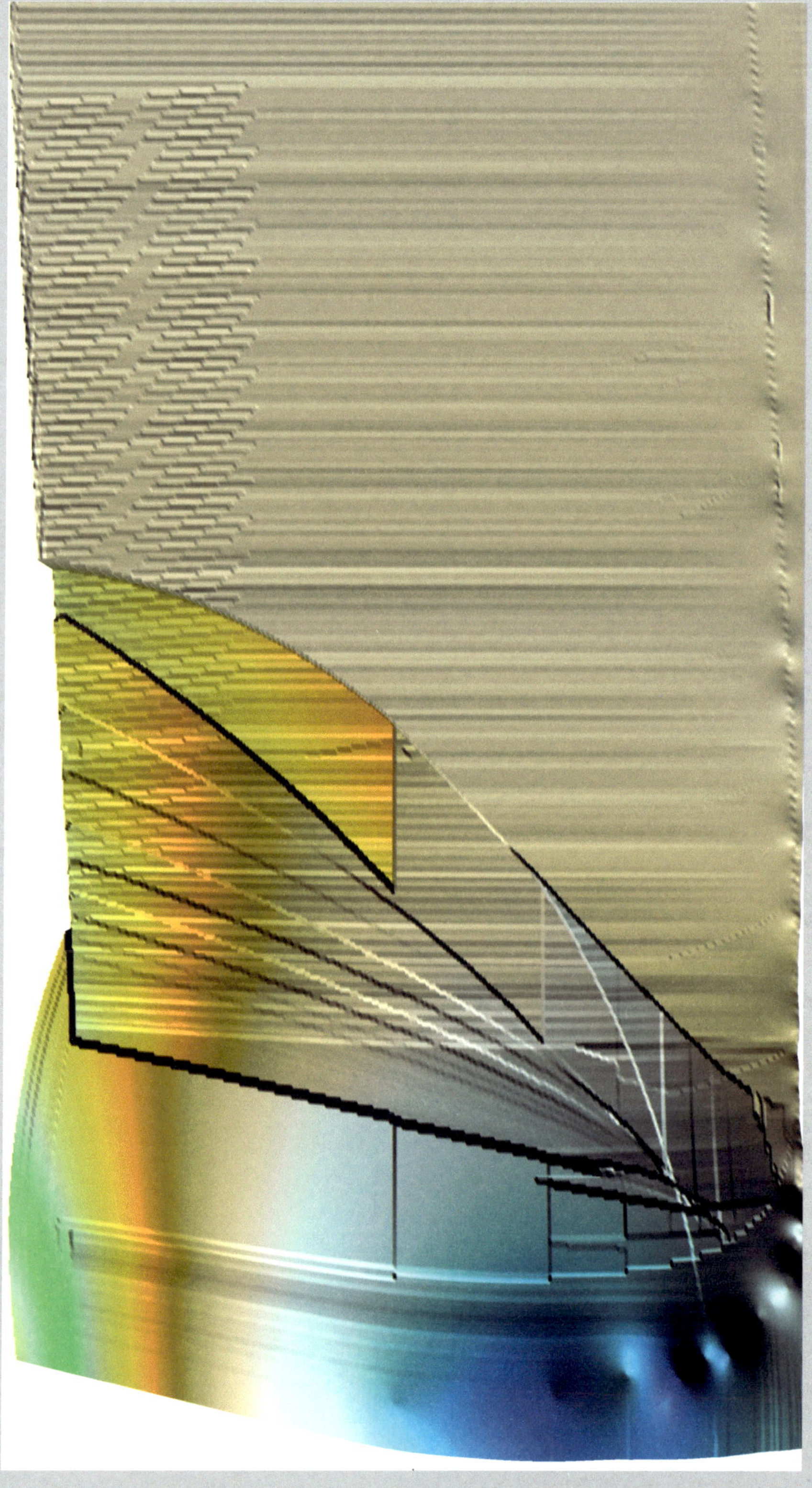

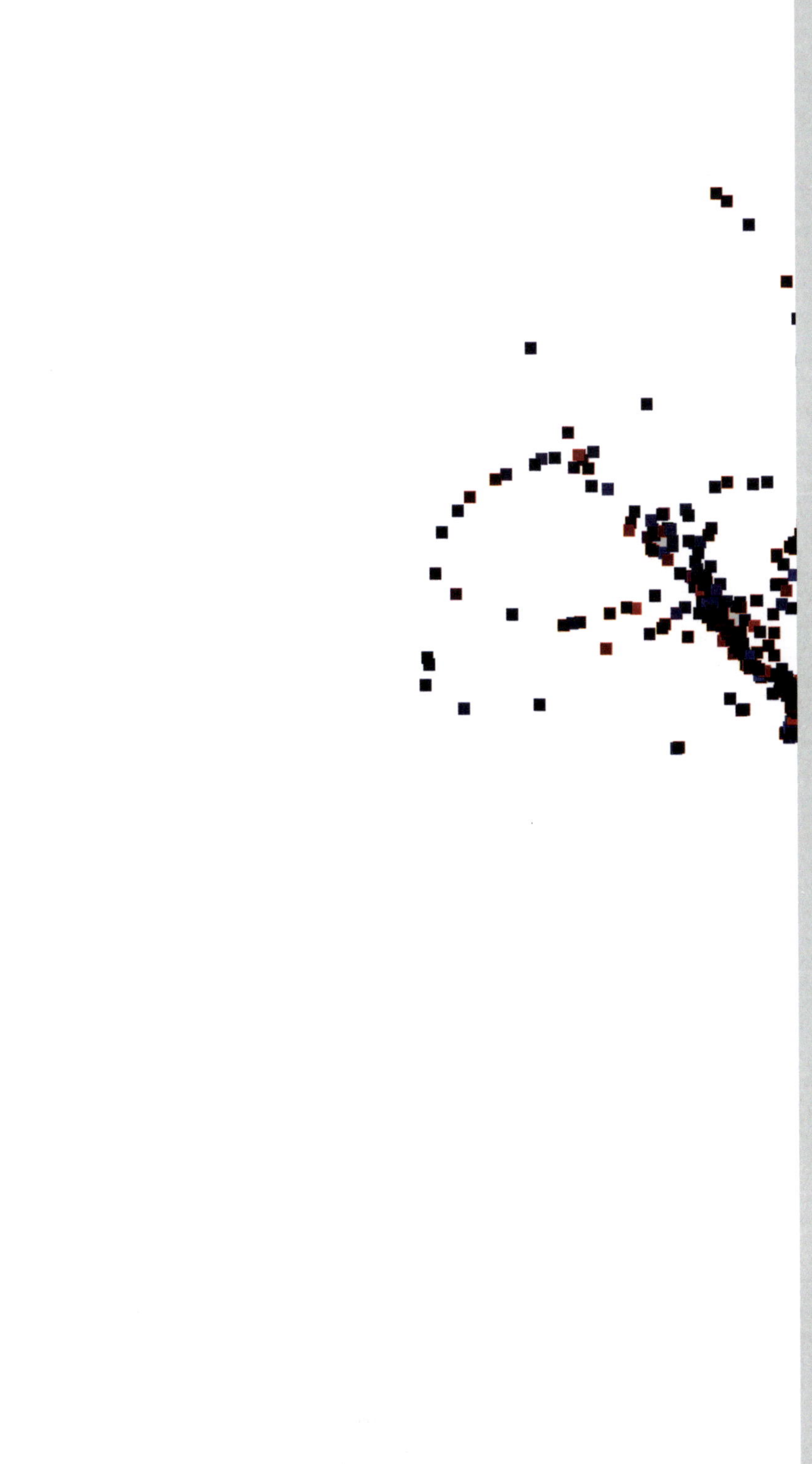

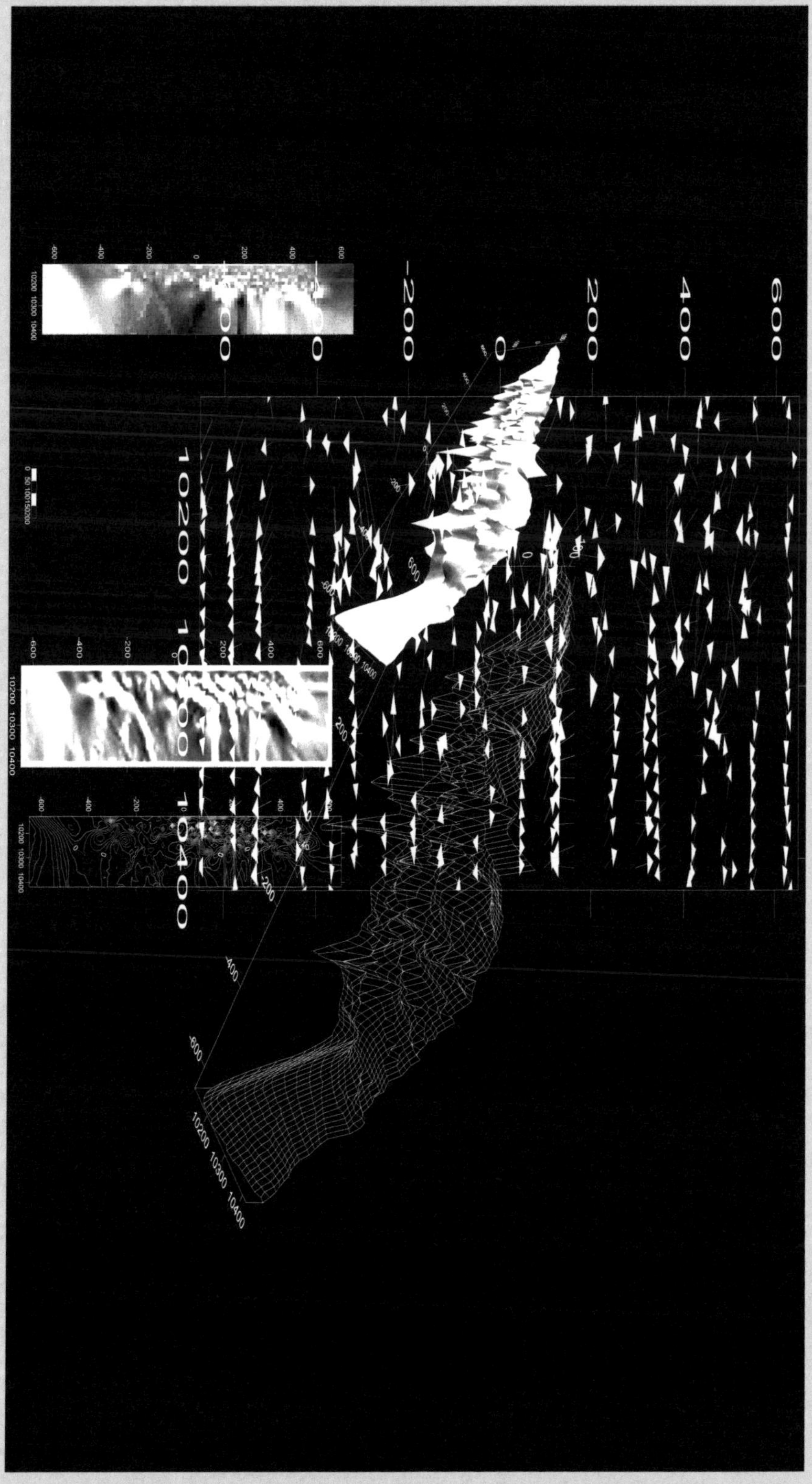

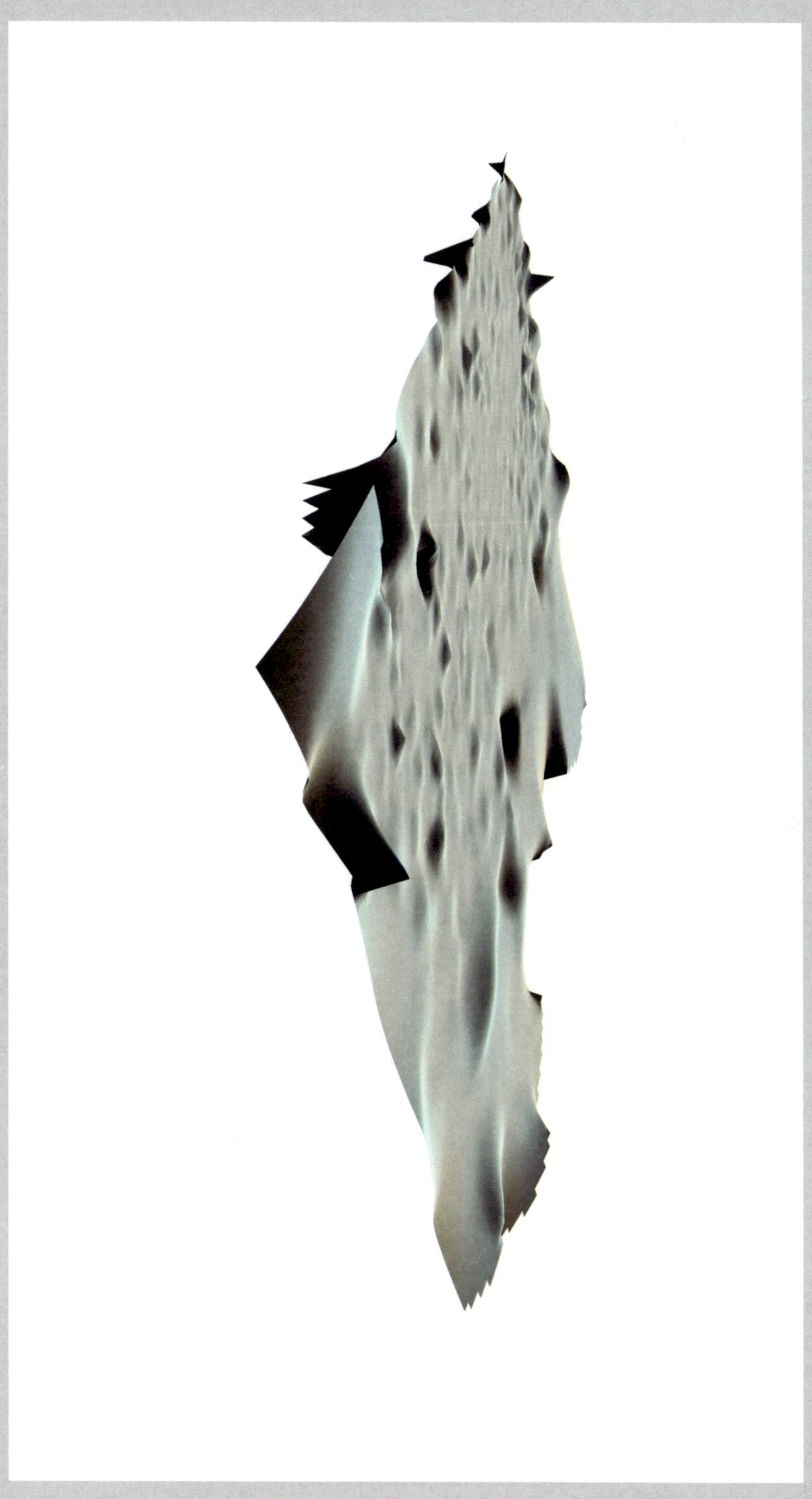

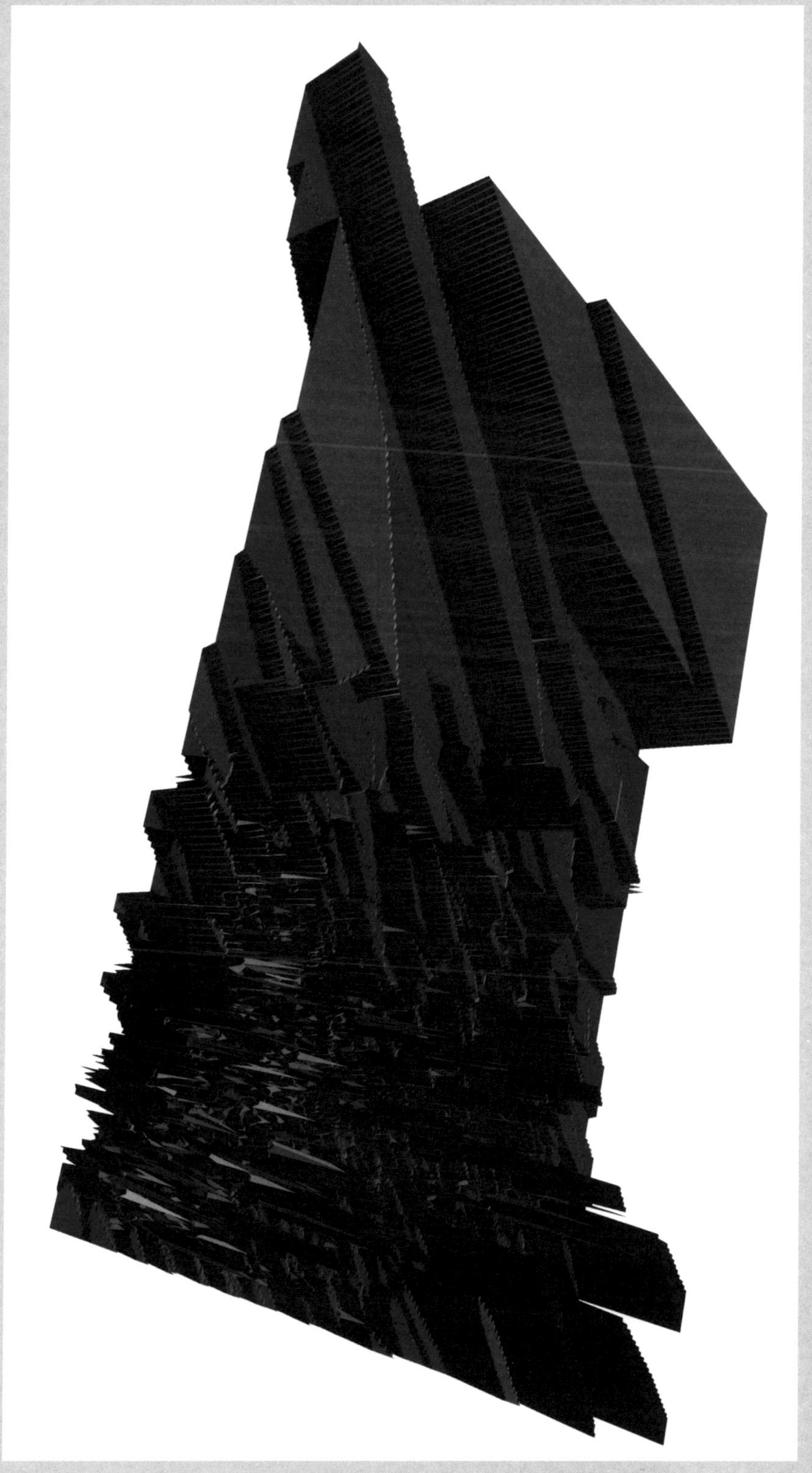

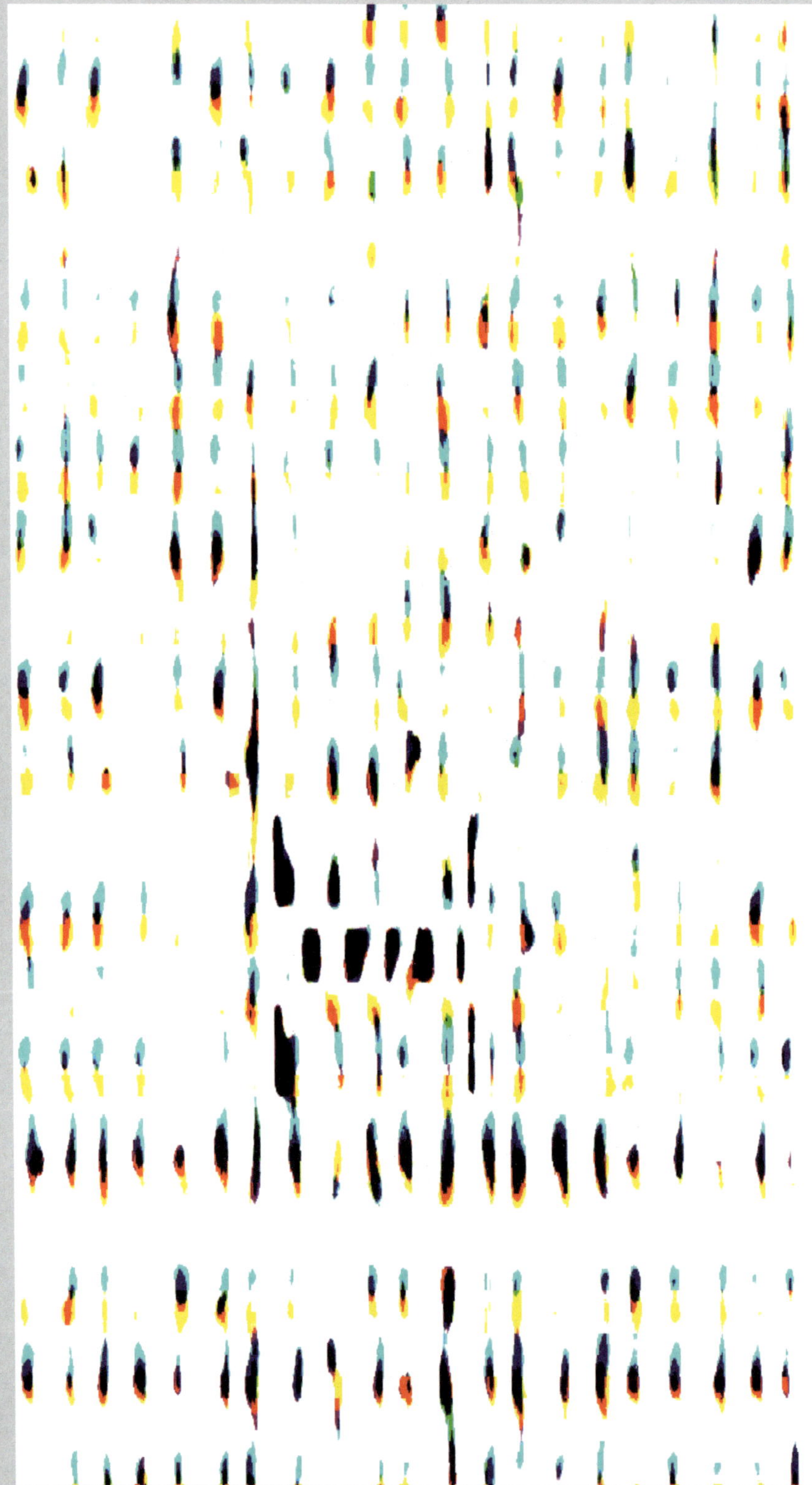

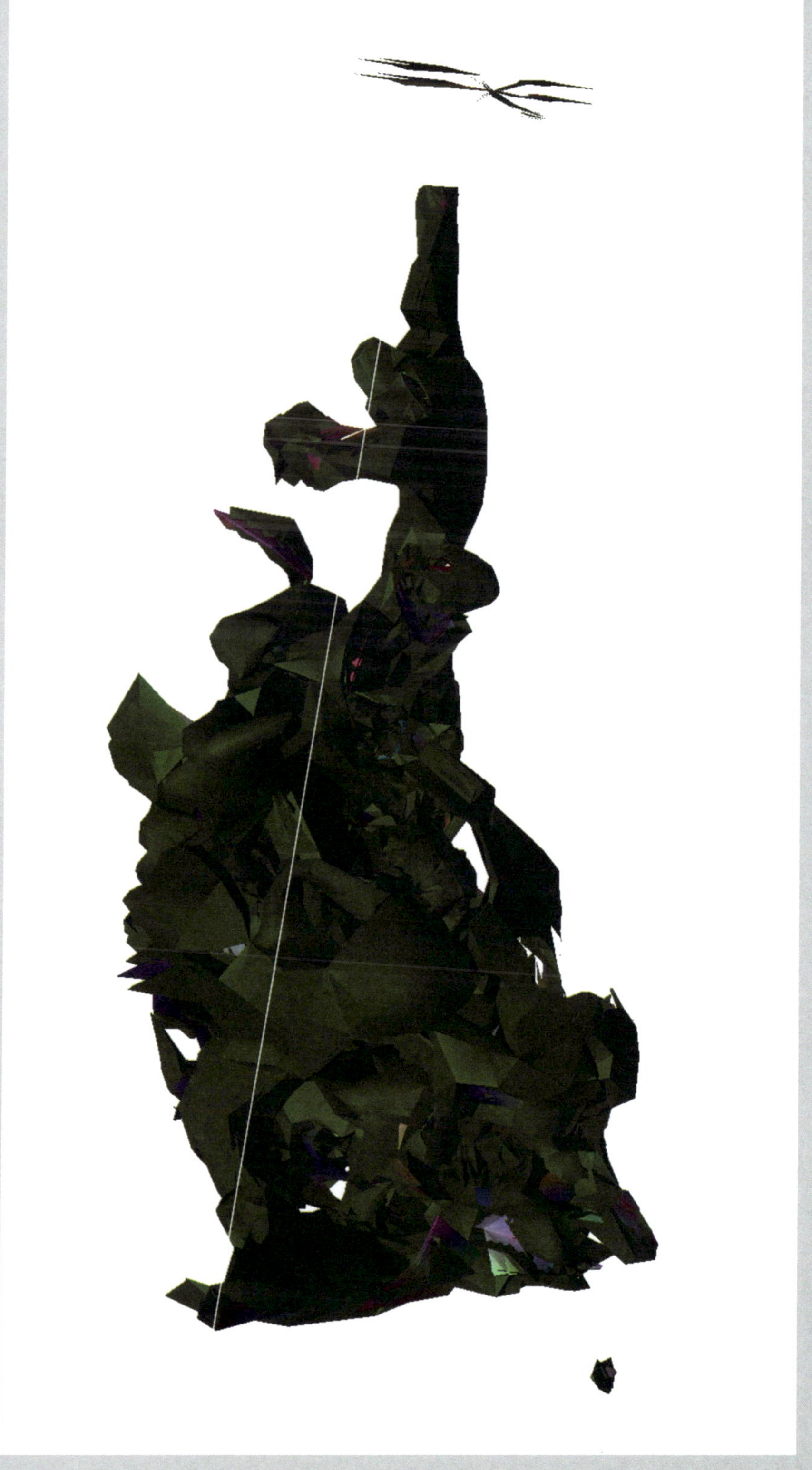

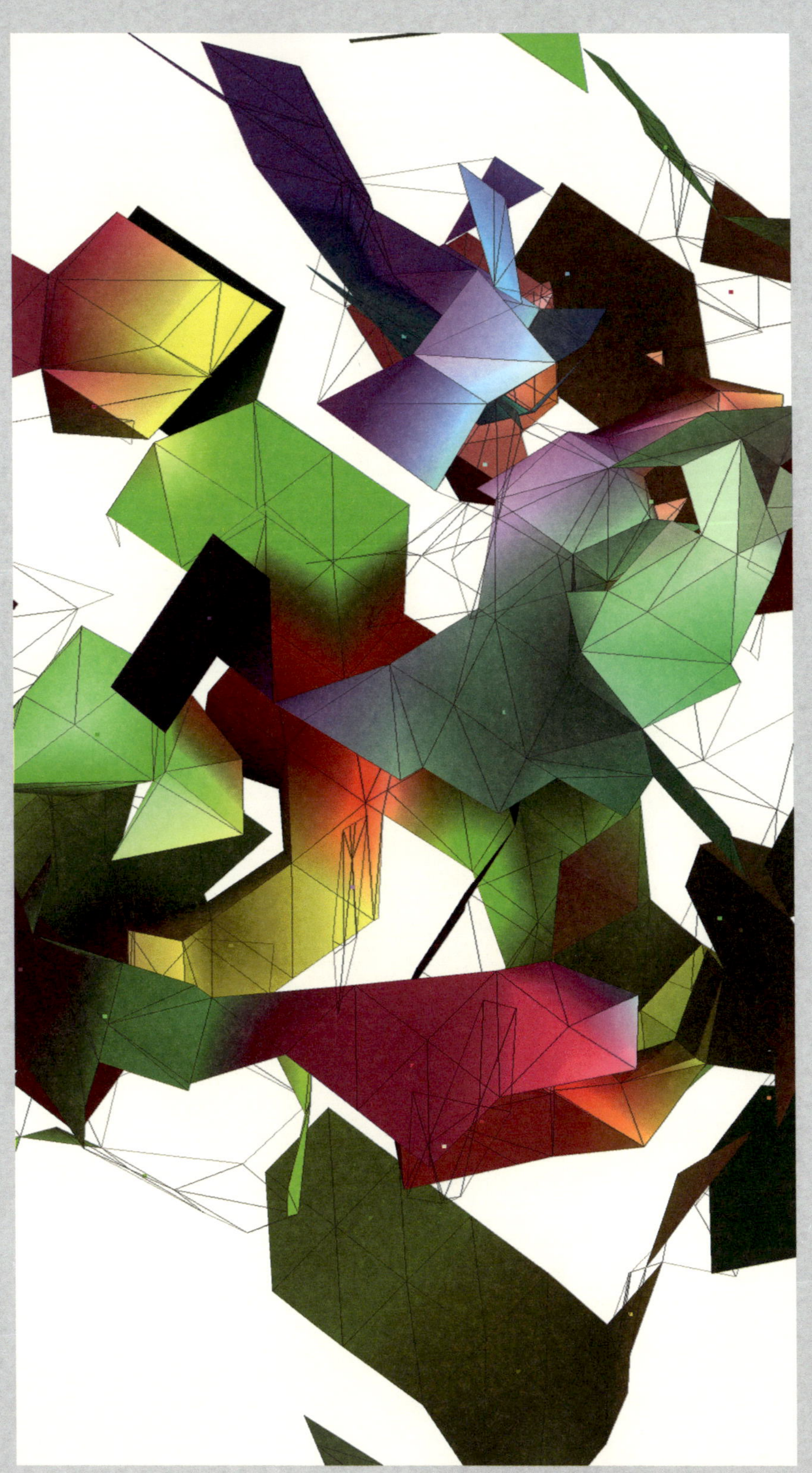

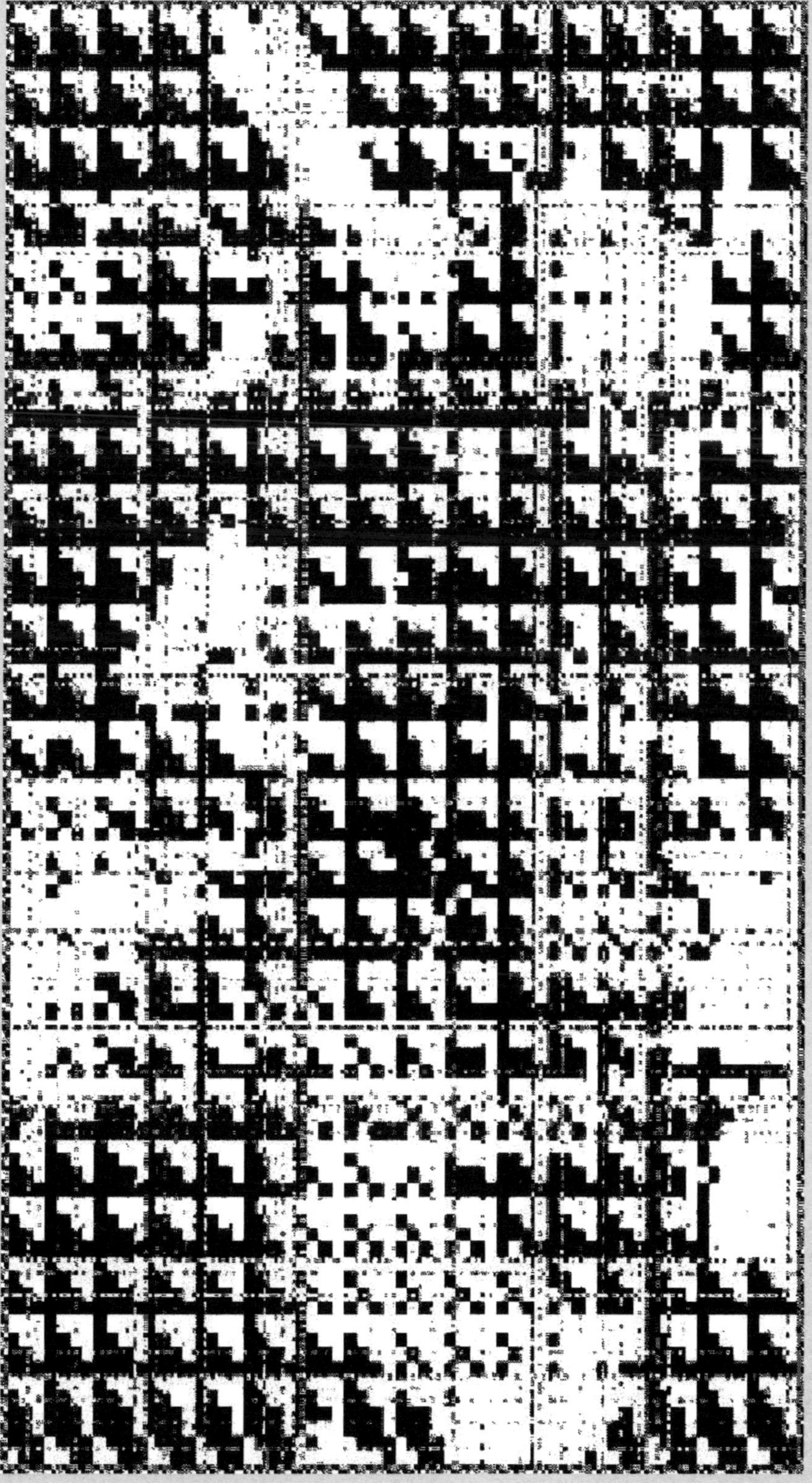

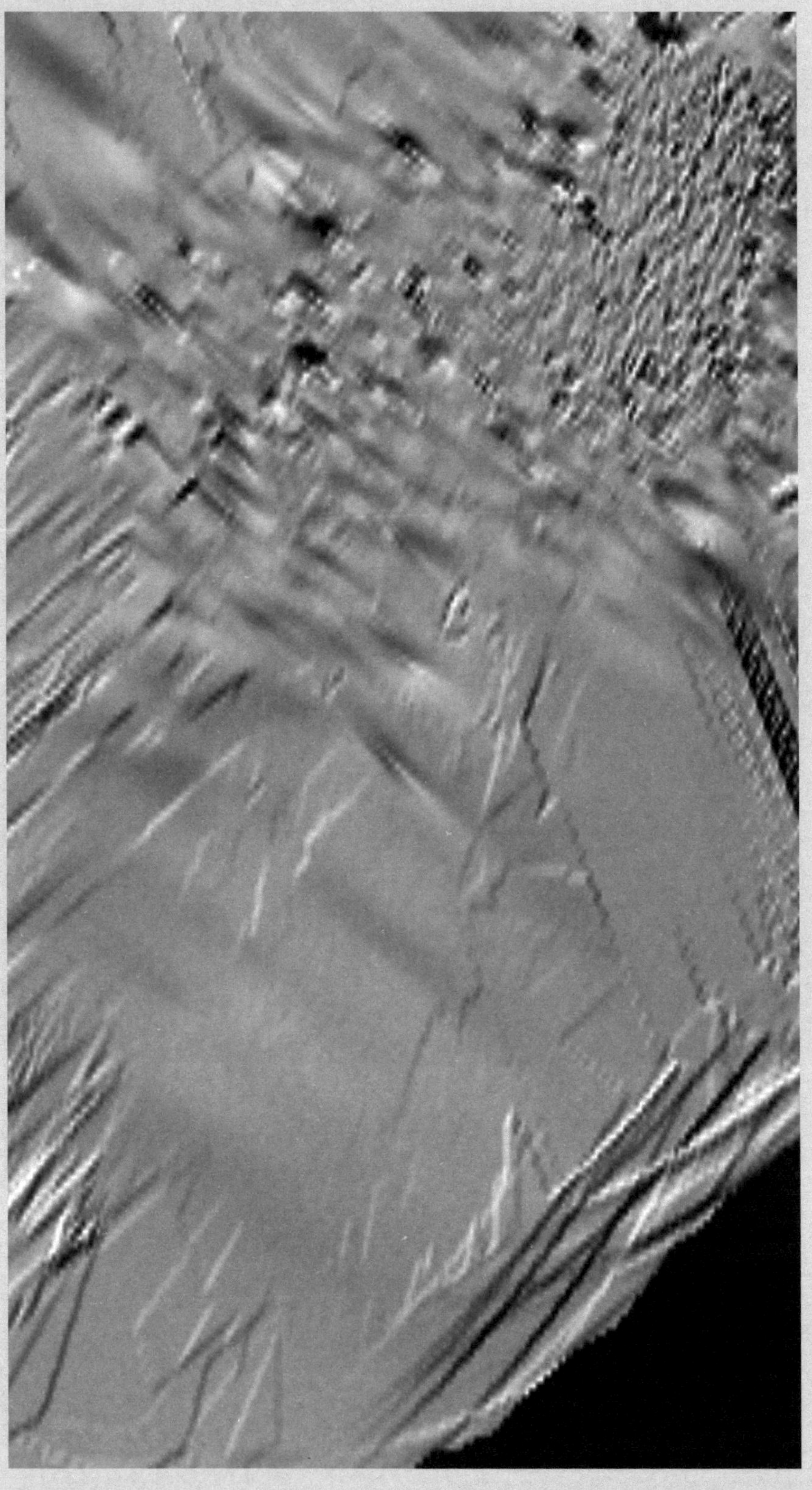

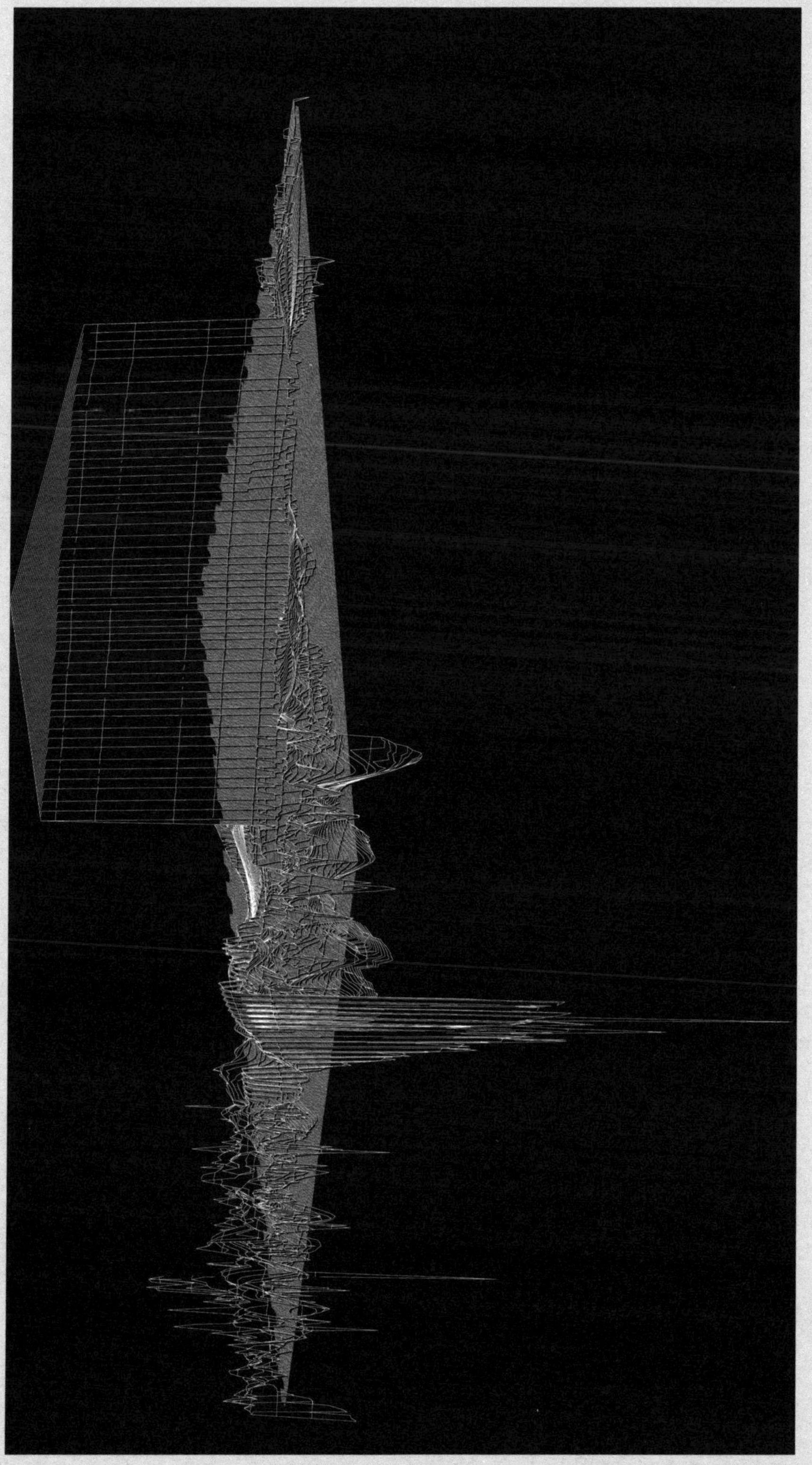

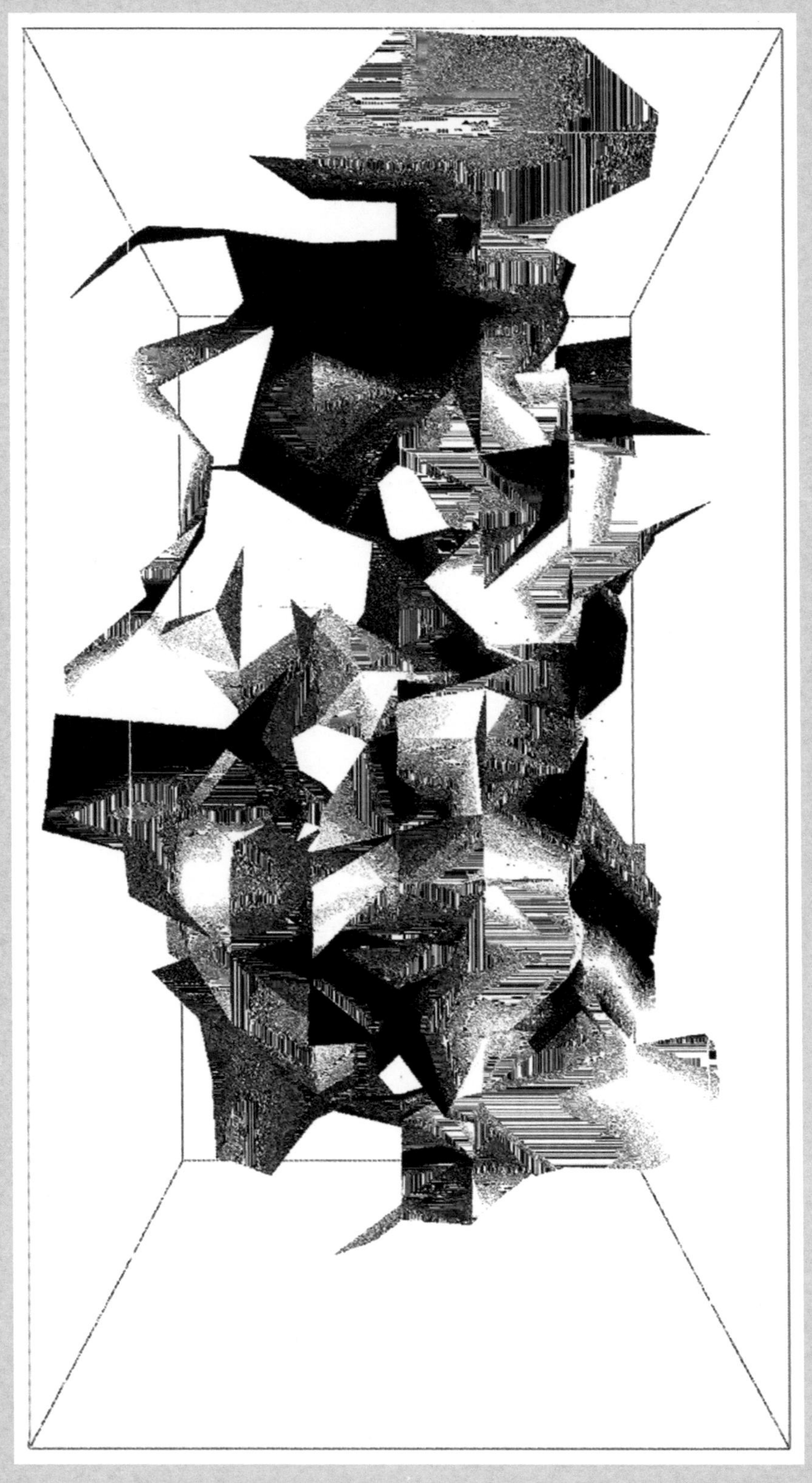

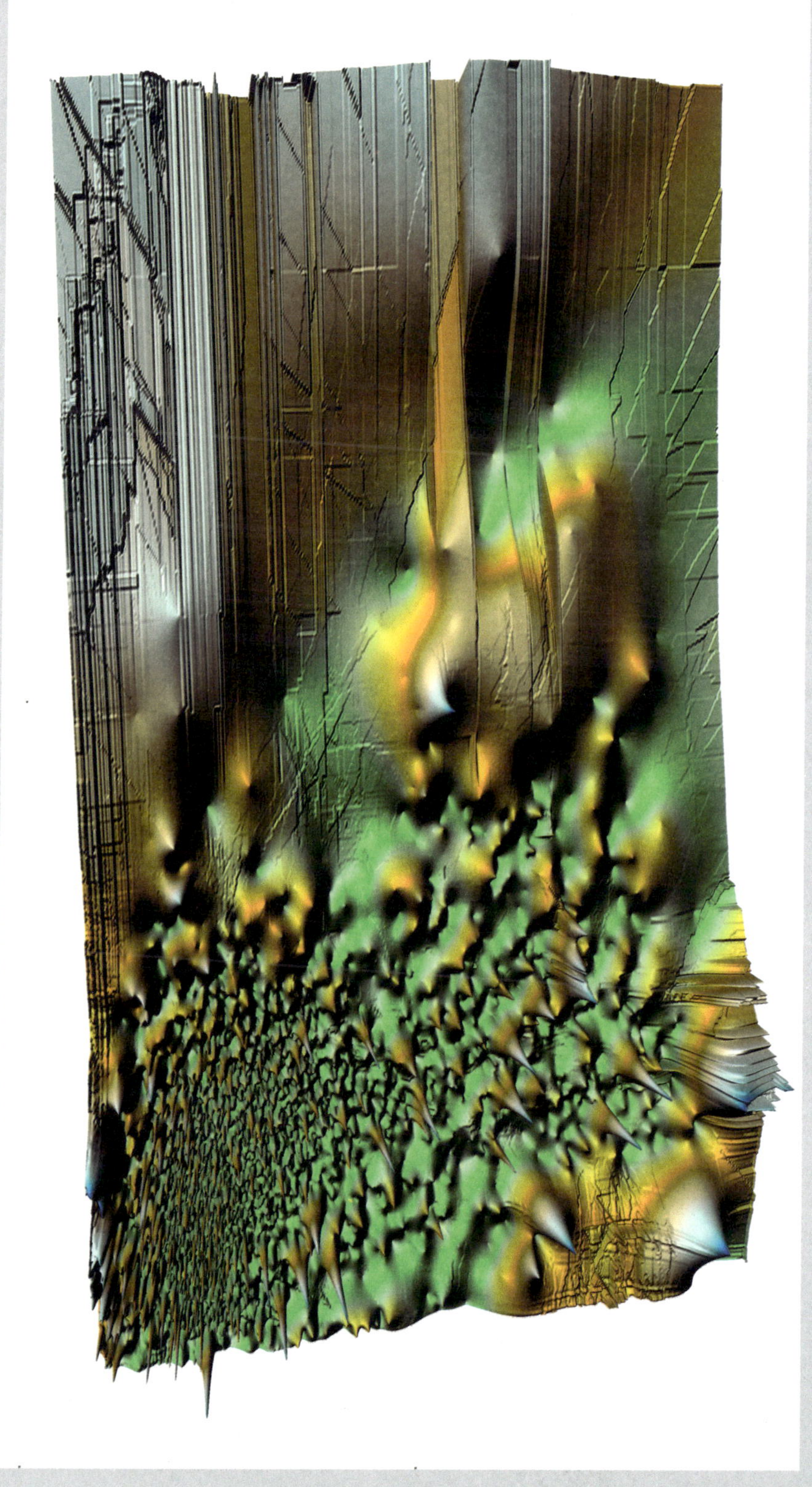

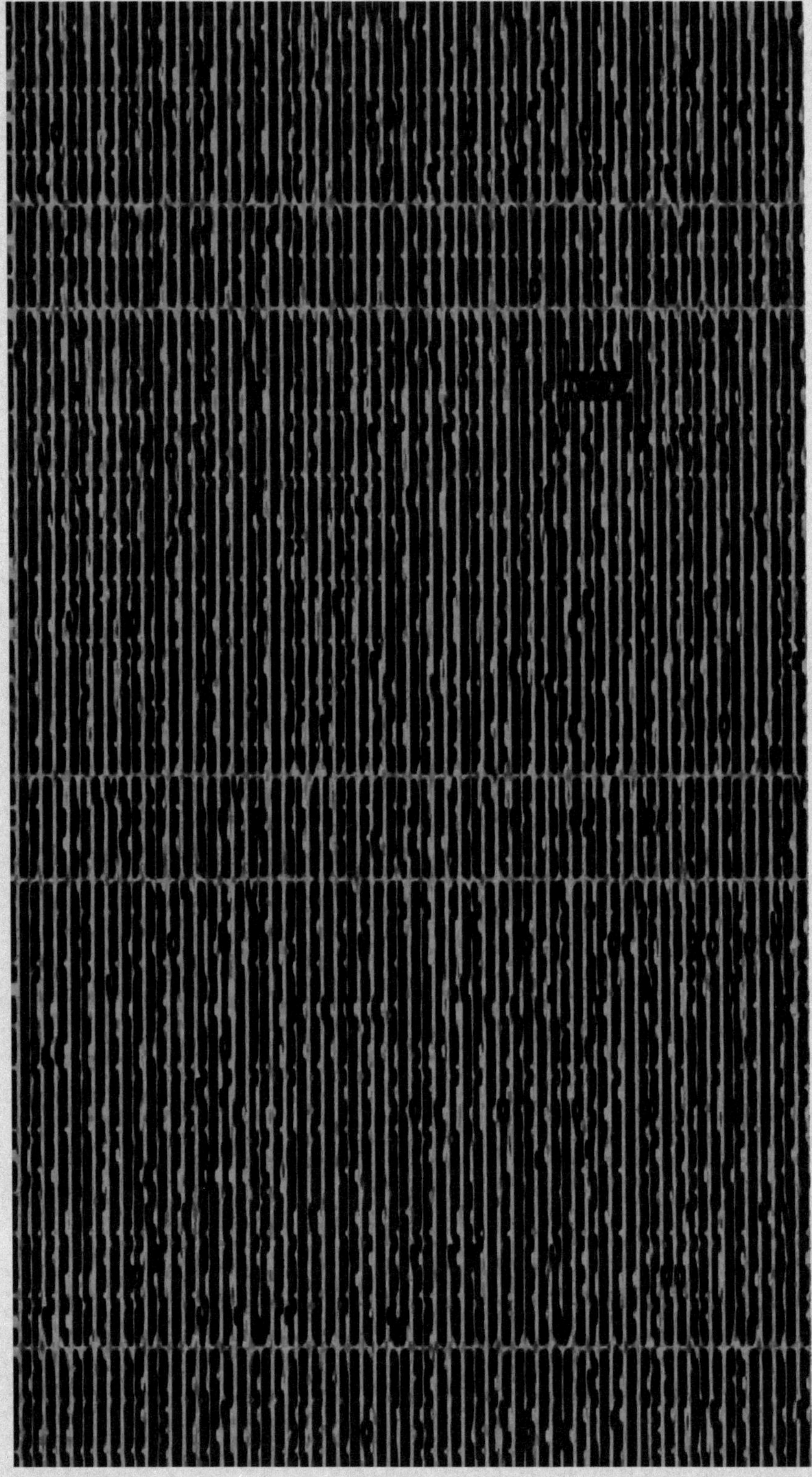

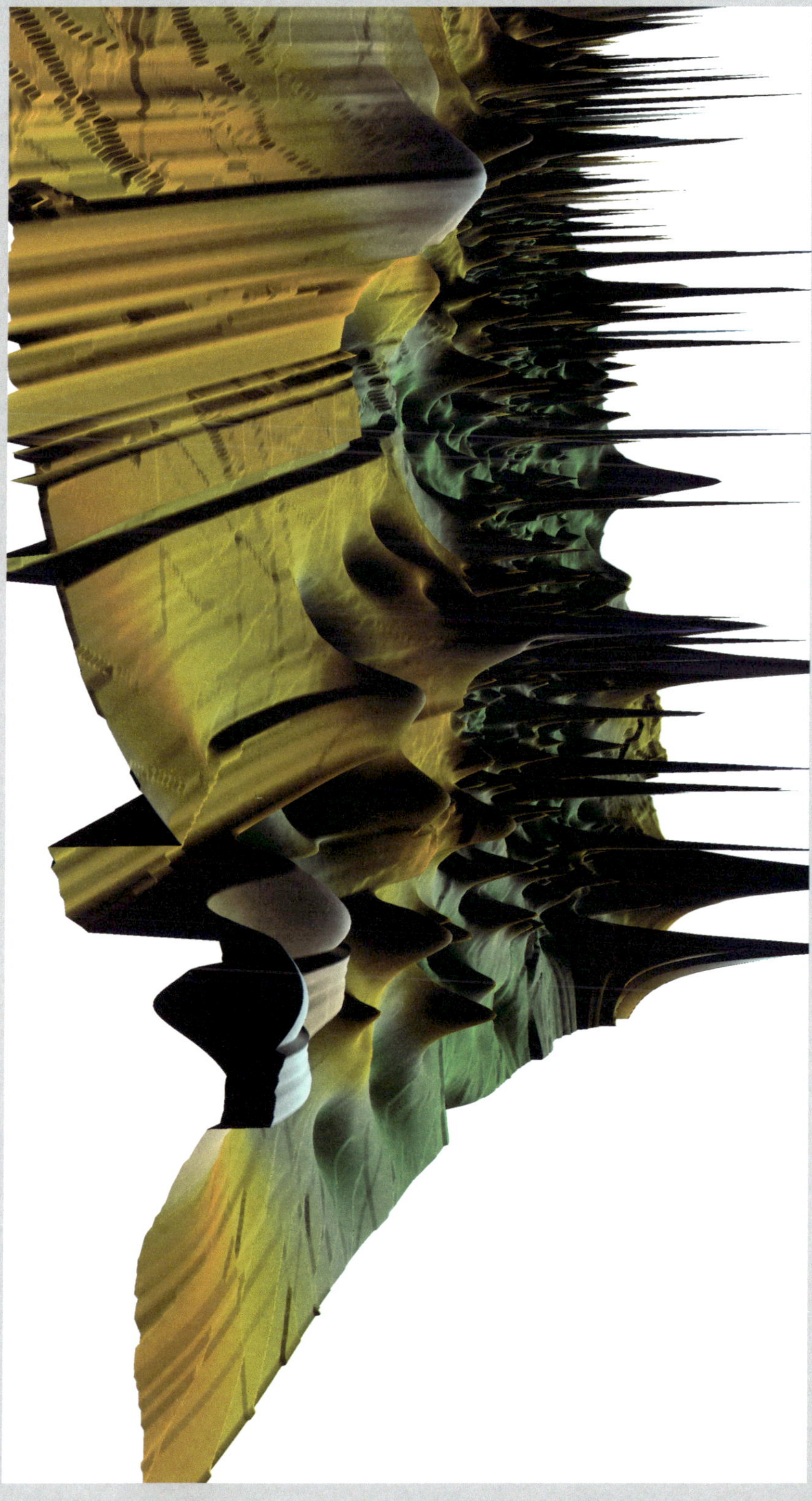

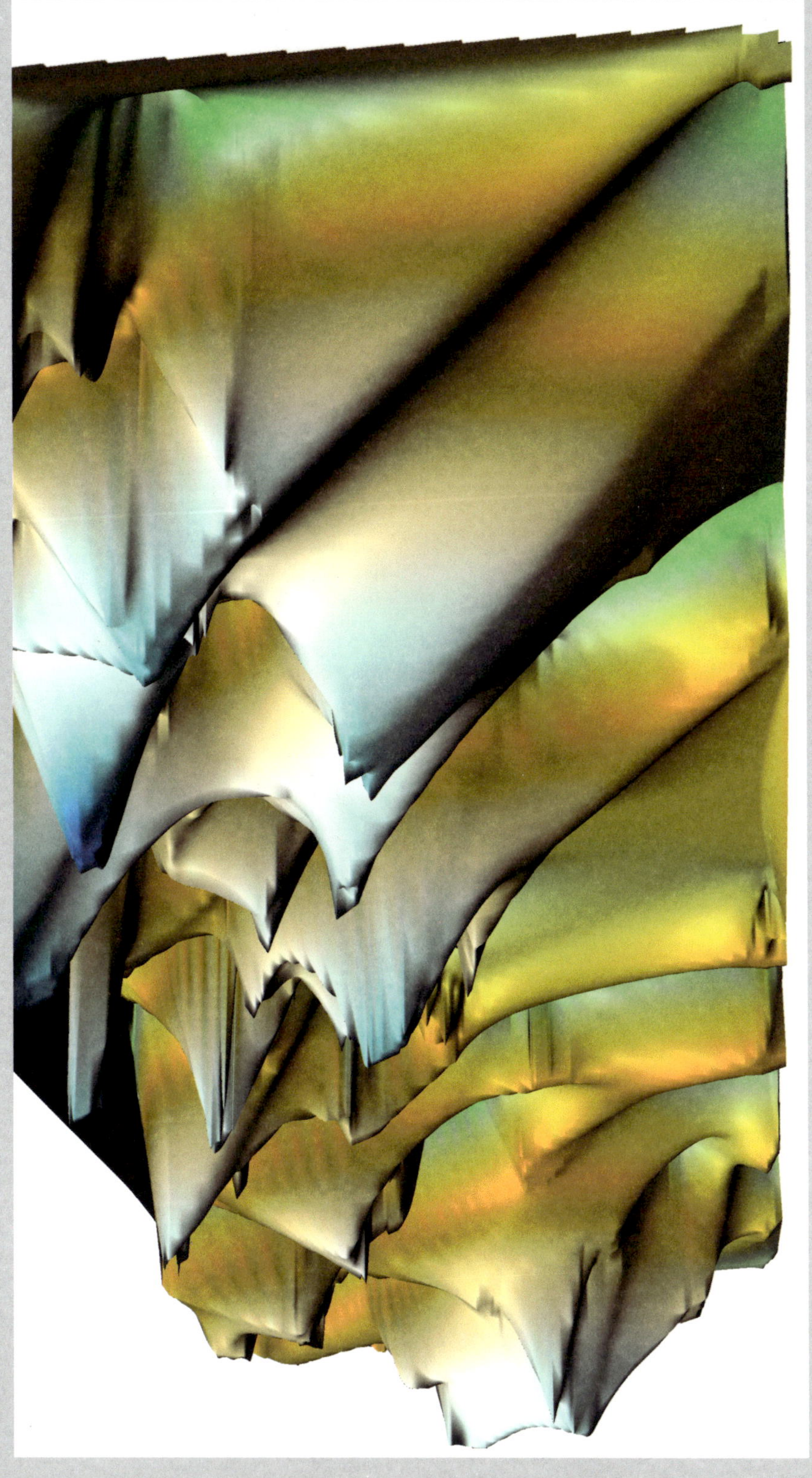

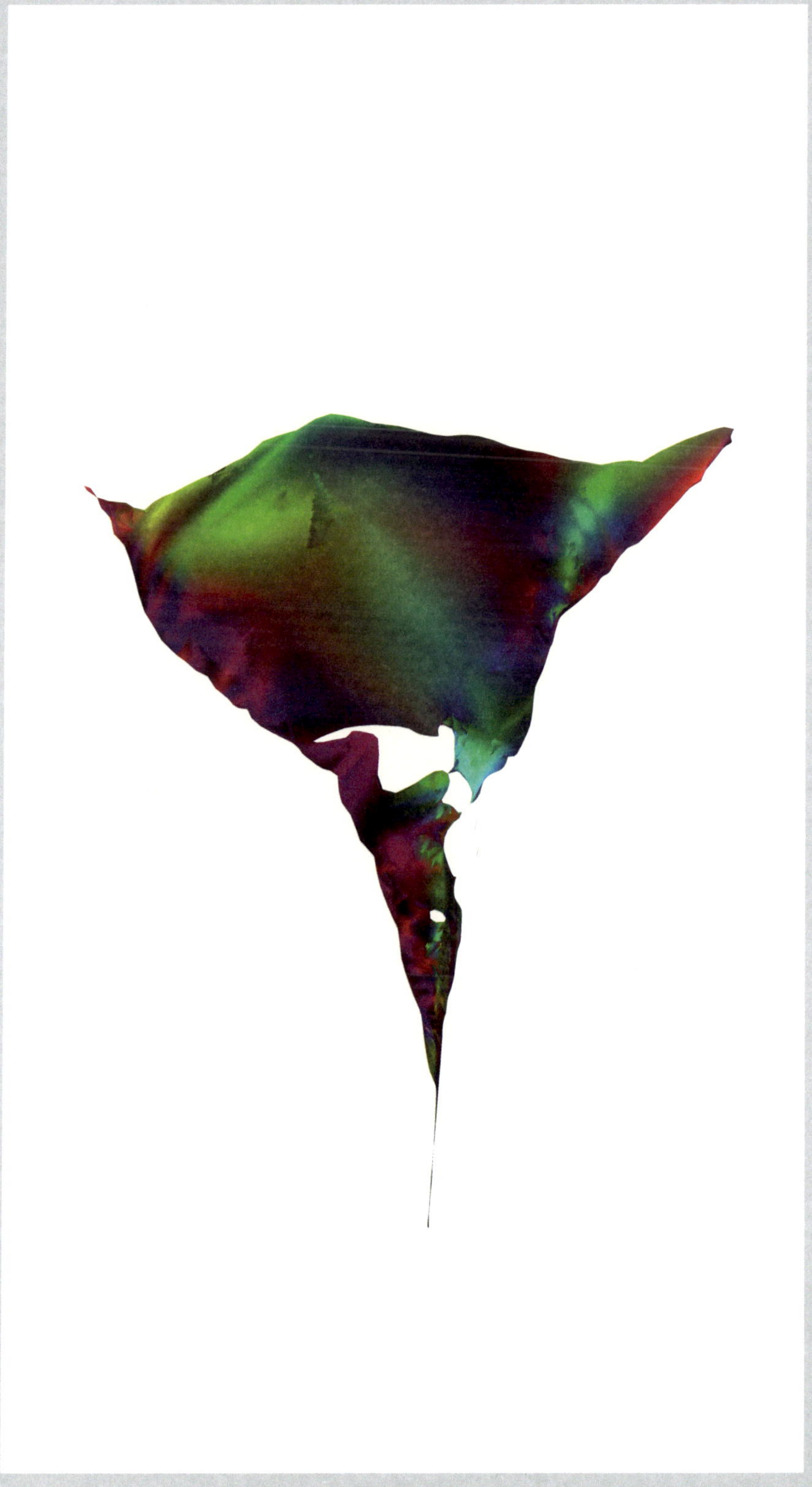

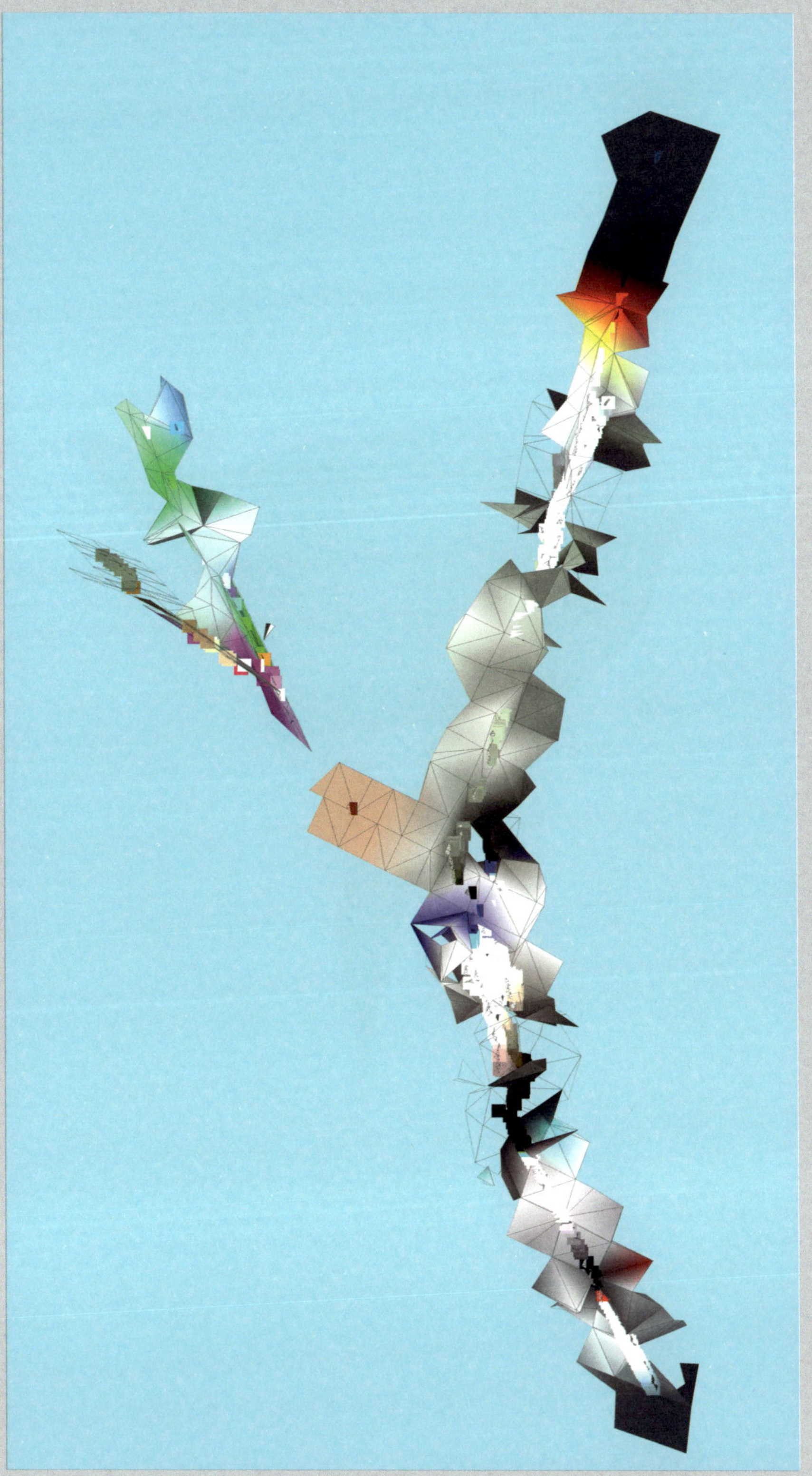

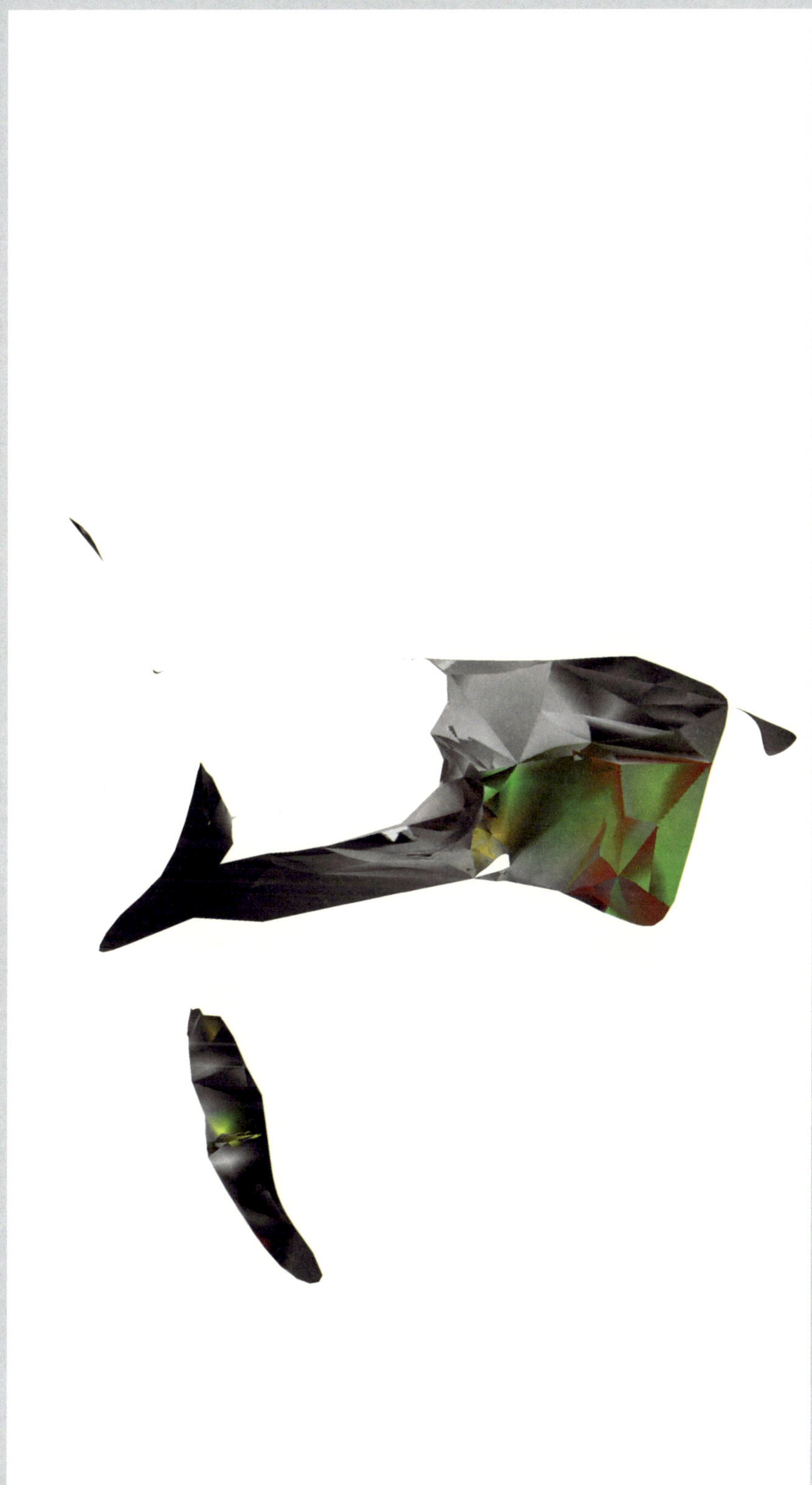

Un país llamado Accidente   アクシデントという名の国   A Country Called Accident

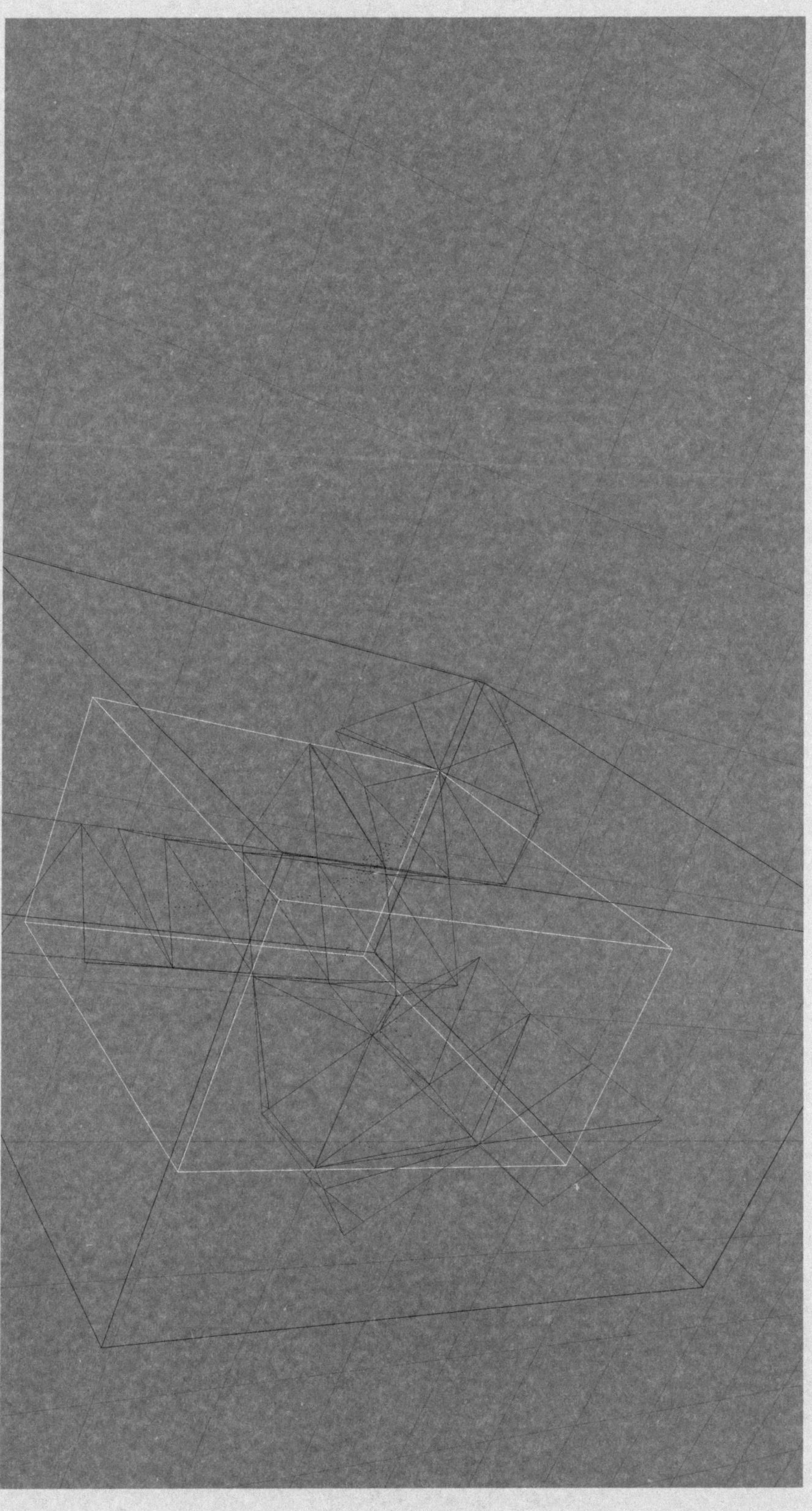

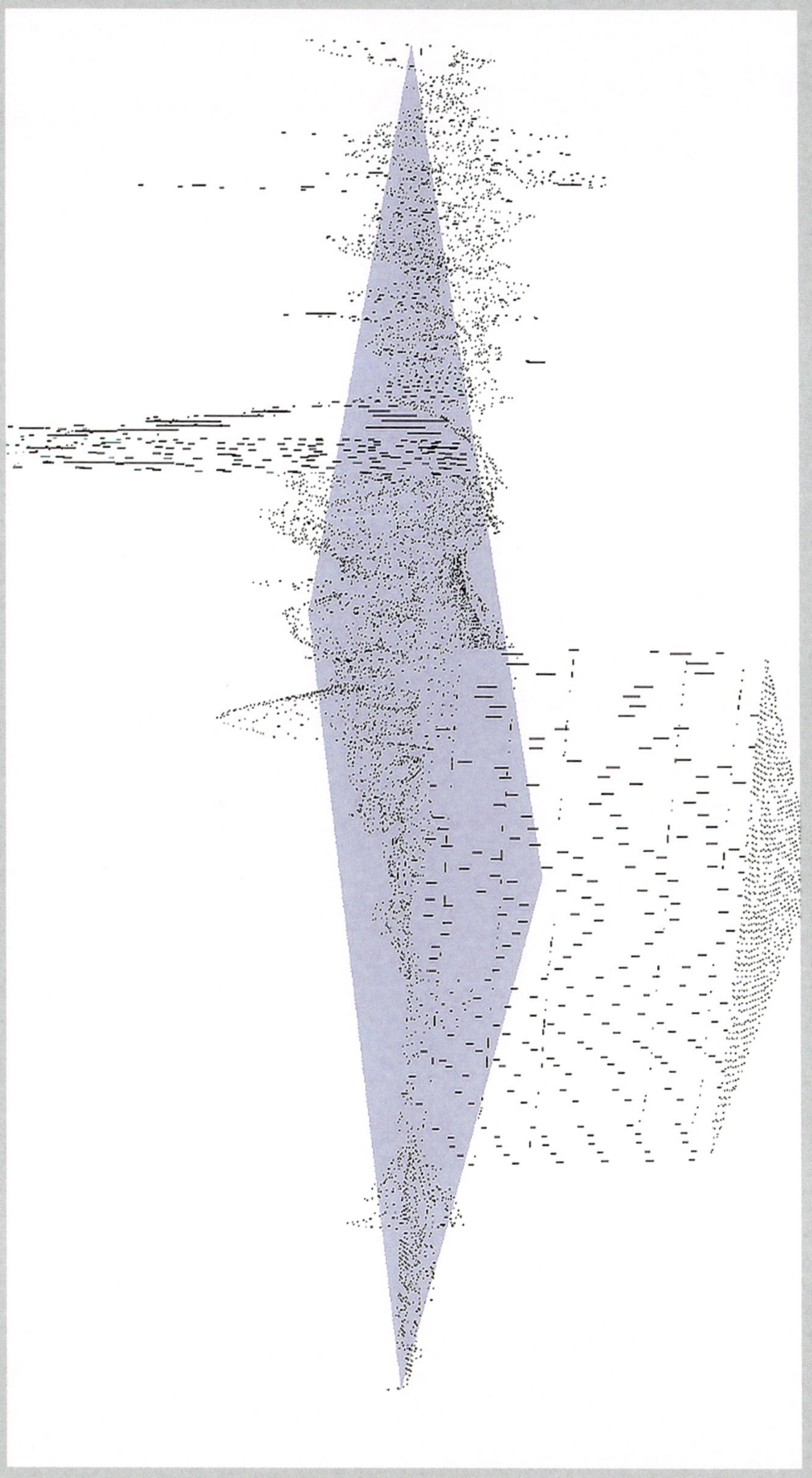

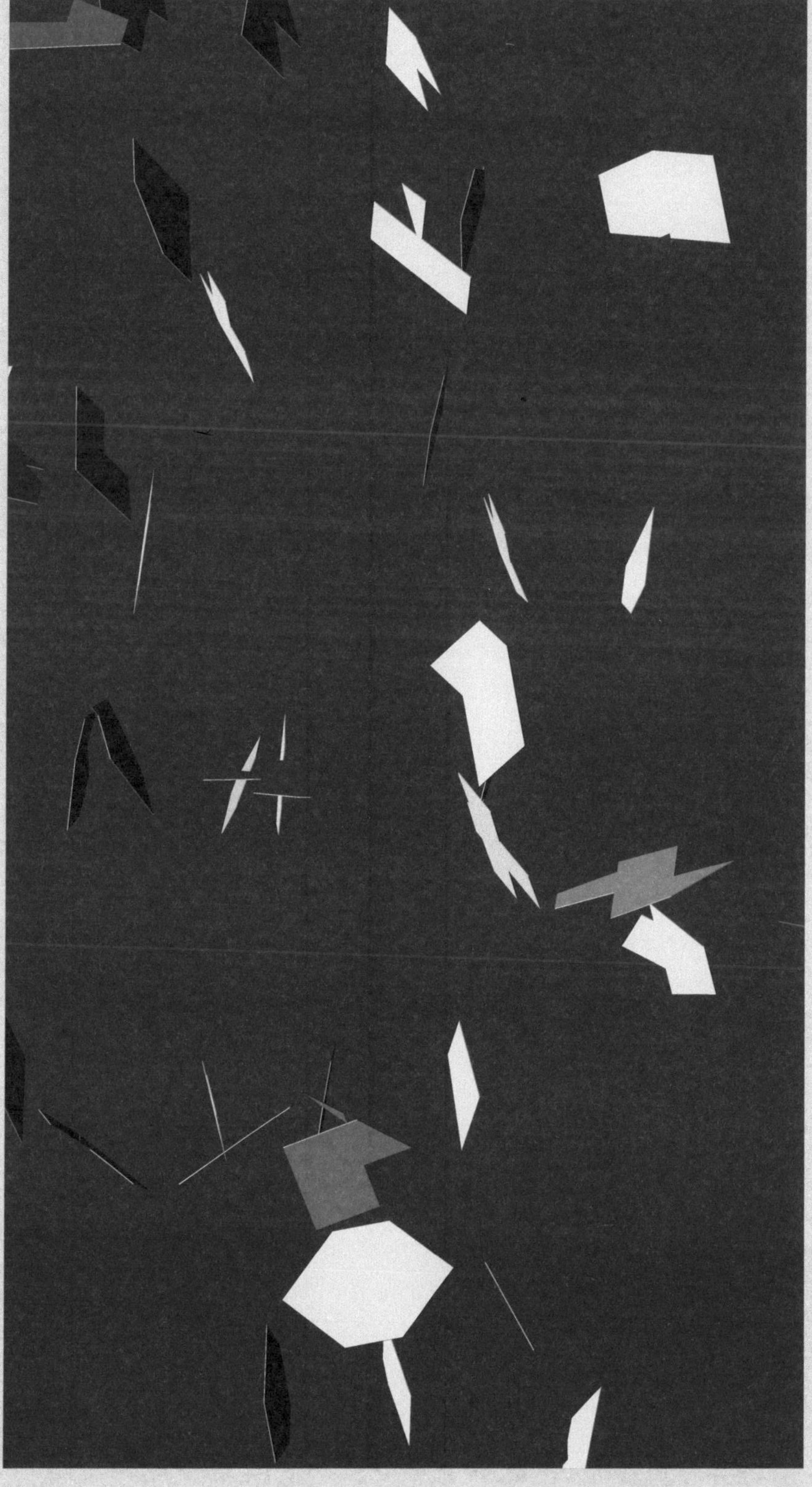

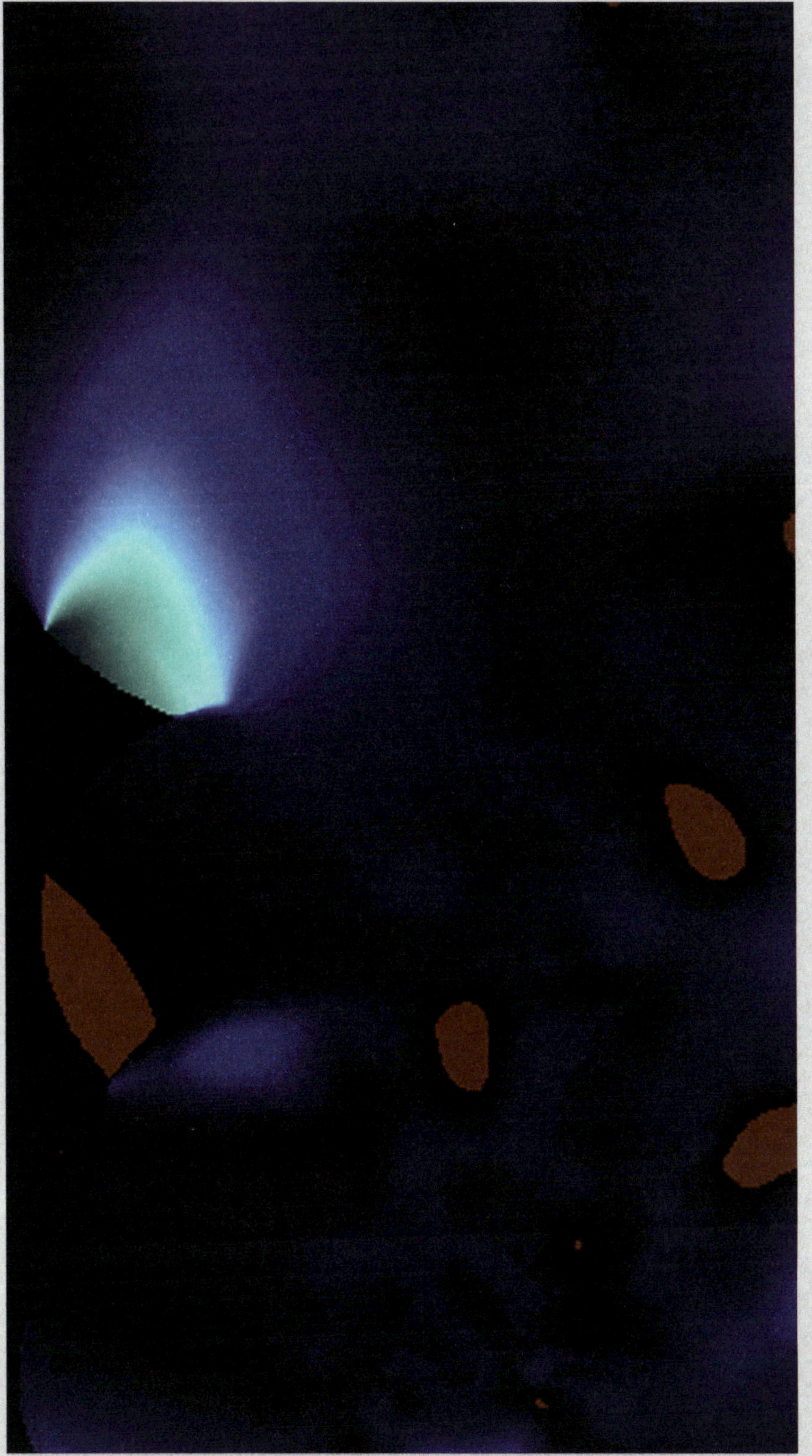

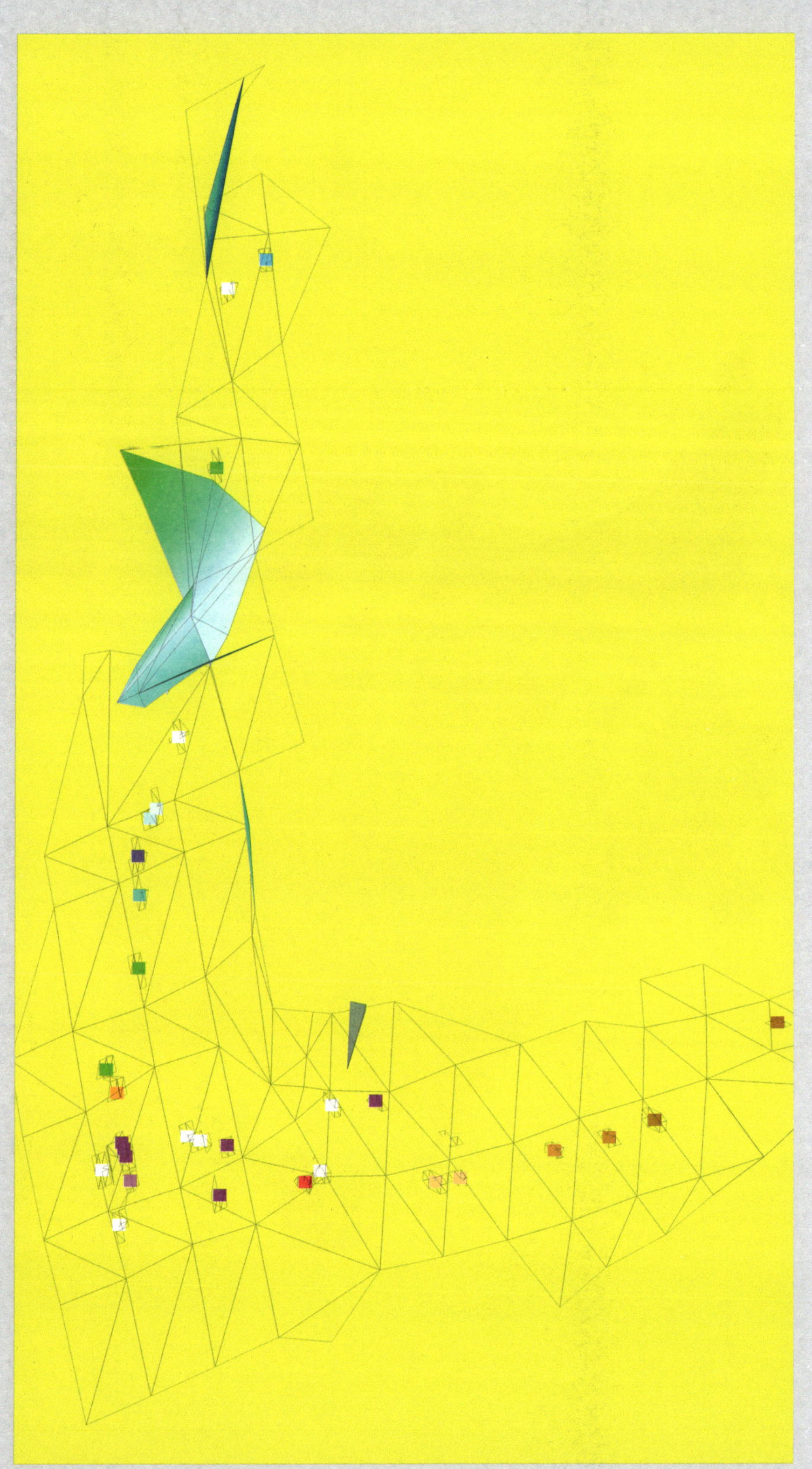

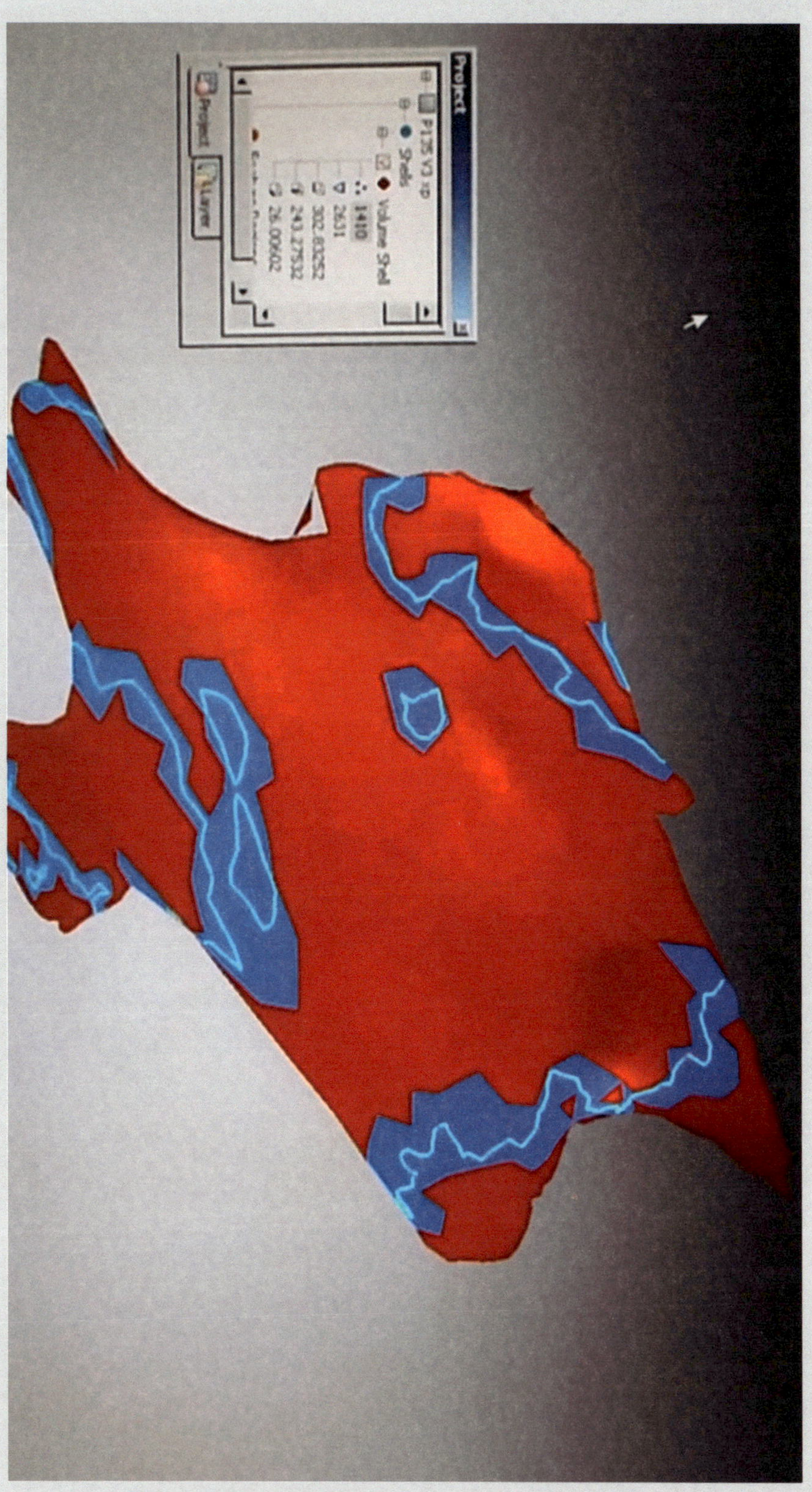

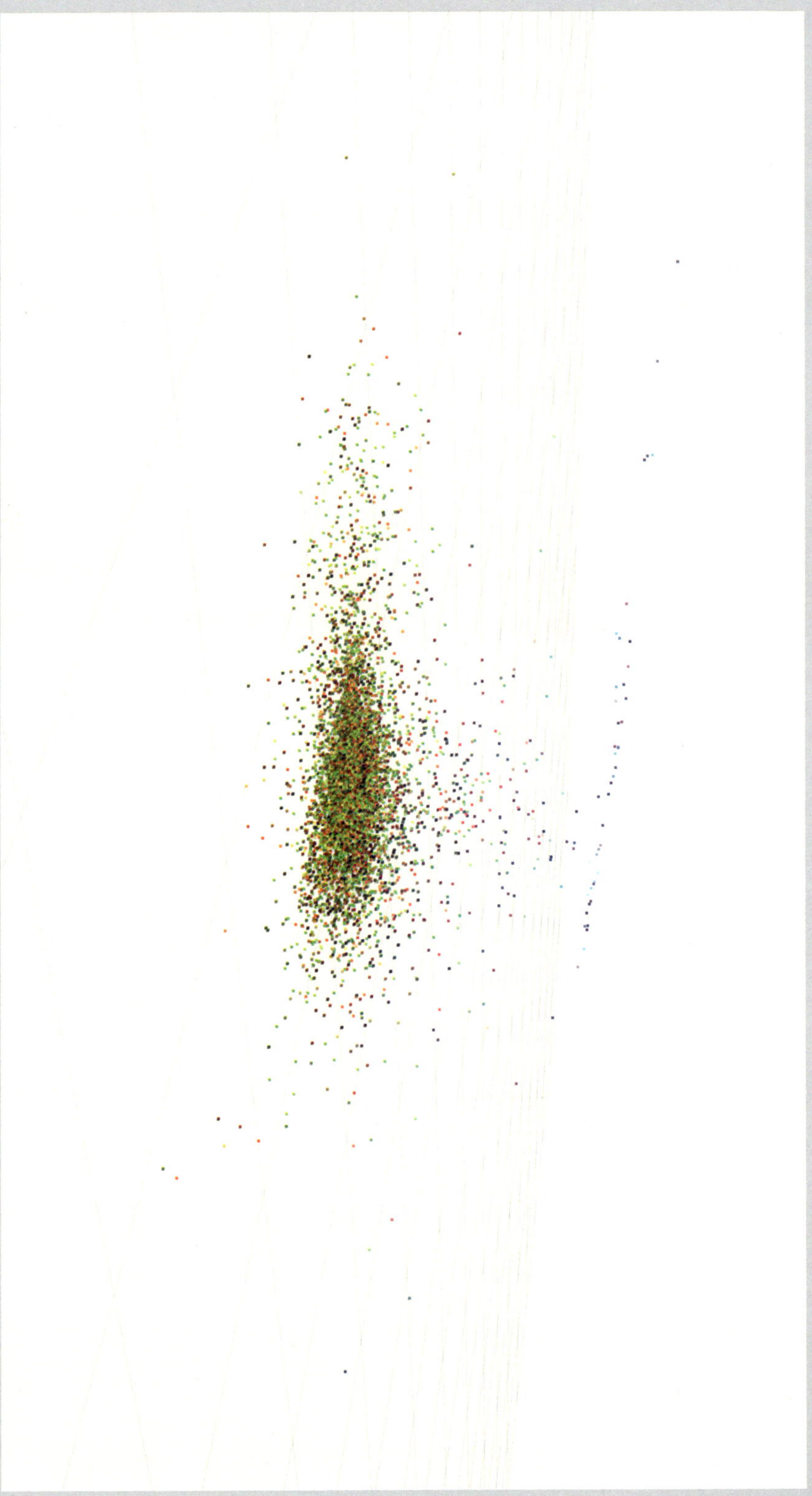

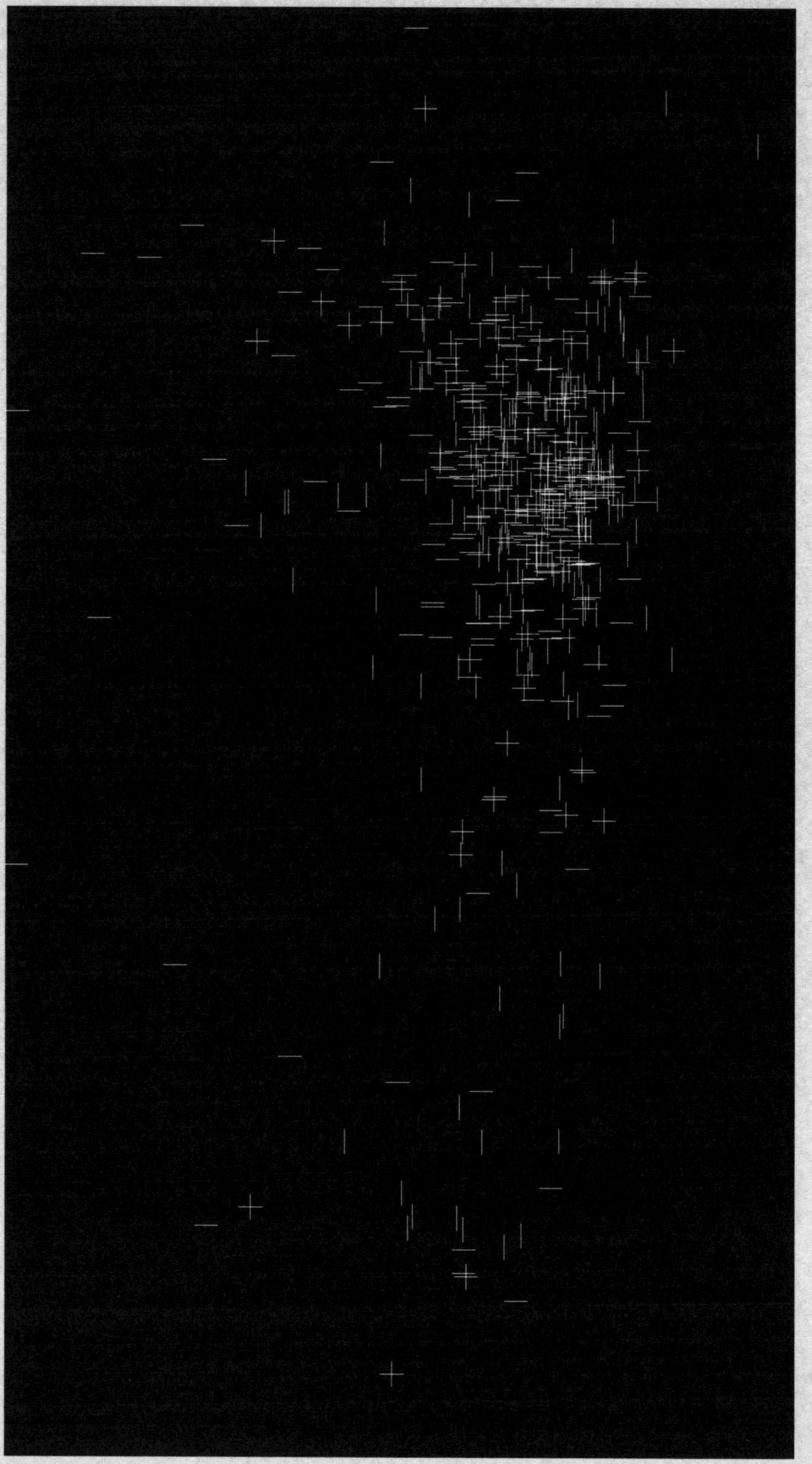

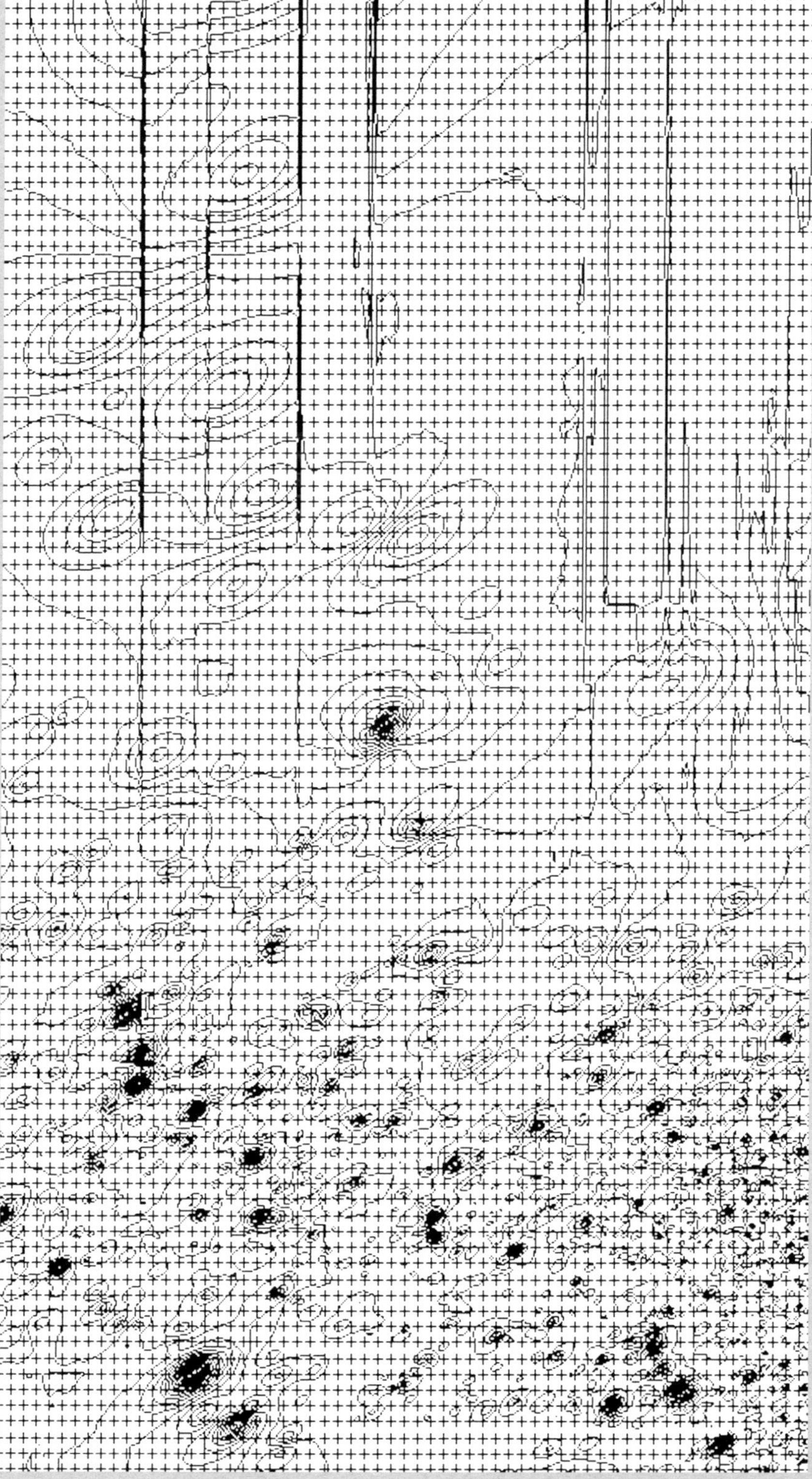

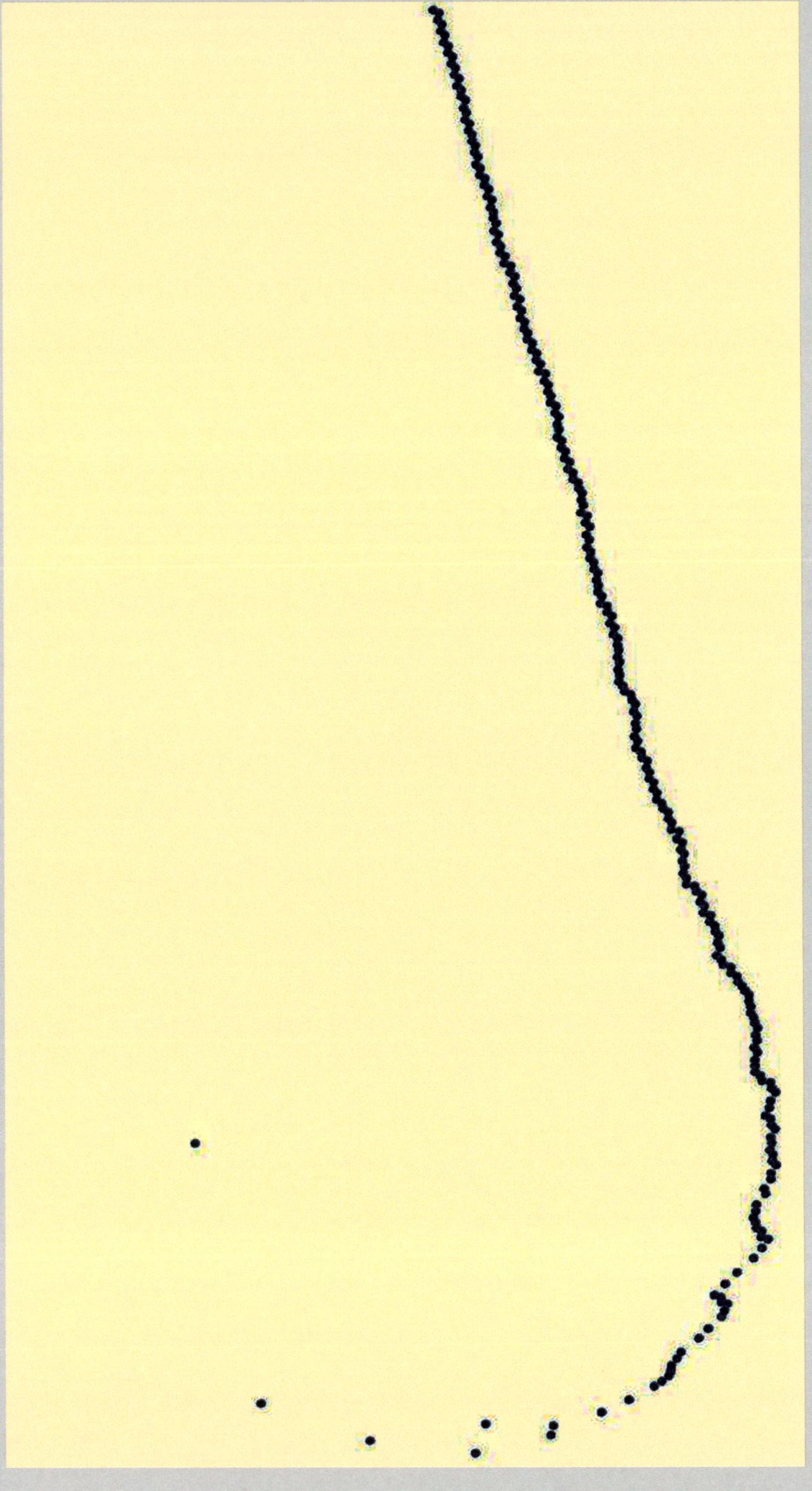

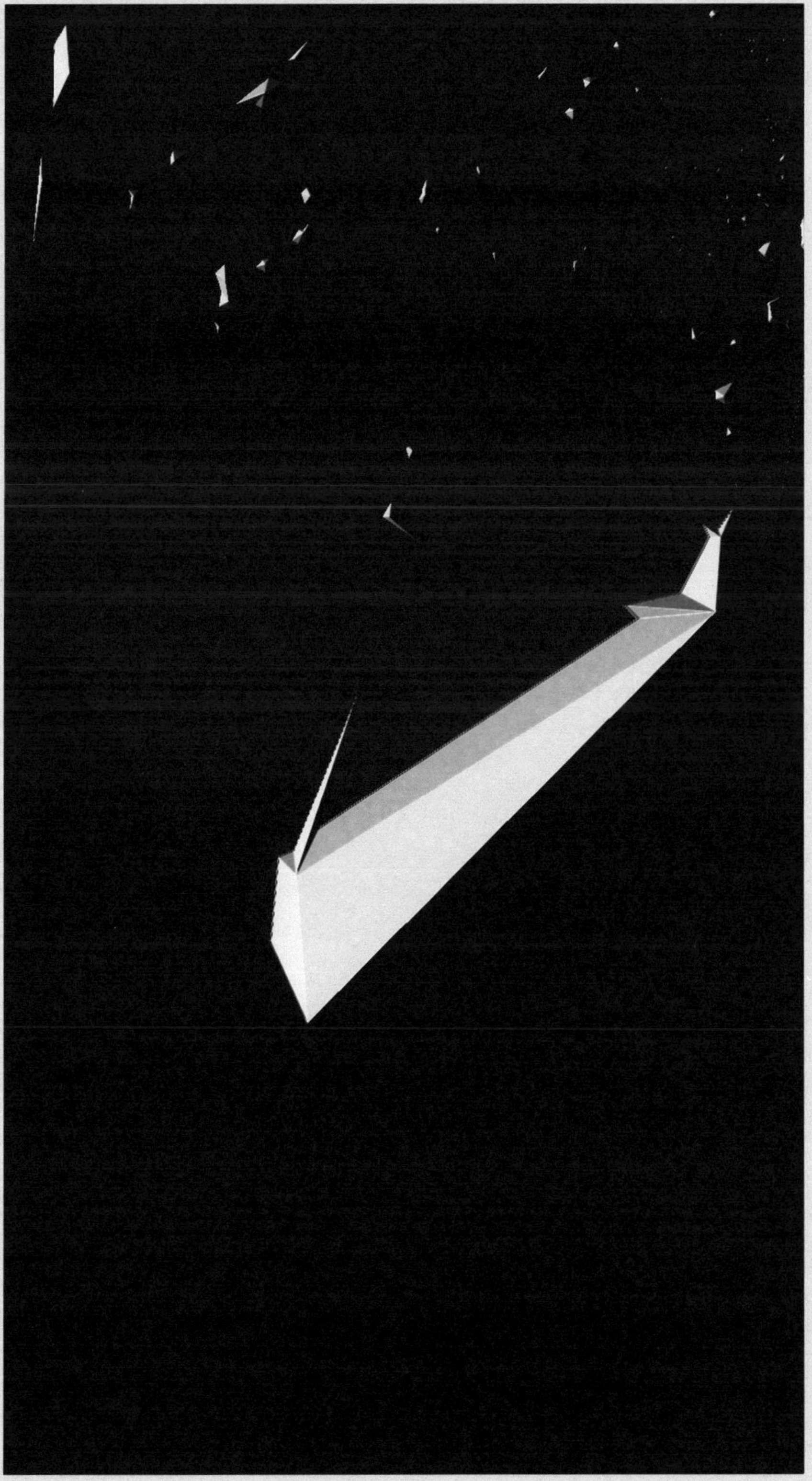

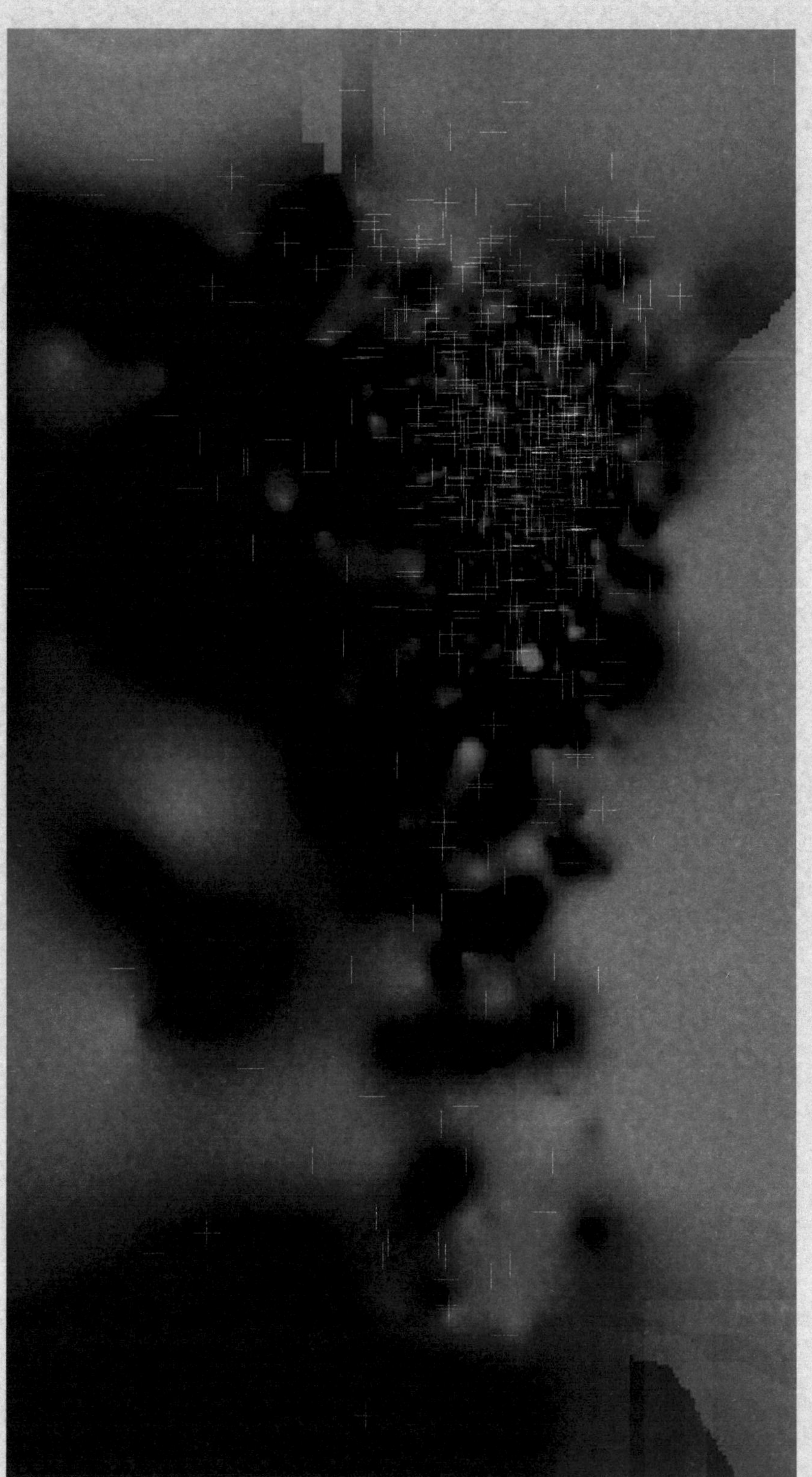

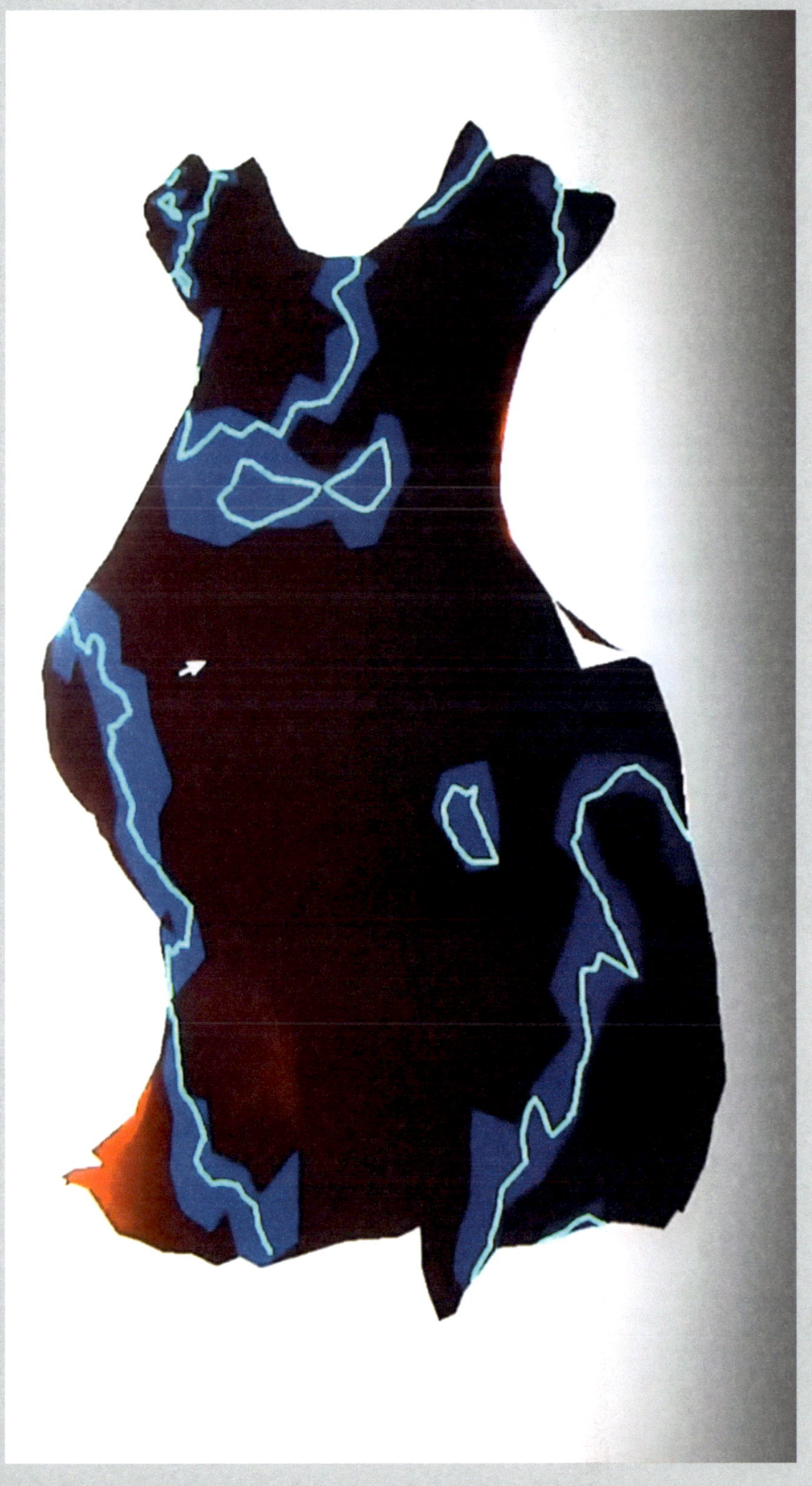

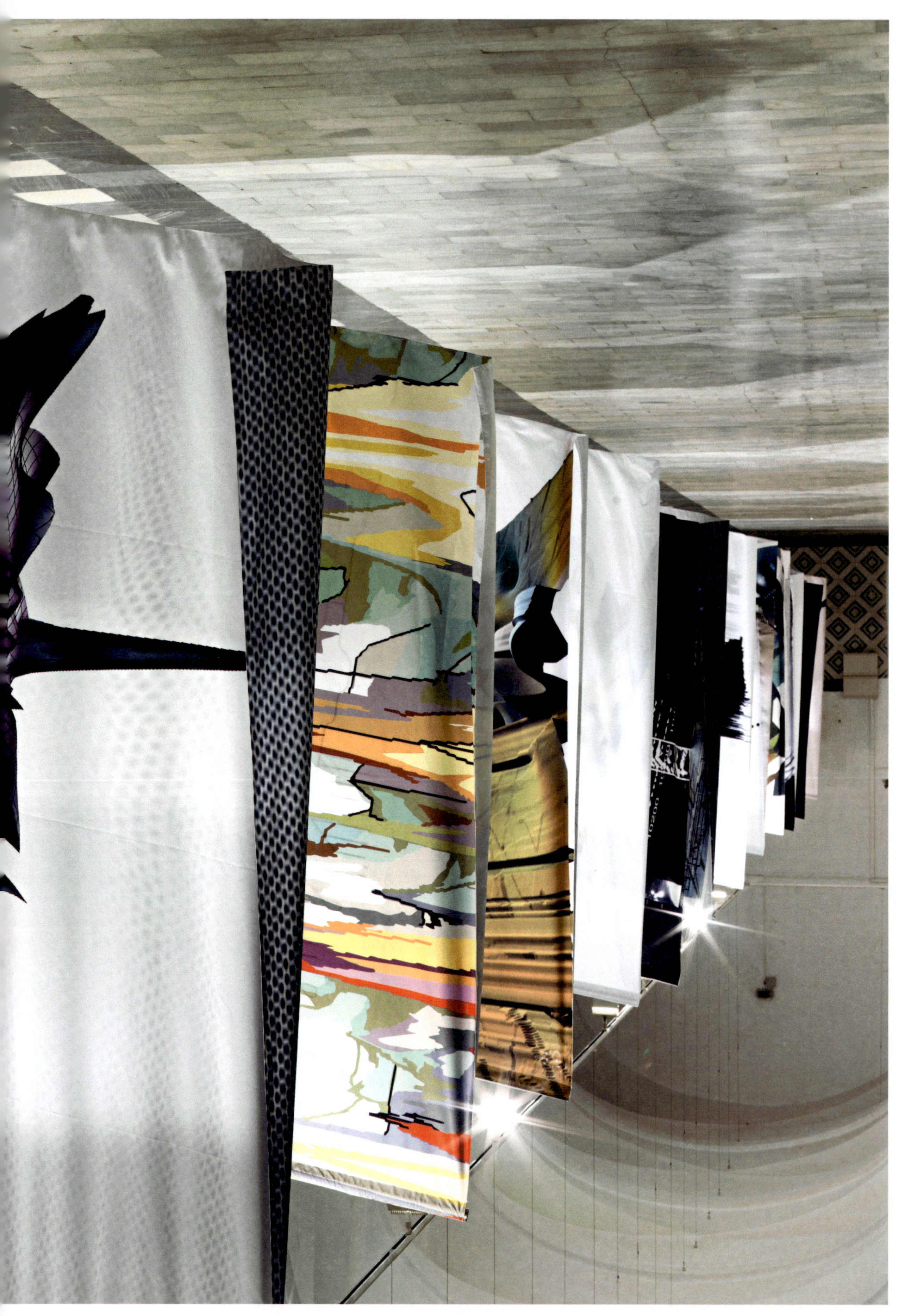

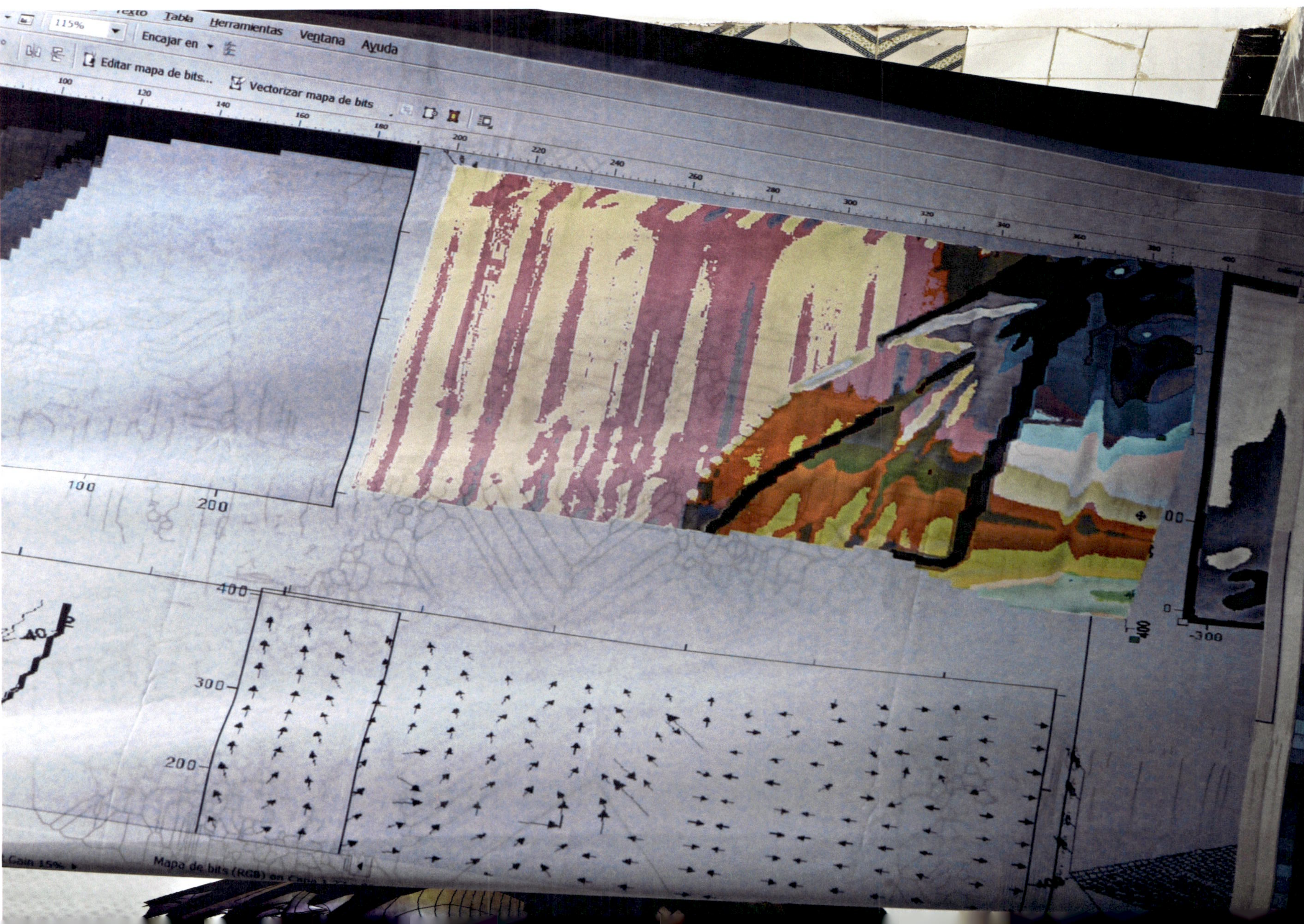
115%
Texto Tabla Herramientas Ventana Ayuda
Encajar en
Editar mapa de bits...
Vectorizar mapa de bits
Mapa de bits (RGB) en Corl...
Gain 15%

Miki Endo / Okawa

遠藤未希 / 大川

Miki Endo / Okawa

Miki Endo, 2013
Escultura en bronce pulido
46 x 65 x 10 cm

———

Miki Endo, víctima del tsunami, perdió su vida alertando
a la población de la llegada de la ola en Minami Sanriku

«Era más fuerte que yo», dicen los héroes. El coraje es una
pulsión, más rápido que el instante, que el vértigo, que la
ola. Aunque oigamos su voz lo que realmente oímos es el
silencio. En una vida no cuenta que esta sea larga o breve,
cuenta la intensidad del instante. La ola y Miki Endo forma-
ron un espejo, tierra y agua, de esa unión surge lo invisible,
la imagen que devuelve el espejo no se parece a nada, las
palabras toman la forma de aquello que las va a devorar.

Okawa, 2012
65 planchas de hierro galvanizado,
cemento y plástico
250 x 60 cm c/u

———

Esta instalación representa lo ocurrido
en la escuela pública de Okawa.

Vivir en un pliegue de barro, ser trozos de cosas,
centro de todo lo que se aleja.

遠藤未希　2013年作
研磨されたブロンズ像
46 x 65 x 10 cm

———

遠藤未希さんは津波の犠牲者である。南三陸町で住民に津波警報を発しながら亡くなられた。

「彼女は私より強かった」と生存者たちは語る。気力とは、瞬間や目眩や波よりも早く働く本能である。私たちには、その声が聞こえても、実際に耳を打つものは沈黙。人生において重要なことは、その長さではなく、凝縮の度合いである。波と遠藤未希さんが反映を成している。その水と大地の結合が目に見えないあるものを醸し出す。反映の映像は何物にも似つかない。言葉が、その言葉を飲み込んでしまうものを形作っているのである。

大川　2012年作
65枚の亜鉛びき鉄板、セメント、プラスチック
各250 x 60 cm

———

このインスタレーションは、大川小学校での惨事を表現するものである。

泥の襞を体験し、物事の断片となることが、
遠ざかるすべての中核を成す。

Miki Endo, 2013
Sculpture in polished bronze
46 x 65 x 10 cm

———

Miki Endo, a victim of the tsunami, lost her life warning
the population about the arrival of the wave in Minami Sanriku

"It was stronger than me," the heroes said. Courage is
an impulse, faster than a moment, than vertigo, than the
wave. Though we hear its voice, what we really hear is
silence. What's important in a life isn't whether it's long
or short. What counts is the intensity of the moment.
The wave and Miki Endo formed a mirror, earth and water,
and from that union the invisible arises. The image that
reflects the mirror doesn't resemble anything. Words take
the form of what will devour them.

Okawa, 2012
65 plates of galvanized steel,
cement and plastic
250 x 60 cm c/u

———

This installation represents the events that
took place at the public school in Okawa

To live in a pocket of mud, to be scraps of things,
the center of everything that moves away.

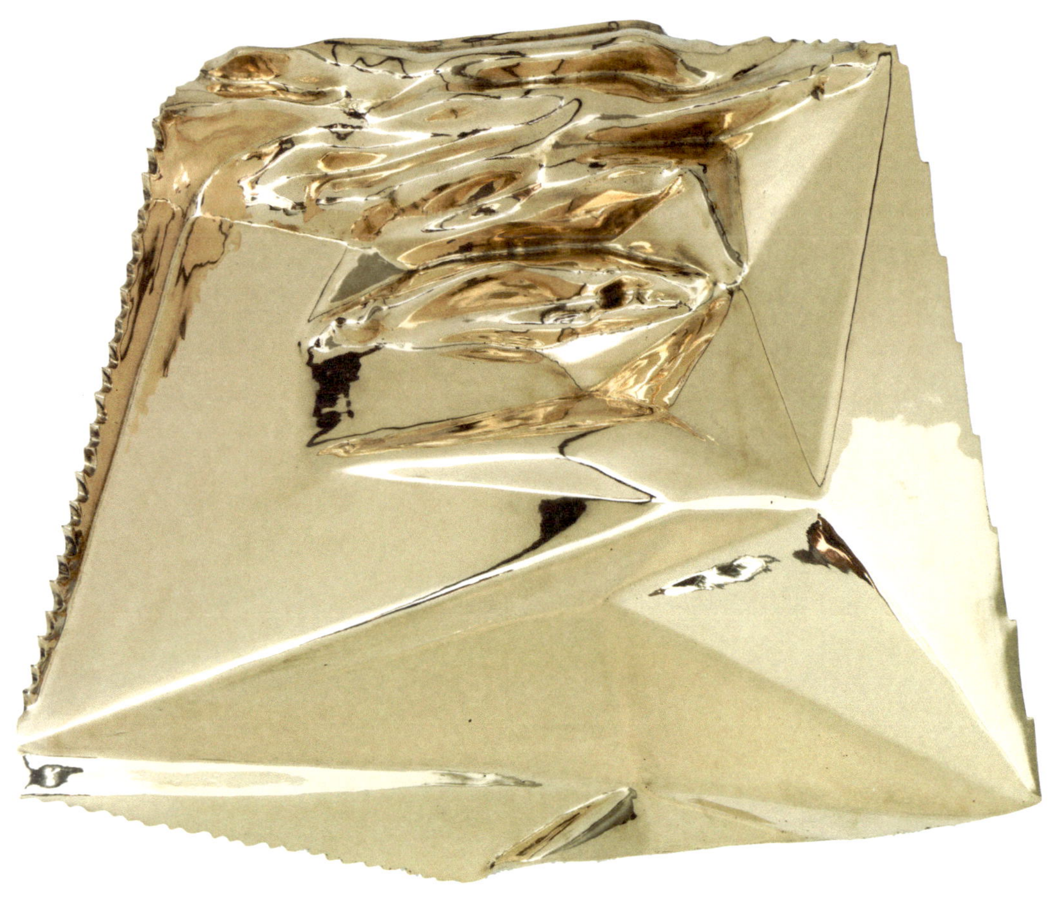

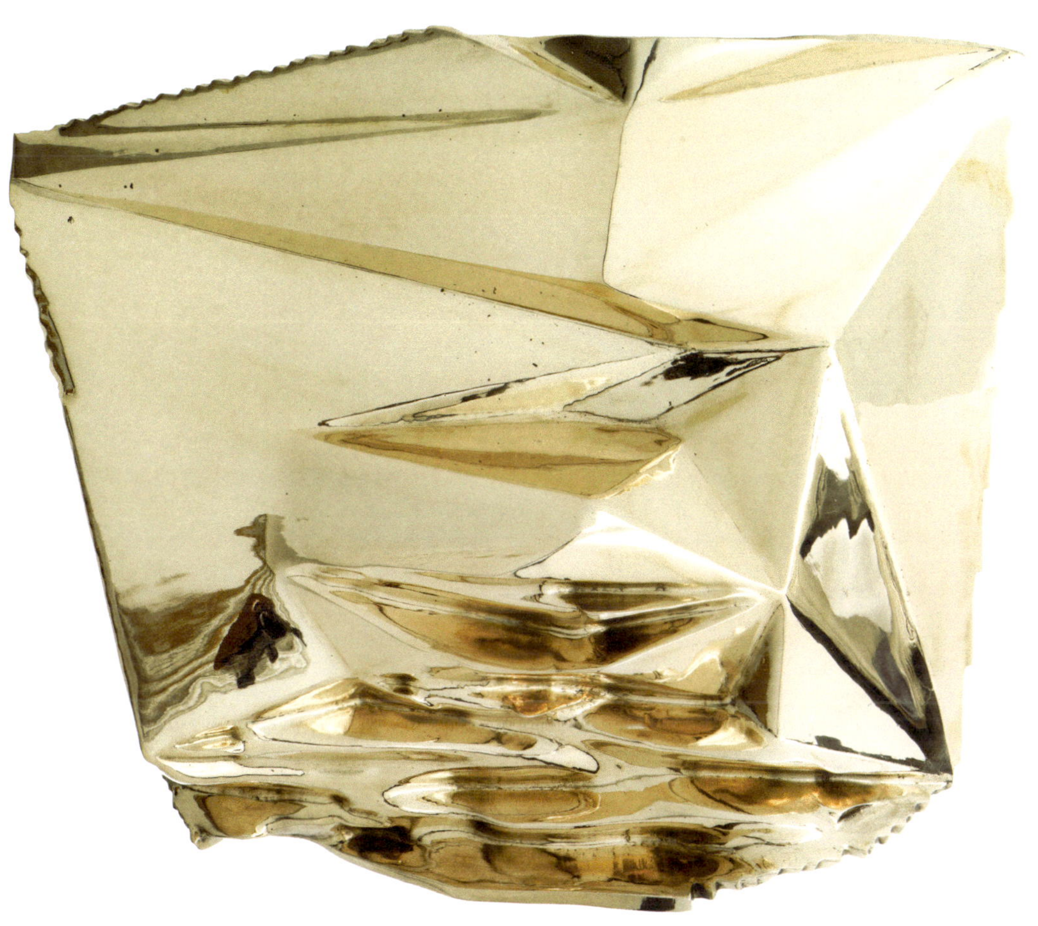

Miki Endo　　　遠藤米来　　　Miki Endo

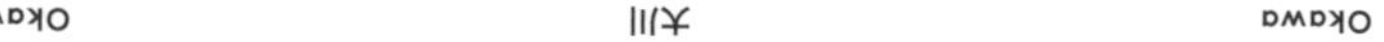
Okawa
未川
Okawa

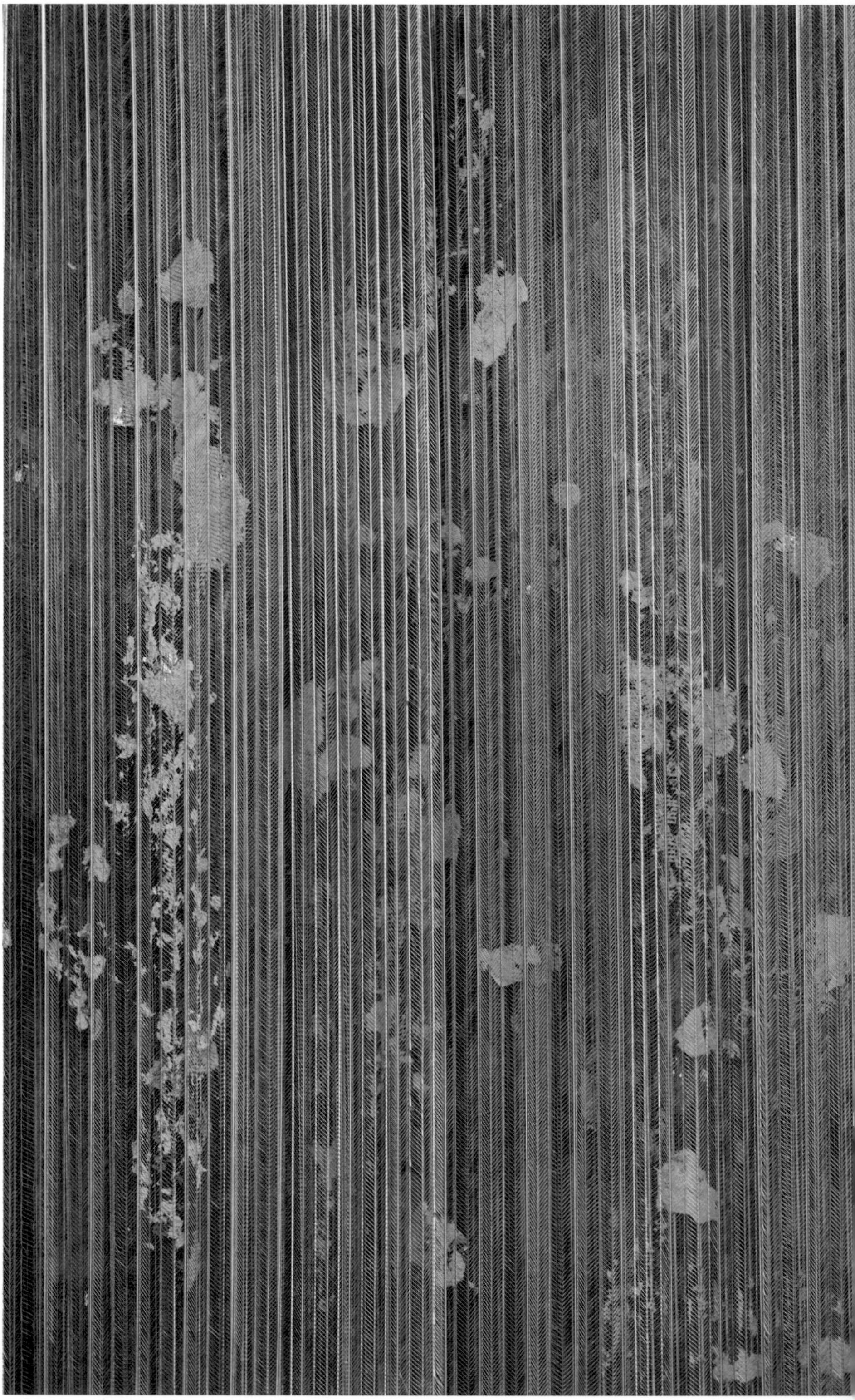

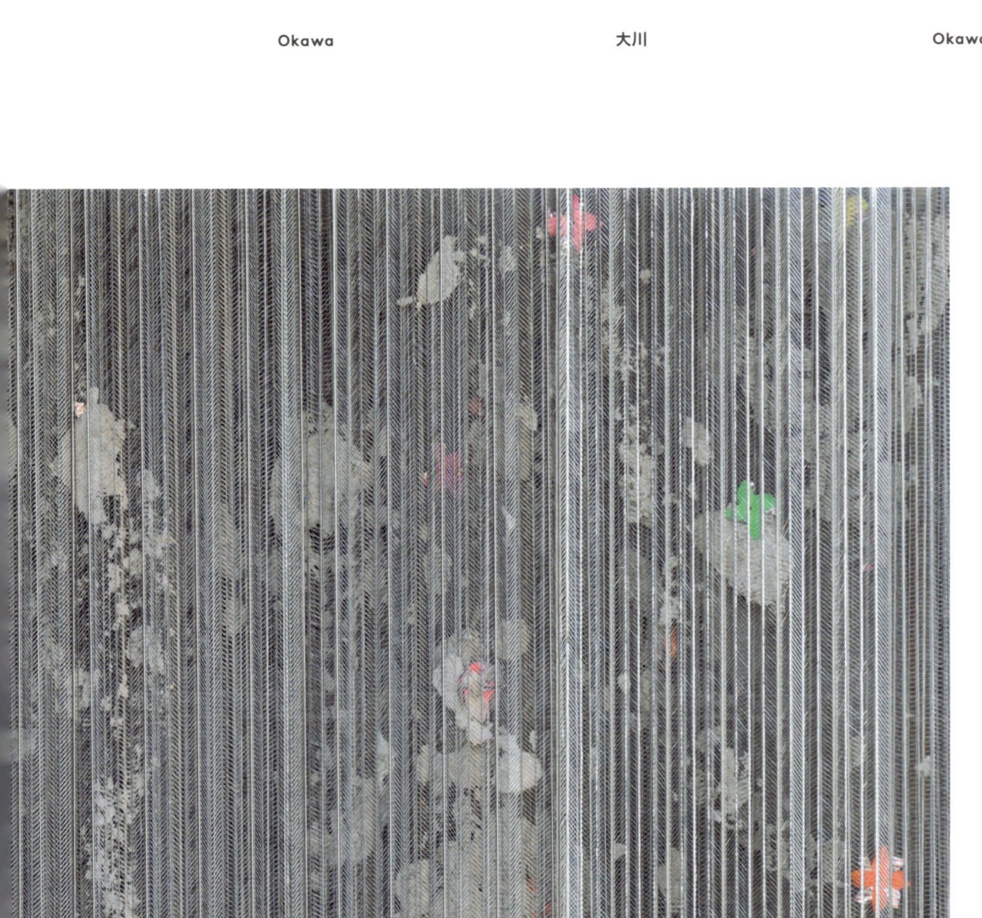

Flores de invierno

冬の花

Winter Flowers

Flores de invierno, 2011
Piezas de resina
10 x 6 x 8 cm
(medidas aproximadas)

————

Estas piezas corresponden a la traducción 3D de los datos de radiación
del reactor nuclear número 1 de la central Daiichi en Fukushima

En la tarde del día después, el Fénix rompió el huevo,
durmió en los valles, la tierra bebió la obra más perfecta,
un inmenso golpe de corazón nos sacó del espacio, todo se
confunde, lo perdido es el mar, ¡oh, días felices!, las flores
se alzan, eyaculan, caen, Fukushima, cosas sin nombre,
nombres sin cosa, un día la cuenta está ya hecha y sin
embargo la vida continua, más miras, menos distingues,
nuestro nuevo rostro, el residuo, lo que fuimos se nos
escapa, la muerte es la fiera, su paso es fuego bajo el
oscuro mar, el tiempo es pequeño en la boca abierta, ámalo.

冬の花　2011年作
樹脂
約10 x 6 x 8 cm

———

これらの作品は、福島第一原子炉の放射線量のデータの3D解釈に対応している。

翌日の夕刻、フェニックスは卵殻を破り、憂き世に眠った。大地は完璧な世界を飲み尽くし、私たちは計り知れない心の衝撃に打ちのめされた。すべてが混乱し、失われたものは海である。ああ、幸せな日々よ！花々が空に向かって咲き誇り、大気を潤し、花びらを散らした福島。今は、名のない物や物のない名が散乱する。ある日、事は起こり、それでも人生は続く。私たちの新たなる顔や残留物を見れば見るほど、何が何だかわからない。今までの私たちが、私たちでなくなる。野獣のように、暗い海の底を炎のごとく這い迫る死に対して、時間とはあまりにもはかないもの。だからこそ愛すべきものである。

Winter Flowers, 2011
Resin pieces
10 x 6 x 8 cm
(approximate measurements)

———

This set of pieces corresponds to the 3-D translation
of the radiation data from nuclear reactor number 1 at
the Daiichi power plant in Fukushima

On the afternoon of the day after, the Phoenix hatched
out of its egg, it slept in the valleys. The Earth drank
the most perfect work, an immense heartbeat removed us
from space. Everything was jumbled together. What was
lost is the sea; oh, happy days! The flowers rise, ejaculate,
fall, Fukushima, things without a name, names without a
thing. One day the reckoning is made, but nevertheless
life goes on. More to see, fewer distinctions, our new
face, the residue, what we were escapes us, death is the
beast, its steps are the fire under the dark sea, time is
small in the open mouth, love it.

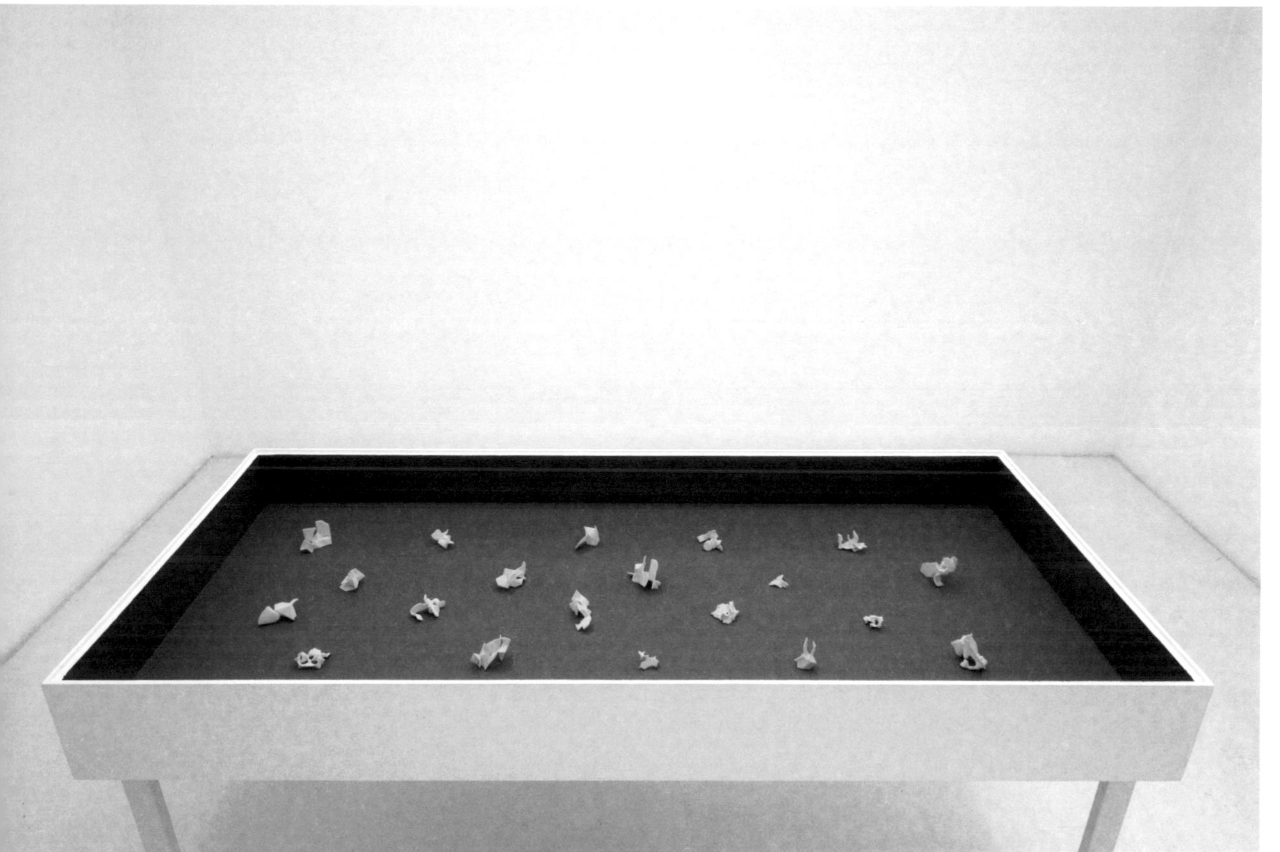

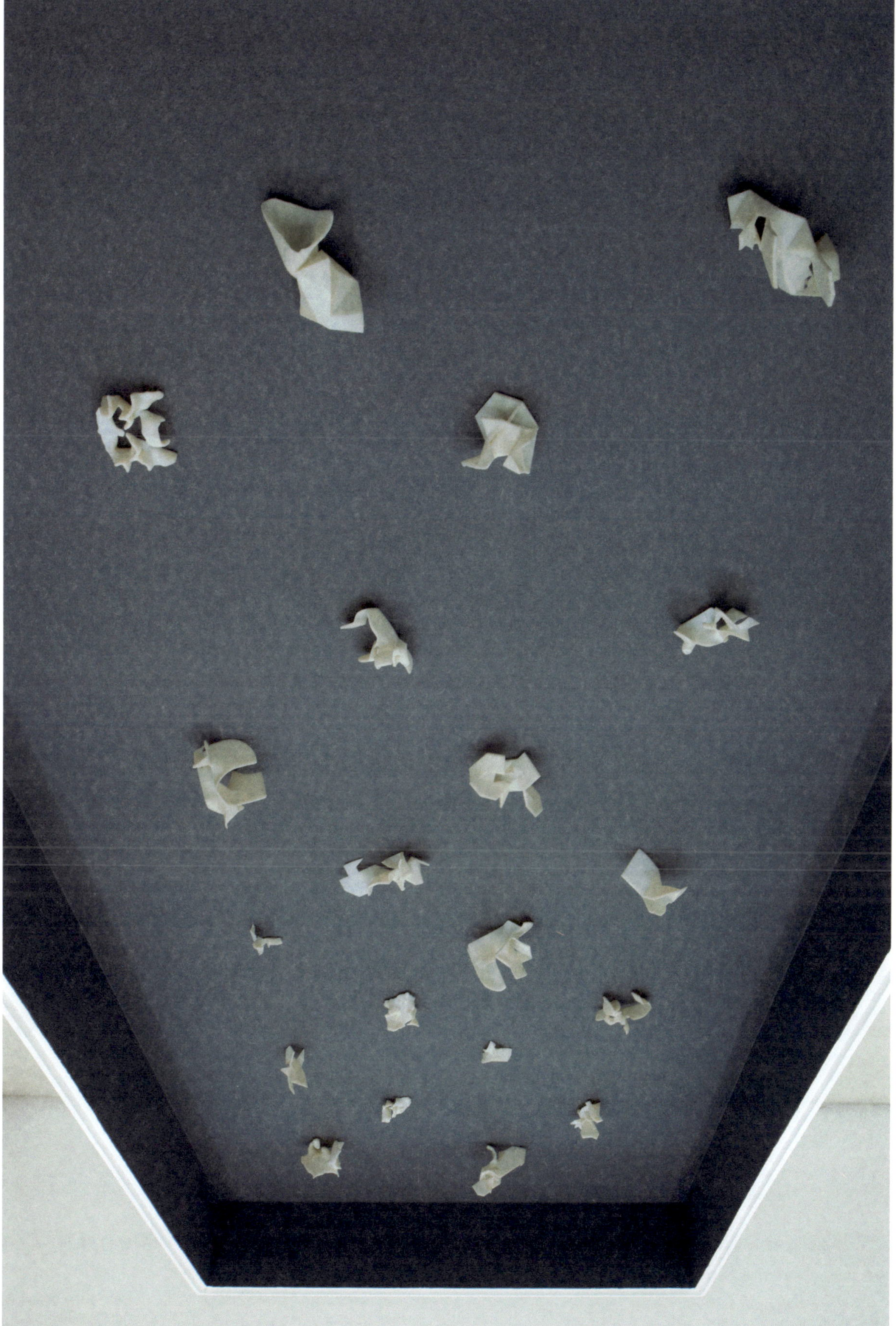

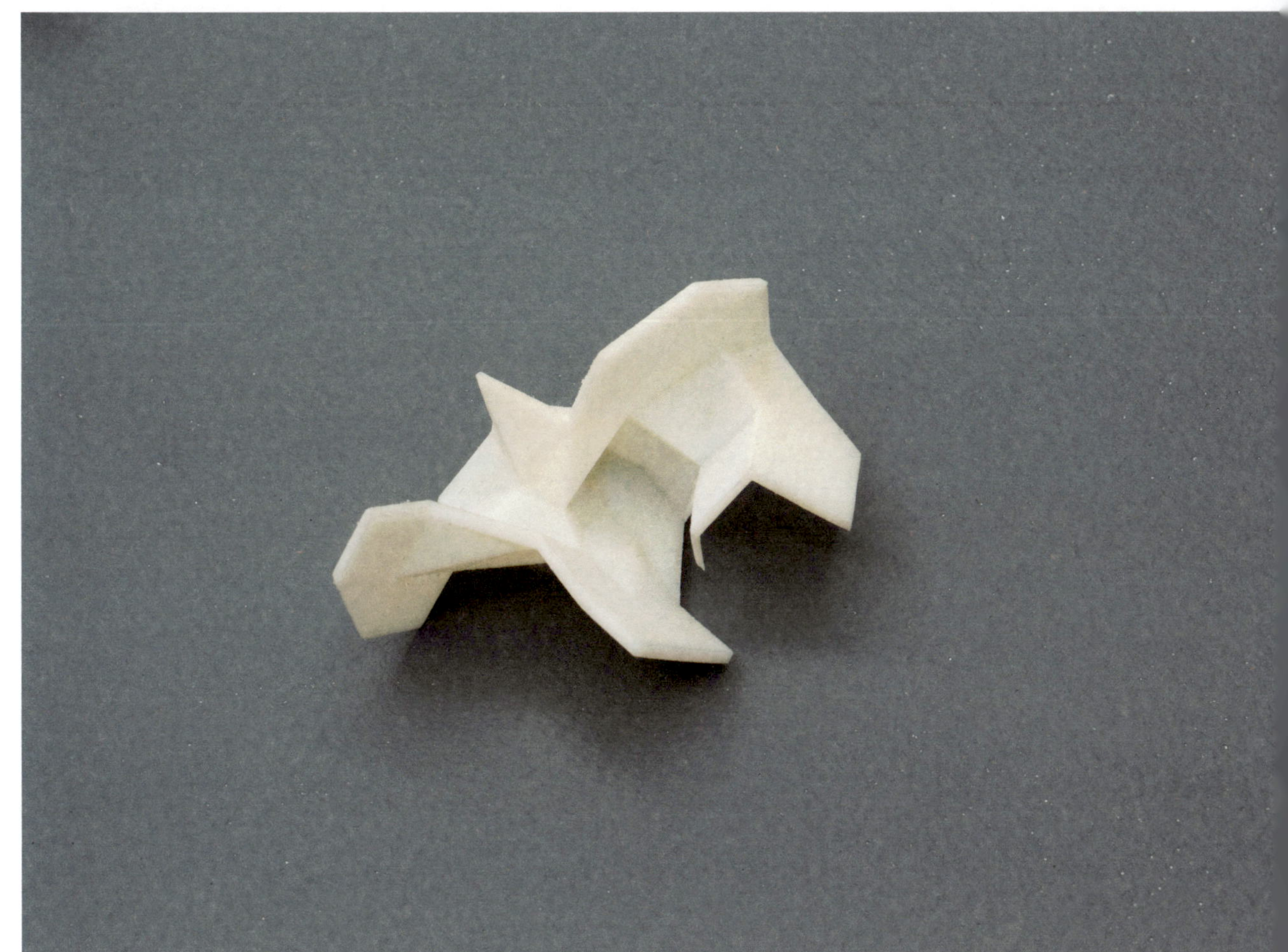

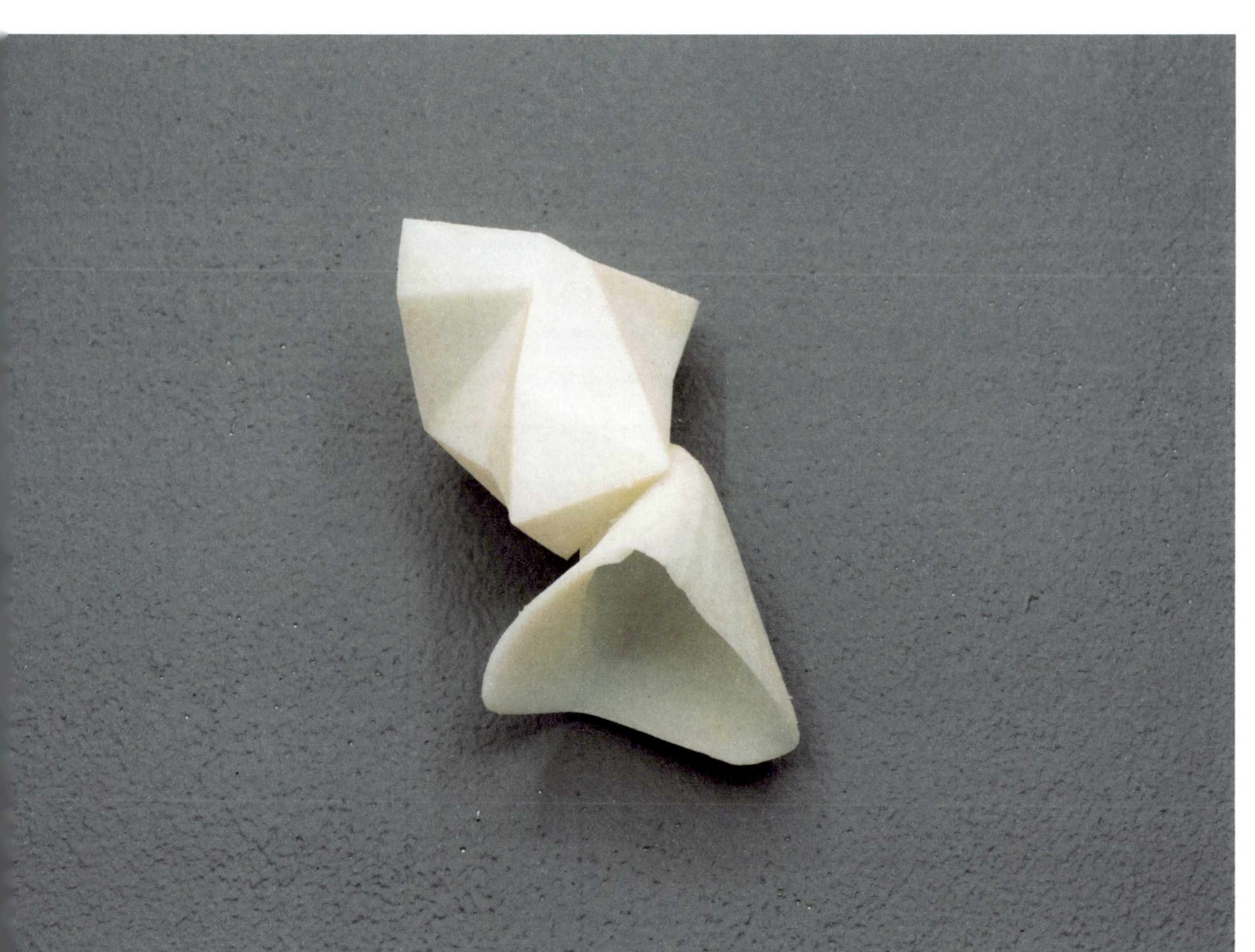

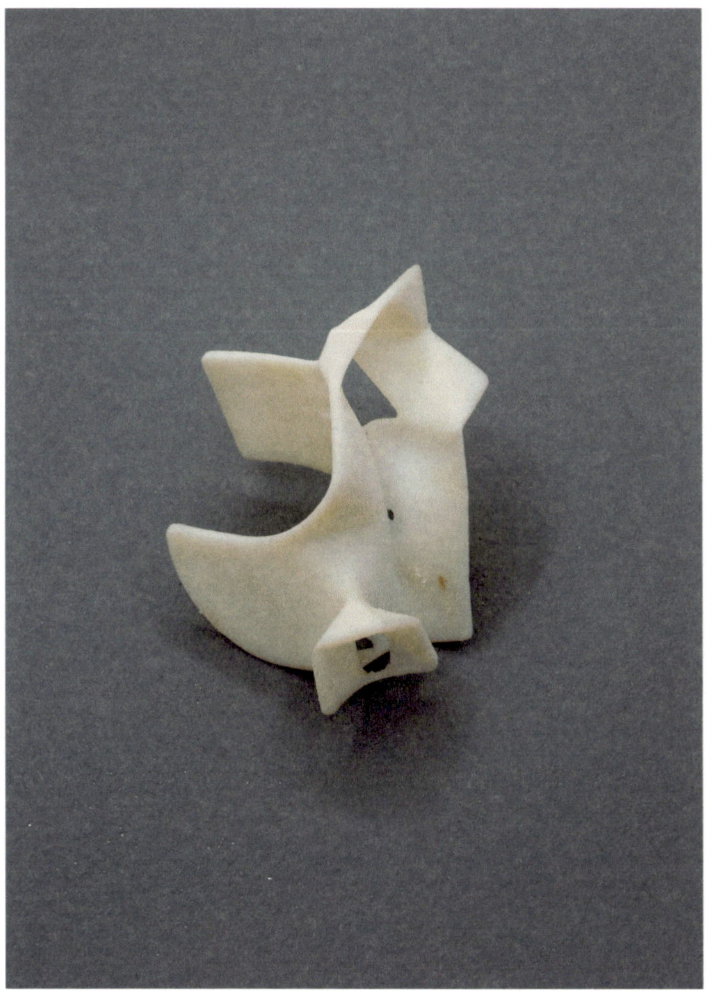

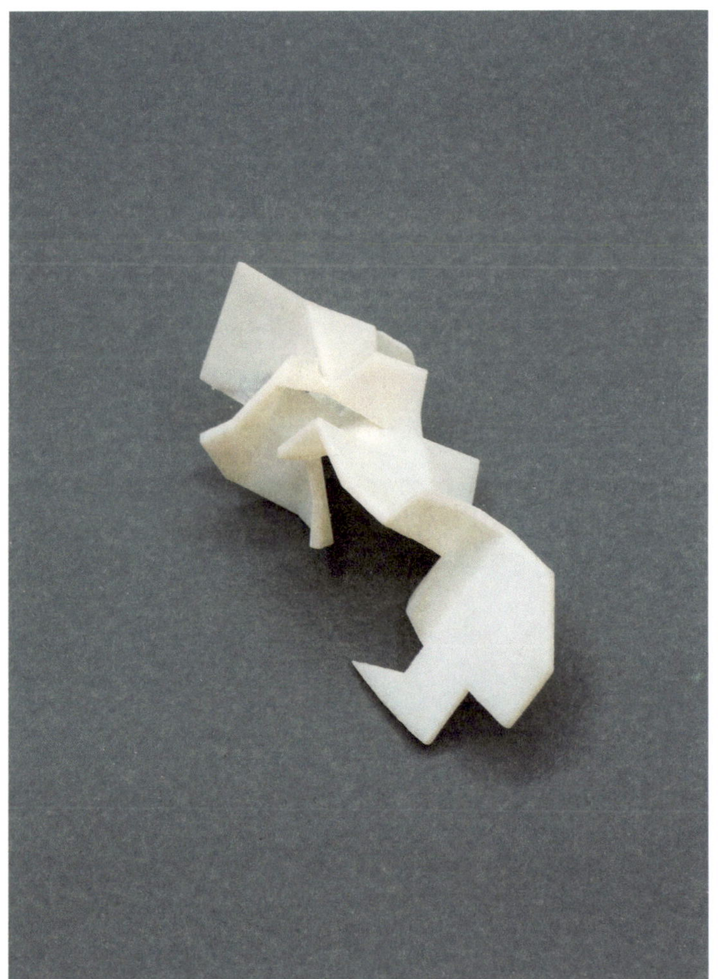

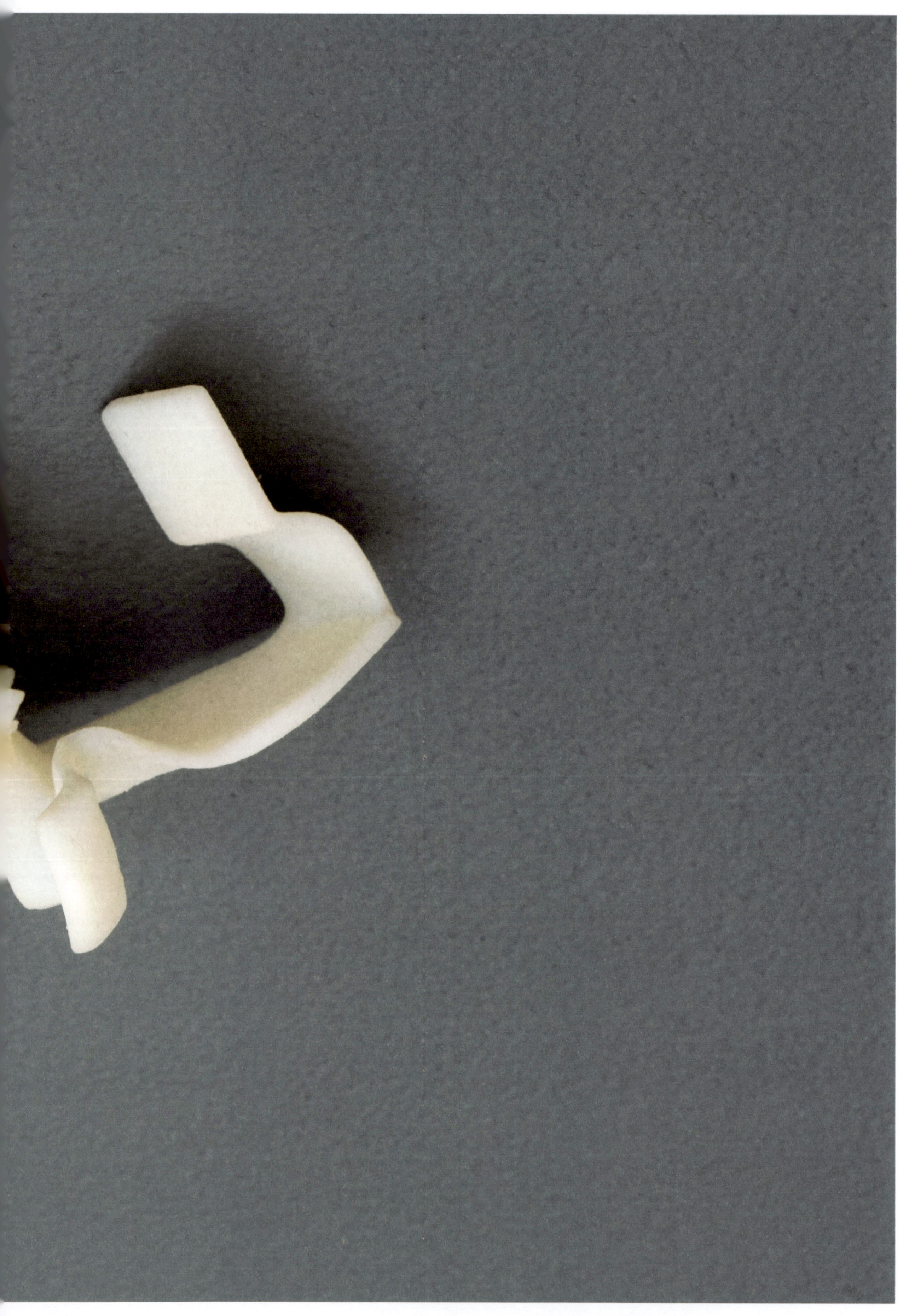

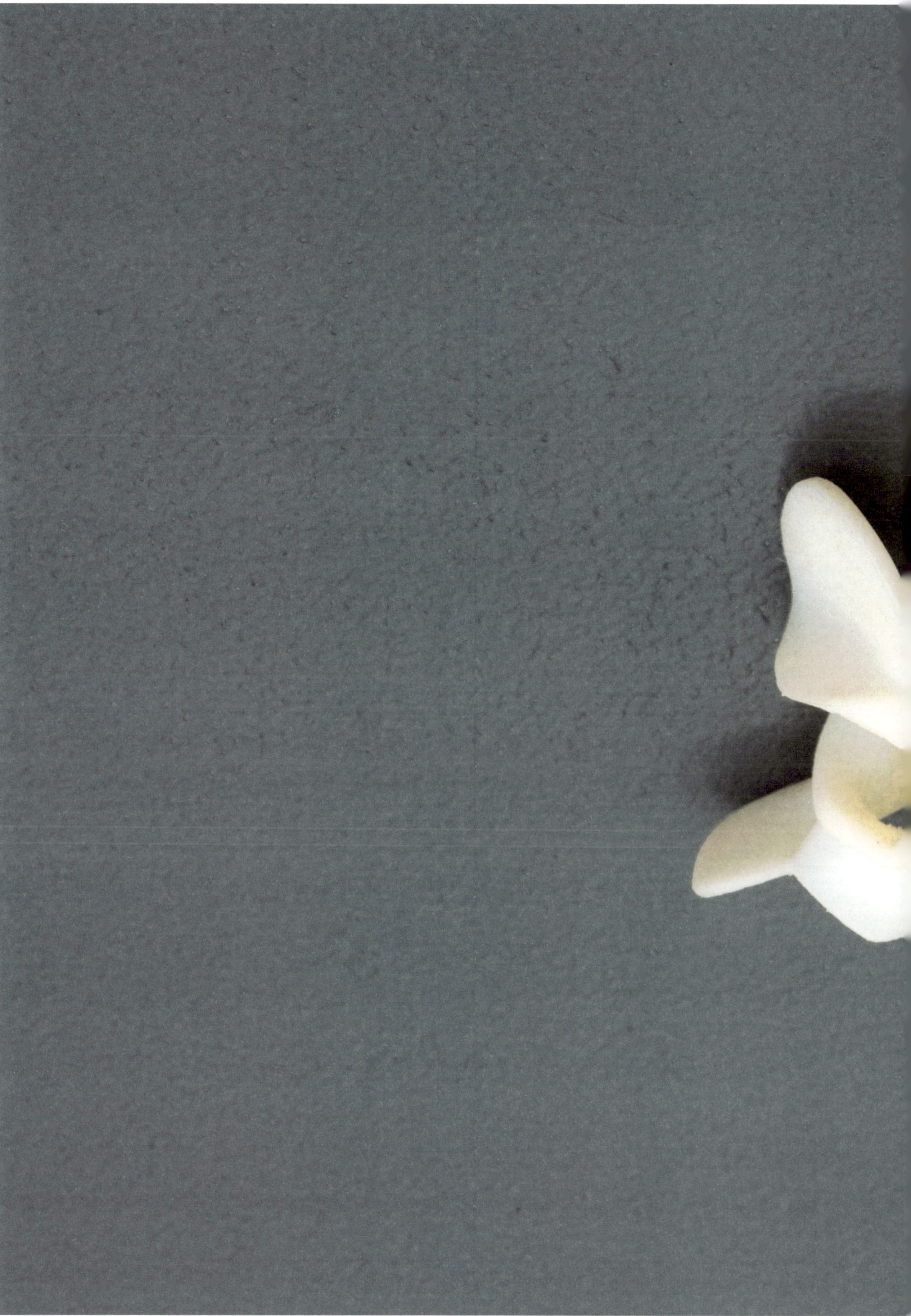

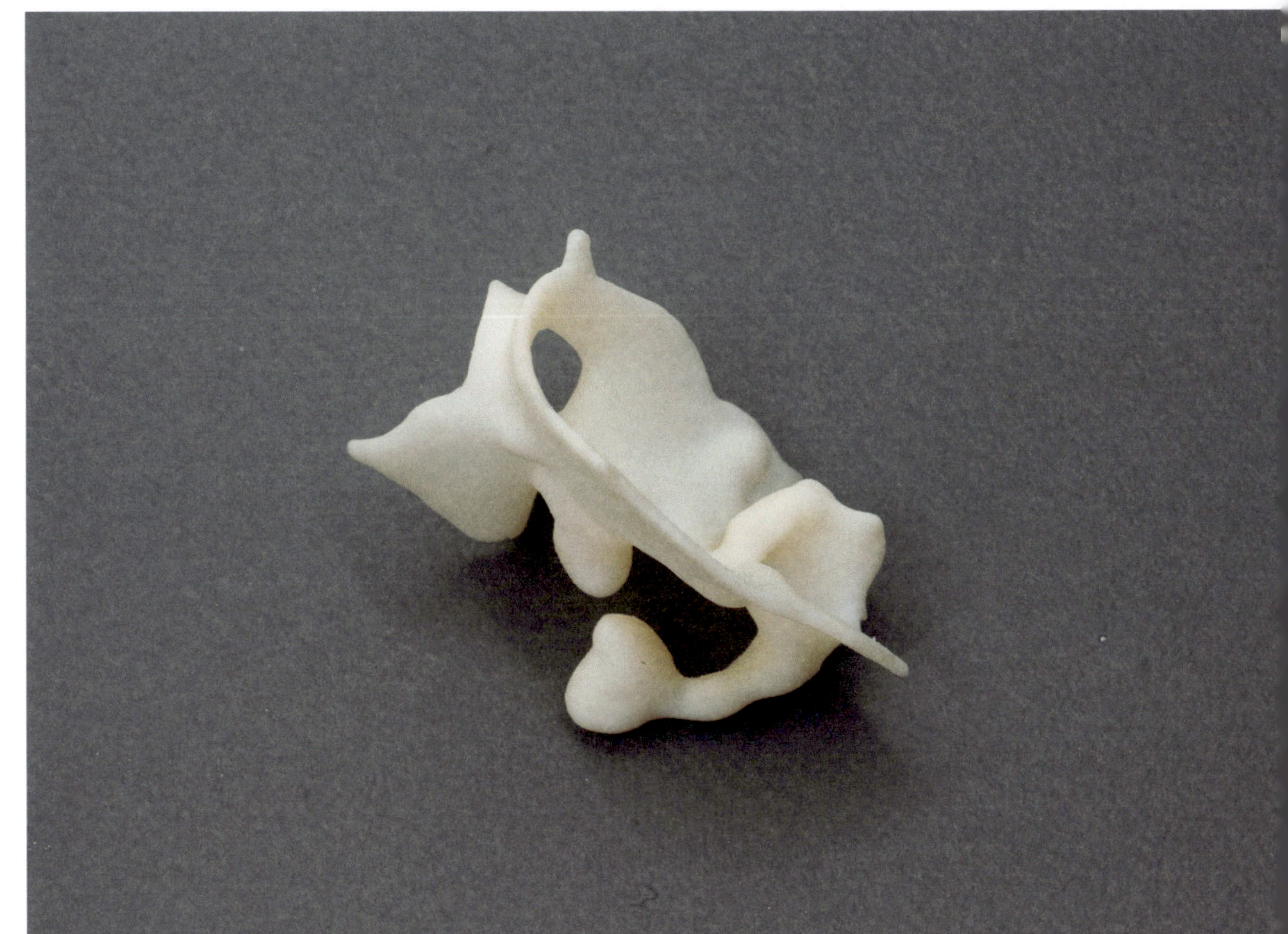

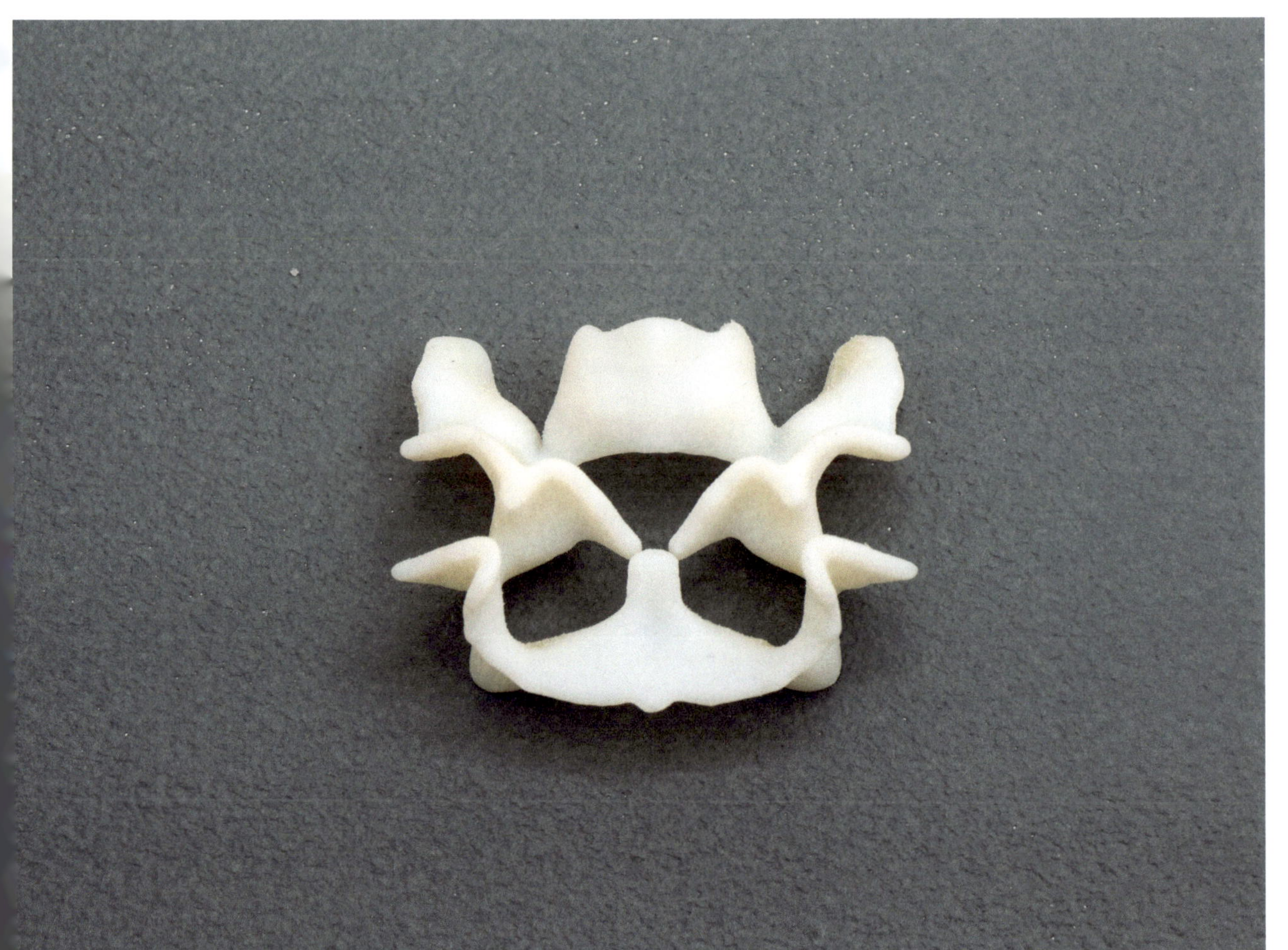

Ausencias

無

Absences

Ausencias, 2013
Aluminio esmaltado troquelado
200 x 100 cm

——

Esta serie encuentra su origen en YouTube,
en los vídeos colgados que muestran lo que ocurrió
en diferentes lugares de la región de Tohoku

En estos vídeos grabados por las personas que asistieron
al tsunami, las palabras saltan, desfallecen, huyen, pierden
su sentido, no dicen nada, no esconden nada, construyen
una forma, luego la visten de estupor, un romper de aguas
y lo que nace es desconocido, nadie ha visto lo que ve la luz,
un desconocido dado una vez más a lo desconocido de la
muerte. Estas casas, coches, barcos y seres arrancados a la
deriva, son cuerpos que duermen descolgados. Los sonidos
son como piedras en la corriente de los ríos, si las coges
cesan de murmurar. La ausencia es la imposibilidad de
reencuentro. El estupor precede la revelación, rasga el velo.
La ausencia es el infierno, Eneas, Gilgamesh, Dante,
descendieron, es el tiempo inmovilizado, imagen de
sombras donde el estupor dibuja rostros.

無 2013年作
エナメルコーティングを施したアルミ板鋳物
200 x 100 cm

———

作品「無」は、東北地方のさまざまな場所で起こったことを伝える映像が投稿された
You Tubeにアップされたビデオを元に作製されたものである。

津波を目撃した人々によって録画されたこれらのビデオの中で、言葉は飛び交い、かすれ、逃げ惑い、意味を失い、何も言わず、何も隠さず、そして、なにがしかの形を作り上げる。しかし、それもやがて、驚愕と砕け散る水に覆われ、そこに生まれるものは、見知らぬものであり、その生まれ出たものをかつて見た者もなく、見知らぬものは死という、未知のものへと引き渡されていく。これらの家々、車、船、そして根ざしていた所から引き抜かれて無防備に漂う生き物たちは、宙吊り状態の眠る物体である。聞こえてくる音は、川の流れから拾い上げるやいなやつぶやくことを止める石のようなものである。無とは再会の不可能性。無とはアイネイアス、ギルガメシュそしてダンテが下って行った地獄であり、驚愕が人々の顔の輪郭を彩る影のイメージである。

Absences, 2013
Die-cut enameled aluminum
200 x 100 cm

————

The origin of these works lies in YouTube, in the
uploaded videos that show what took place at various
sites throughout the Tohoku region

In these videos, recorded by people who witnessed the
tsunami, words leap, perish, flee, lose their meaning, say
nothing, hide nothing, construct a form and then veil it in
astonishment, a breaking of waters, and what is born is
the unknown. Nobody has seen what has seen the light, an
unknown given once again to the unknown of death. These
homes, cars, boats, and beings torn away and set adrift are
bodies that sleep after falling away. The sounds are like
stones in the current of a river. If you grab them, they cease
their whispering. Absence is the impossibility of finding
again. Astonishment precedes revelation, tears off the veil.
Absence is hell, Aeneas, Gilgamesh, Dante, they descended.
It is time immobilized, an image of shadows in which
astonishment outlines faces.

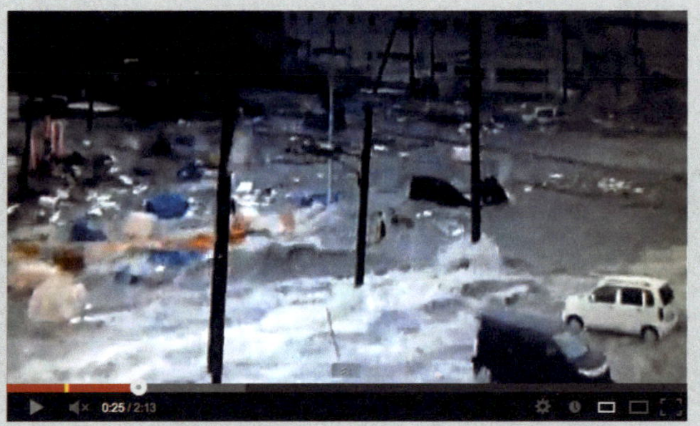

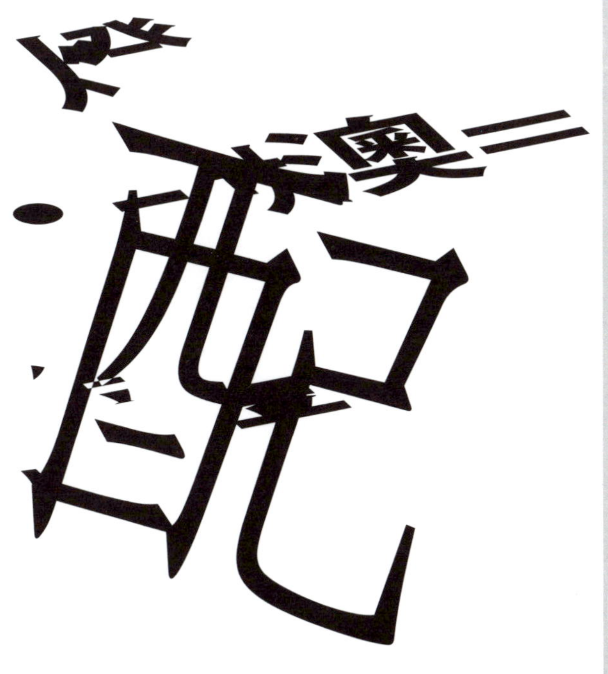
ヲニォ＞アブ'＞　キzソ
=L＠セカ欽スッ
配奥

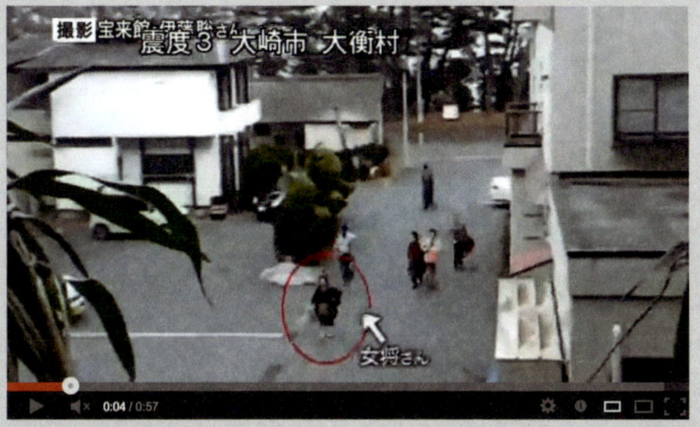
撮影 宝来館 伊藤聡さん
震度３ 大崎市 大衡村
女将さん
0:04 / 0:57

ヲ>"? ・ 彪=]鄉 ・
.賣-h@>D謀 ・ R
> 綢サ ・ ソ-]貍 ・
間サ綢サK>蜈懶ス
綢サ>| ・ ク綢サn
サ?綢サ>綢サ?綢サ
・ { ・ ケB ・ セ綢サ
・ ヨ薙オ=e ・ ウ?H

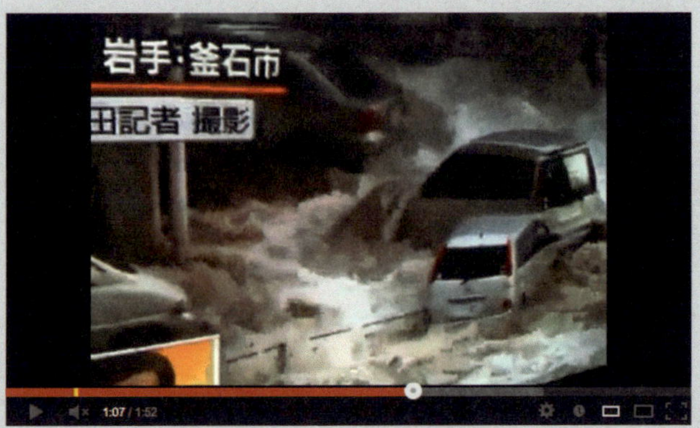

>lサ? ャ・?;⑨ソぅ
・ァ:l=・>飢7?ヘ
r=苧
>irE?op8=en
>ナ　レ>　○>桁
zソ　-=伯・・
>アツ・ b＝鉑(>ロ
タ?J-○=ユ・
>l　・　毒レセマ
Yg?C疊<ヘr＝苧
>irE?ァ:l=・>飢
7?　4=゛$>・タ
> r}セュ{?yオ>クm
=.q

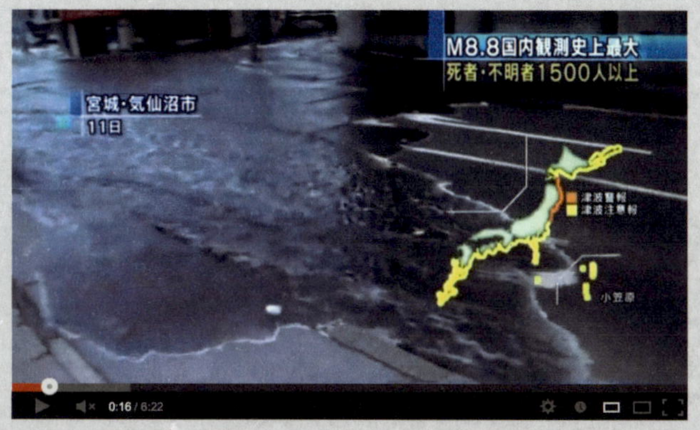

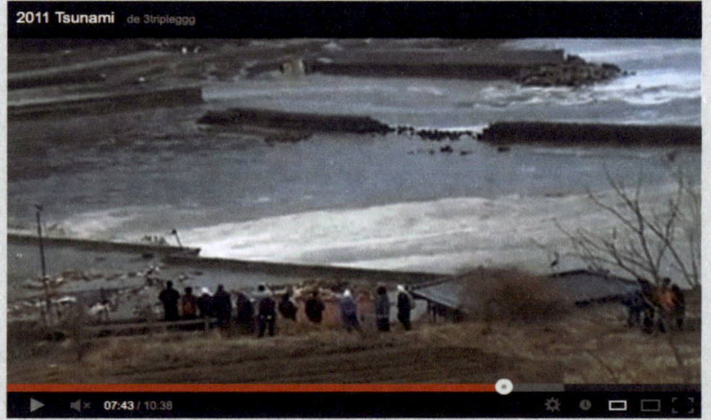
2011 Tsunami de 3tripleggg
07:43 / 10:38

□ MSサ=ウ・ソU・ソス・>-ヘユ>・」>v・=・ハ>痕>ヤ・t

モ>V」> カ・?%ラセT-ソv・=・ハ>痕>チエハ=・ヌ>ラ3、>ヤ・t

モ>V」> ・ =慶ヤセbhソヤ・t

モ>V」>+ホヌ=

・ツス・ス・>-ヘユ>・」> ヘ?・昞J`*ソv・=・ハ>痕>"R>XYウ>瞳セ>チエハ=・ヌ>ラ3、> 麺V?・錚ノ・チエハ=・ヌ>ラ3、>聲・魃タ>メ8・ヤ・t

モ>V」>　 ?t/コHjtv・=・ハ>痕>　>u モ>キメサ>"R>XYウ>瞳セ> 疱・+暖ソオコ・チエハ=・ヌ>ラ3、> Hヤ=・ク>d?・聲・魃タ>メ8・(゙I?q-ィ>^DBセ聲・魃タ>メ8・+ホヌ=

・ツス・ヤ・t

モ>V」> ・?P;ツ・ス>v・=・ハ>痕>ス・>-ヘユ>・」>　>u モ>キメサ> K遊?G/モ>}・セ聲・魃タ>メ8・ieヤ=・・ウマ・+ホヌ=

・ツス・ "ナ=xク~?・ル<ieヤ=・・ウマ・x=貼・hB・+ホヌ=

・ツス・！・セホ`?{傲>x=貼・hB・F=\qル>ルZア>+ホヌ=

・ツス・ ・3?・セ・1ソ{モ=　?o,ク>si・耀

?ネ>Agメ=i7?Mス> 3　h>:iソ

-セsi・耀

?ネ>hZ=セg?・ヒ>Agメ=i7?Mス> ユw」ス^俳セ・xソAgメ=i7?Mス>´P=　J?蟷セ>{モ=　?o,ク>・ホスV+ソ㎡<ソhZ=セg?・ヒ>´P=　J?蟷セ>Agメ=i7?Mス> 鏞=・ソカzEソsi・耀

?ネ>y・.?読モ>hZ=セg?・ヒ>「X・イG%ソ幺7ソ P=　J?蟷セ>u・=jh?・I>{モ=　?o,ク> ソニセヤ{(ソ@オ5ソhZ=セg?・ヒ>!椴<J}

?ヒニ>´P=　J?蟷セ> "・狗ラ>{S\ソy・.?読モ>W庁=左?・ハ>hZ=セg?・ヒ>　・ナ=@<ソ・Fソsi・耀

?ネ>マh>・ス?![ヨ>y・.?読モ> mbF>n7jソミPオセu・=jh?・I>ワツセ>薑?　>{モ=　?o,ク>m6=・ソン璟ソ P=　J?蟷セ>8=n゜?ム・>u・=jh?・I> 艇cセヨ2ソウ.ソ椴<J}

?ヒニ>8=n゜?ム・>´P=　J?蟷セ> J霓 ソト^XソhZ=セg?・ヒ>;#=?・ユ>!椴<J}

?ヒニ> セ勤ゼ・セ・ソW庁=左?・ハ>;#=?・ユ>hZ=セg?・ヒ> `㐅|=zOソウソマh>・ス?![ヨ>諒>?&・y・.?読モ> 公"ソT　ソ・セsi・耀

?ネ>レ

>ヌル?カ->マh>・ス?![ヨ> @顗>B(SソGェソセワツセ=薑?　>タ>5・?卸・{モ=　?o,ク>　>レチ:ソd・ソ8=n゜?ム・>ニ/8=?　ヨ>u・=jh?・I>　q・・Hソヲ「ソW庁=左?・ハ>o兼=ヒケ・O7・;#=?・ユ> <ス」>ト・ソ拡ソ諒> ?&・o兼=ヒケ・O7・y・.?読モ> M・{　Lソ:)ソマh>・ス?![ヨ>)=>Zケ?エ妃>諒> ?&・　Nソ胄ソ・hセsi・耀

?ネ>{モ=　?o,ク>レ

>ヌル?カ-> Srゾ

ゾツタ >5・?卸・@P>蒜?ト$・{モ=　?o,ク> オ・;　ソjソニ/8=?　ヨ>参_=9?yッ・u・=jh?・I>ユ琪>チャ=ソ$テ!ソ8=n゜?ム・>* <娶?bh・>ニ/8=?　ヨ> Eマヘス2XEソ・!ソo兼=ヒケ・O7・ヤvウ<ヘ・s滕>;#=?・ユ> 7%ユ>・@ソルソW庁=左?・ハ>y・.?読モ>o兼=ヒケ・O7・ ホチア>リスTソvむセ諒> ?&・・=ッヘ・・>o兼=ヒケ・O7・ イfスH・ソ・ソ)=>Zケ?エ妃>M|D>ユイ　>・・諒> ?&・oケ鄂ェ・ソ・收マh>・ス?![ヨ>{ソR>>ウ?レ郢>)=>Zケ?エ妃> 貔*ソ7テ太zD0ソ{モ=　?o,ク>@P>蒜?ト$・レ

>ヌル?カ-> ウポ゙シキ~yセヌ/xソタ>5・?卸・Zヤ`>t\)?　・@P>蒜?ト$・・&?カルソ・ソ参_=9?yッ・エサユ=ド?Mユ・u・=jh?・I> /K=　Wソイ・ソニ/8=?　ヨ>* <娶?bh・>参_=9?yッ・ +Jサアfソ丄

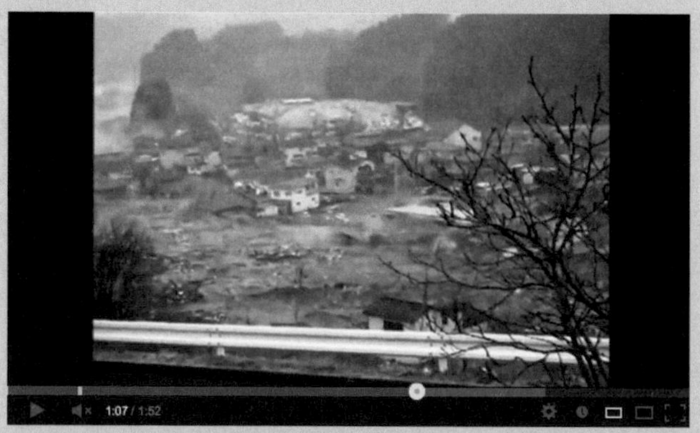

? ・ シ=:?Cɪク>e
> 　ケm%?3疇セル
ケ:?ホ
q>> 　　　>エト
O=;T3>衤}モ>

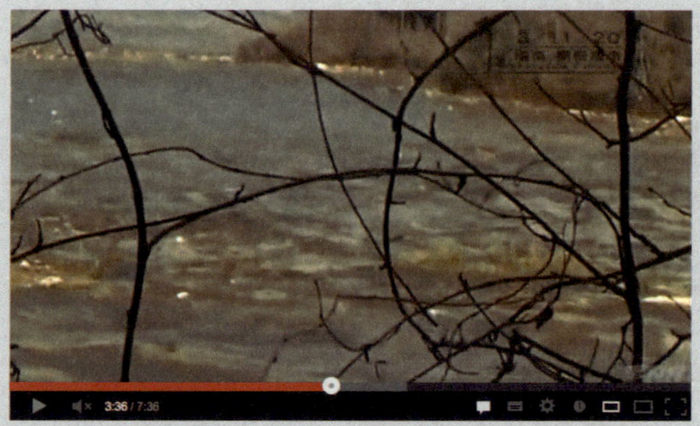

Ｎ　Ｙ・?ヤ・ソ彩ヌセ「ユノ＝トフ?レ・uv>Ｎ・?　#%・
%レr>・-?スア;=・・)ミ?5・=　、ピ?・・徭埒・・)ミ
゙Hソ
・-?スア;=　}マ・>8
)ミ?5・=　.モ・r・?Wッ*ソ・・)ミ?5・=　ナ>箍?ス・ホ
ォ・セ檻>%ヘ"?=ヘ　=レr>・-?スア;=　鏻・l゙
・)ミ?5・=　・?アッ?恬檢・・)ミ?5・=!,>　ニ?1・=　ナ
波・Ig」ホOム=W?ス・　ノ・セ量;ソ藻*ソBx4>　・?オ・
ハセ檻>%ヘ"?=ヘ　=楹_>%>?犲・!,>　ニ?1・=　#NT?ヨ
ξ?ス・　x1即ユア＆　ソ・波・Ig」)qb=ッマ?9#%ホOム=W
・CﾉV?\:・楹_>%>?犲・　EE?゙eセツネソ楹_>%>?犲・
!,>　ニ?1・=フ・>橳㤀 ?、pン=・波・Ig」/　ヲ・ル＆ソ
\・・sカヲ　ソ)qb=ッマ?9#%Ud9=1]?ュェx$ホOム=W?ス・
?OVy=鐱・CﾉV?\:・　5k?・ソヘWナセ悸z>3p?ッ]*>フ・

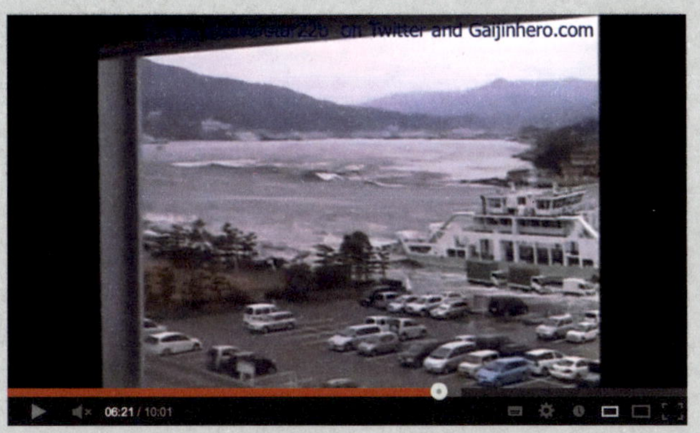

カ　I鼉ゼツヲRソ・・漏r=・・
派ム>雁6=Tァ・ヌ>Y9O=ス
゜>P賺>　ノt–ソnャ3ソ・
a>・=増・　　ワヲ>Y9O=ス
゜>P賺>雁6=Tァ・ヌ>
\?'湮セスZ　>ア゜==メ　>メ
Q・ラャウ<*t・穏?雁6=Tァ
・ヌ>　\u　セcYR?m汾>
=C=P皴>・ソ>ョP=[メ。
>Lチ・・ヘ=憫ォ>3・>
KGソb<ソ気ゥ>ア゜==メ　>メ

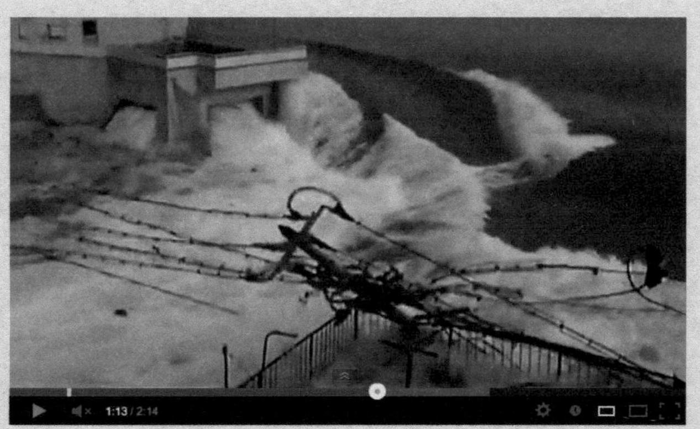

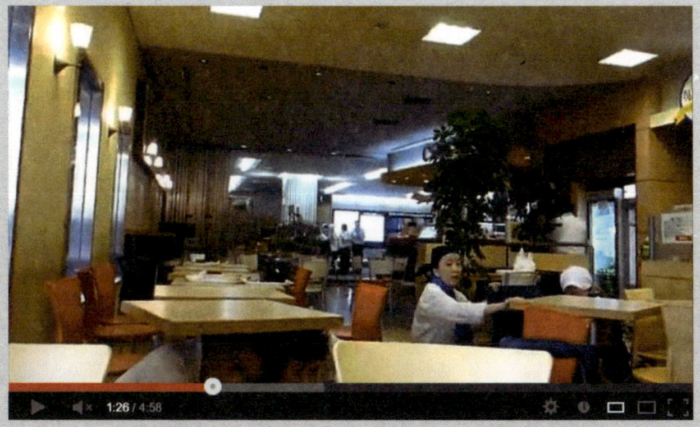
3□ソ廈舷5

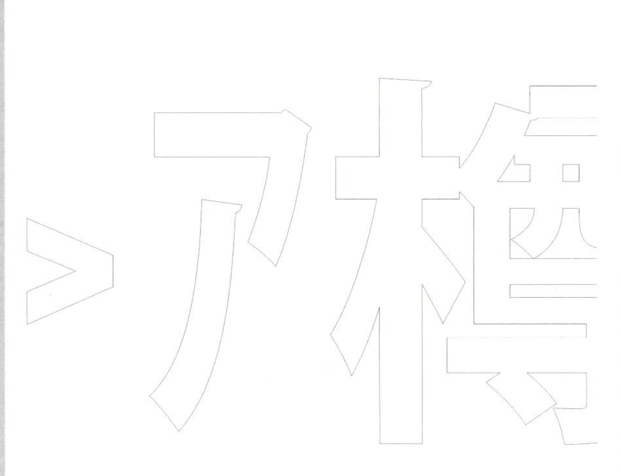

ツス;ムア ・ 肘

}>C 　棟}>Ƴ

~{>
・ マ゛・チ
 、 ゚Q1~?ツ

7}&ホア ・ケ>ー

X ・ }>ƔGロ>ヨモ

・ ソ}}>憔

・ マ

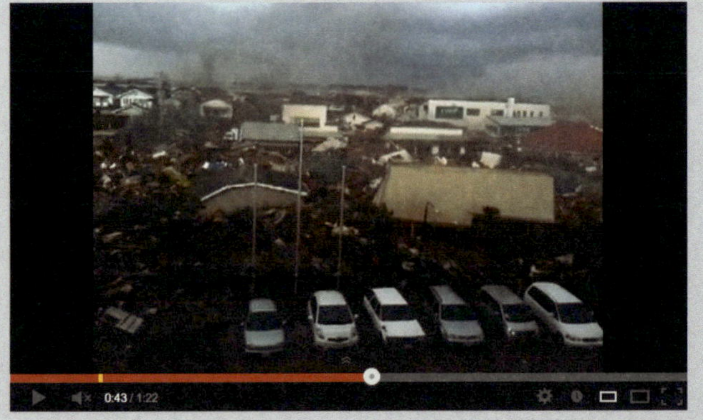

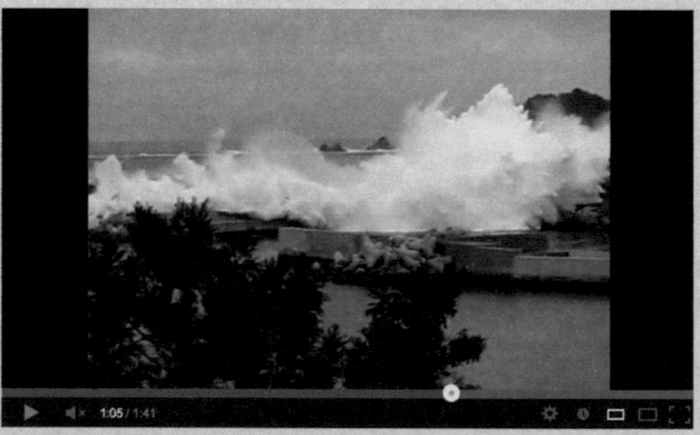
1:05 / 1:41

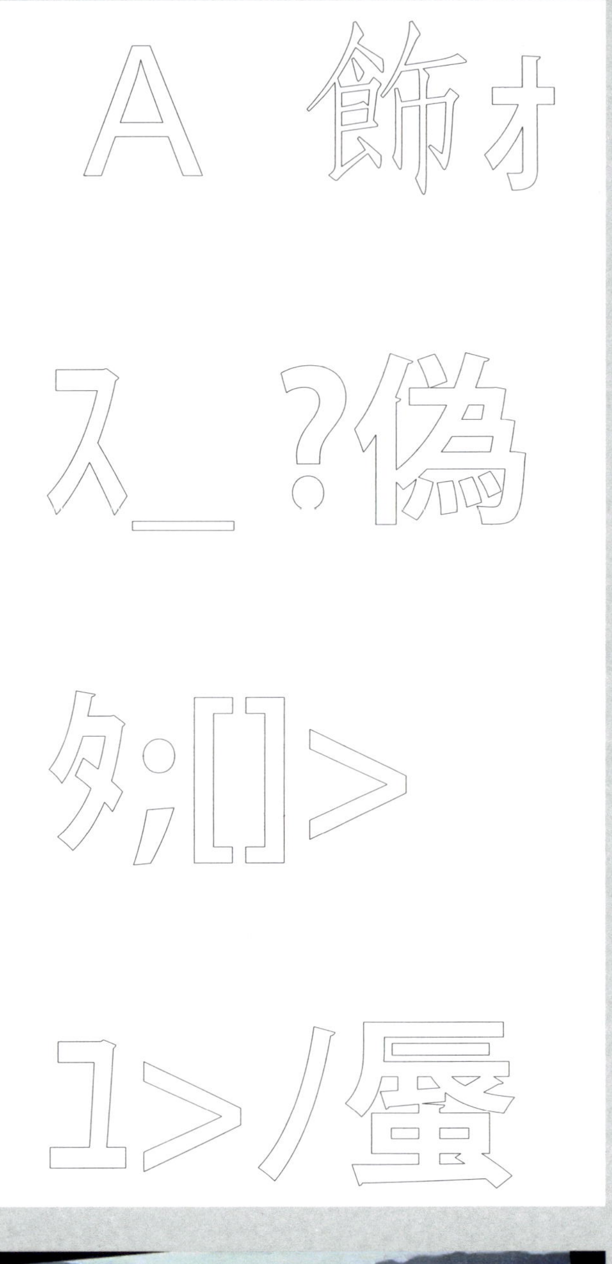
オ　飾　Ａ
偽　？　ス＿
＞　］［;夕
蚕　ノ　＞　ユ

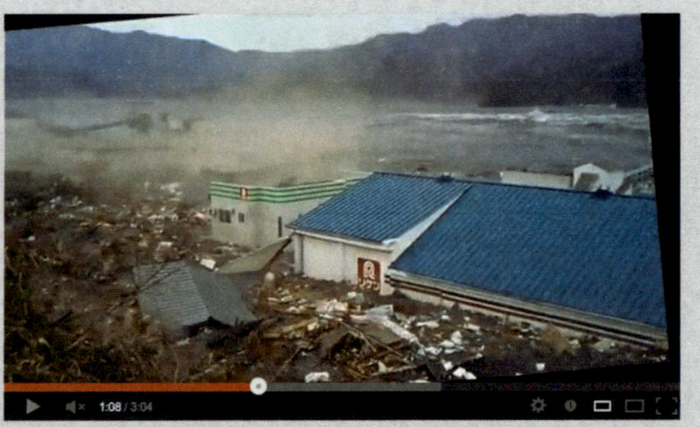
1:08 / 3:04

ハ゛ ノソS セ シ
0? ・ b<ル
・ ヌ> ・
<M,(>E
3?∧・∧<Ɛ
G1 h?
f#> ・
轢ソT琦ソ
1?　　<・
¿/エハ<i彬
ネ!>ソエ/?
・ >　　¿1
鮭ソT琦ソ
f#> ・
G1セ?
3?v・v<ɪ
<M,(>E
・ <ϫ ・
0? ・ b<ル
ハ゛ ノソS セ シ

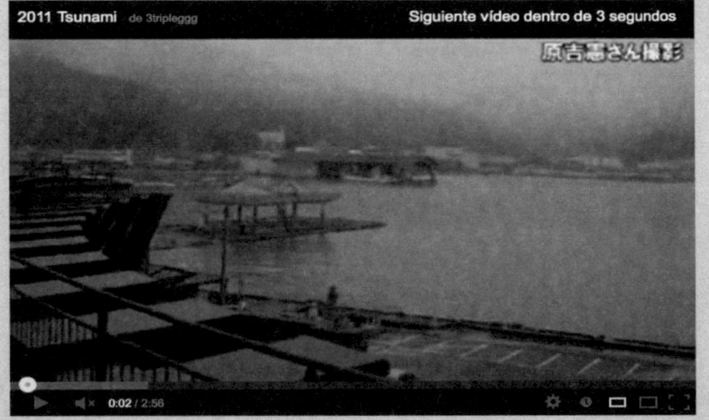

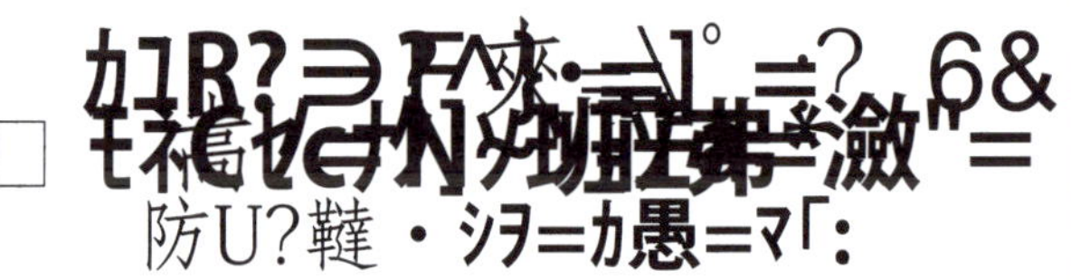

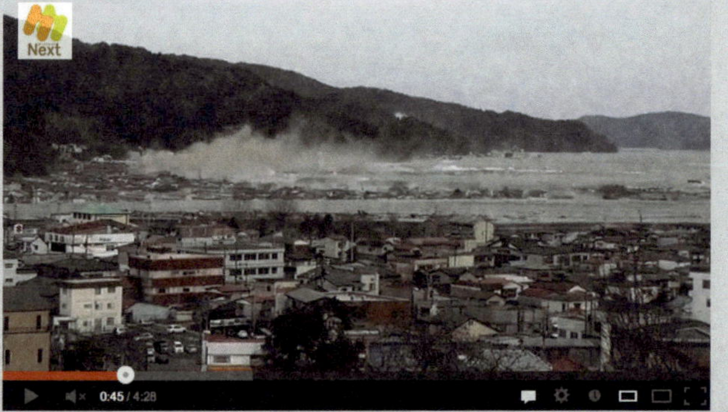

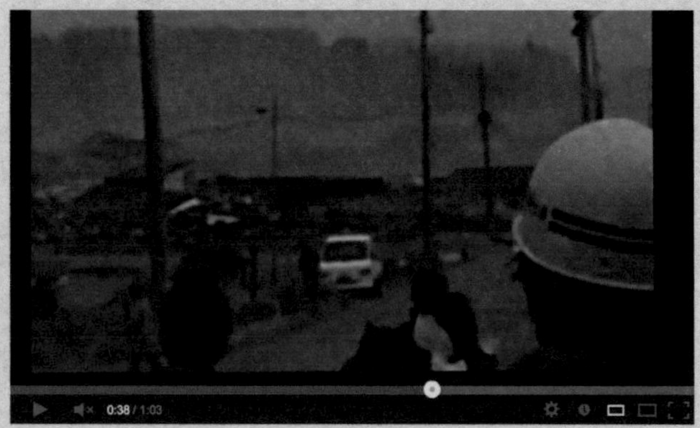
0:38 / 1:03

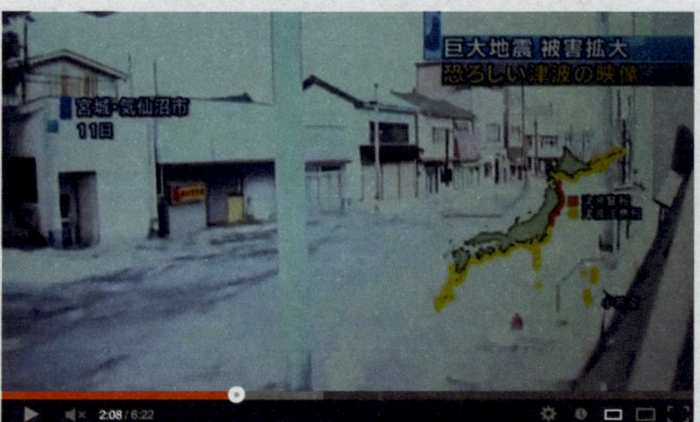
巨大地震 被害拡大
恐ろしい津波の映像
宮城・気仙沼市
11日
2:08 / 6:22

`l hﾂｰﾋ'ﾀ娼ｿ
娼ｿﾉ｢｡＝ﾅ
b＞1˚∘ｴ∘
＞極X＞俳n＝
oｺ＝X鯵
＞nM　＝ℯｿ
ﾍｿ､～ℯnレﾑｲT
＝∘∘ぬ
.＞ﾉ｢｡ｹ
b＞1˚∘l∘
＝鑑m＞8∘＞
∘ｿ∘∘b]ス
∘＝.矢＞@》
＞%曜＜(ｻ
＞～臉＞　∘
Mﾍ＞ｸT∘
ﾉﾉ(ｿｭPﾘｽCｾ
%曜＜(ｻ
＞～臉＞ｲT
＝∘∘ぬ
.＞5Qｴ＜ｸ_∘
乳ｿﾞ　ﾖ～?冂
ﾉｽ危∘ｾ∘京
S?俳n＝」
＝|＝ｯA?1˚∘
Dv∘ｴLH?ｲｰ
＝ɜkｿ美＞駱
?」＝|＝ｯA?1˚
∘ｼℯW＝ｲ
＋?ぬ.＞lｺ＝
F5?ﾃ＞　M」～ｿ
　＝9bl＝O'1
＝ｻ@?～臉
＞∘＝矢
＞@》＞ｺﾘ
#＝宜?H∘＞
uﾂｿｿﾗc∘極
U＝ｼℯW＝ｲ
＋?ぬ.＞O'1＝ｻ
@?～臉＞
＞F＝l?　L＞
x/?Nɜ∘W

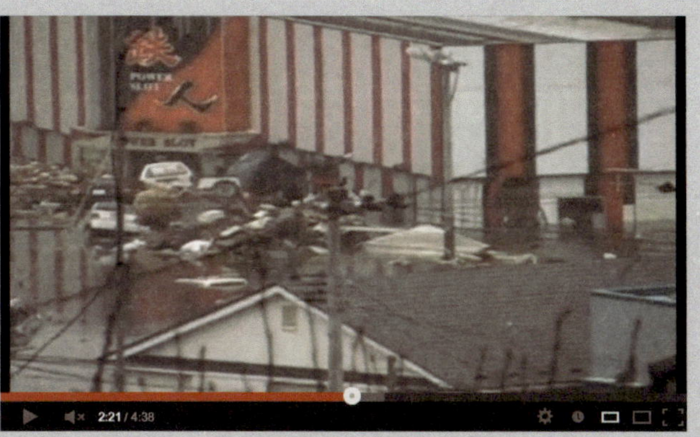

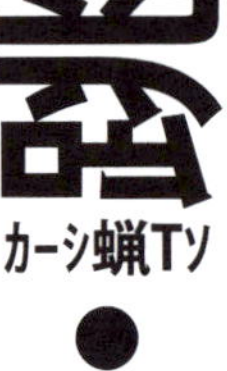
脱・＝ イ ＊ ? t < T > 権 u シ ＝ ヲ
カーシ蝋Tソ

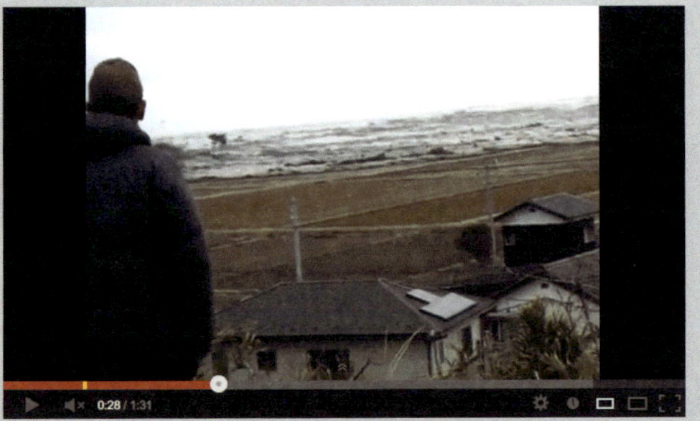
0:28 / 1:31

El instante I

瞬間 I

The Instant I

El instante I, 2012-2013
Oro (18 kt.)
Gemas (Berilo, amatista)
3 x 9 x 6 cm
(medidas aproximadas)

El instante I, 2012
Fibra de vidrio y laca
120 x 90 x 80 cm
(medidas aproximadas)

« [...] había captado el instante a partir del cual la luz,
habiendo tropezado con un acontecimiento verdadero, iba a
apresurarse hacia su fin, ya llega, me dije, el fin viene, algo
sucede, el fin comienza. Estaba embargado por la alegría».*

Borges decía que la vida es la muerte que llega. Ni felicidad
ni infelicidad, un paso más allá. ¿El infinito que se abre?

El instante es ese tiempo de la ausencia de tiempo, el
tiempo de lo inaudito, de lo impensable, lo que ha llegado
llegará, volverá a llegar irreconocible, robará nuestra
imagen dándonos otra.

El instante es un pasado más presente que el presente
mismo, un futuro sin porvenir que pertenece al pasado...

———

* Maurice Blanchot, *La locura de la luz*

瞬間 | 2012年-2013年作
金（18金）
宝石（ベリル[緑柱石]、アメシスト[紫水晶]）
約3 x 9 x 6 cm

瞬間 | 2012年作
グラスファイバー、ラッカー
約120 x 90 x 80 cm

「それは理性を欠き、規律もなく目的もなく、私を襲うのだった。さあやってくるぞと、私は独語した。終末が来るのだ。何かが到来するのだ、終末が始まるのだ。私は歓喜にとらえられていた。」*

ボルヘス　は、生とはやがて訪れる死だと言っていた。それは幸福でも不幸でもなく、そのもう一歩向う側にあるもの。開かれた無限だろうか？

瞬間とは、時間不在の時間であり、想像を絶したもの、考えもつかないものの時間である。やって来たものはこれからやって来る、それと見分けのつかないままやって来て、私たちからそのイメージを奪ったかと思えば、またもや別のイメージを与えていく。

———

* モーリス・ブランショ著「白日の狂気」より。

The Instant I, 2012-2013
Gold (18 kt.)
Gems (Beryl, amethyst)
3 x 9 x 6 cm
(approximate measurements)

The Instant I, 2012
Fiberglass and lacquer
120 x 90 x 80 cm
(approximate measurements)

"I had captured the very moment at which light, having stumbled upon a true event, began to rush headlong towards its end. "It's coming," I told myself, "the end is coming, something is happening, the end is beginning." I was seized with happiness." *

Borges said that life is the approach of death. Neither happiness nor unhappiness, but one step further along. The infinite that opens up.

The instant is that time when there is no time, the time of the unheard, of the unthinkable. What has come will come, and will come again in an unrecognizable form. It steals our image from us and gives us another.

The instant is a past more present than the present itself, a future without a future that belongs to the past...

---

* Maurice Blanchot, *The Madness of the Day*

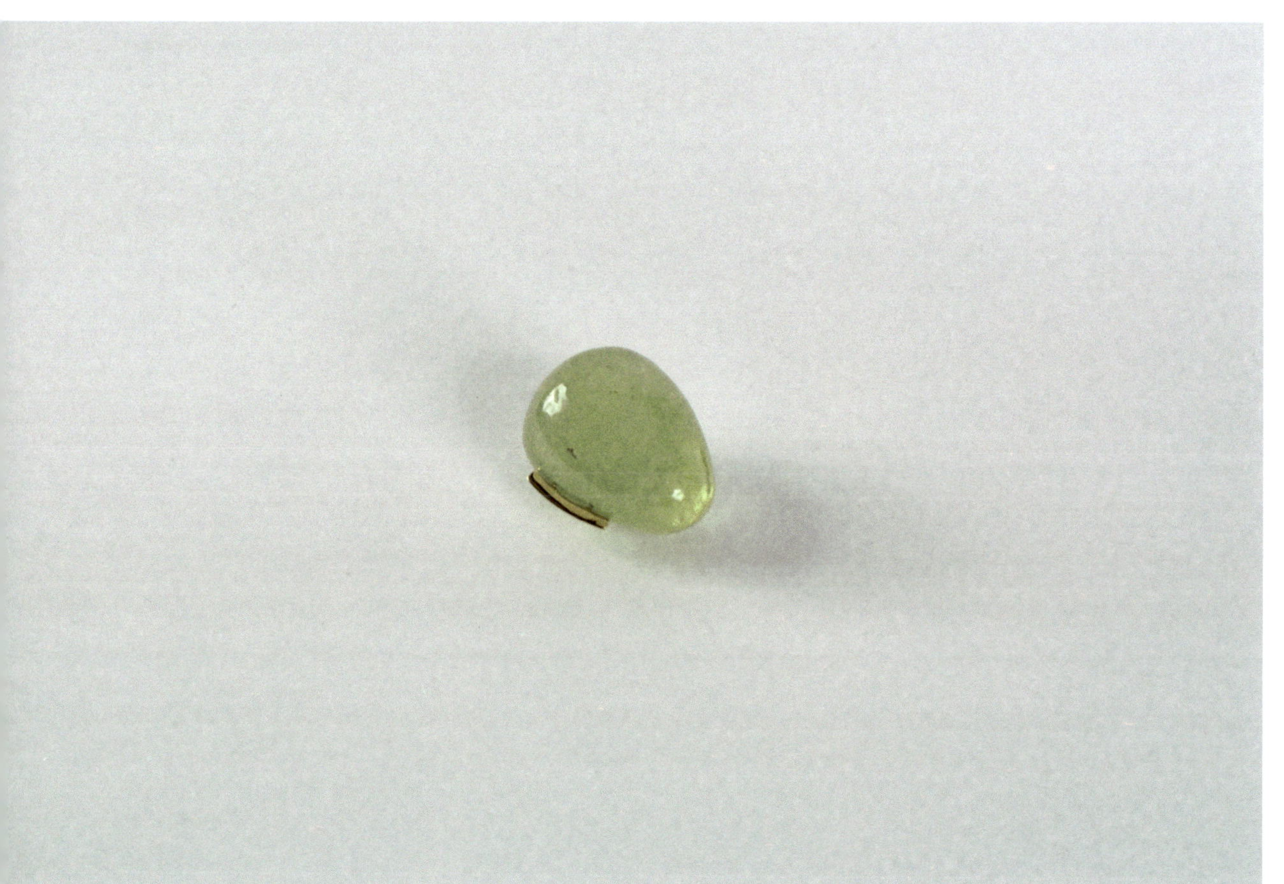

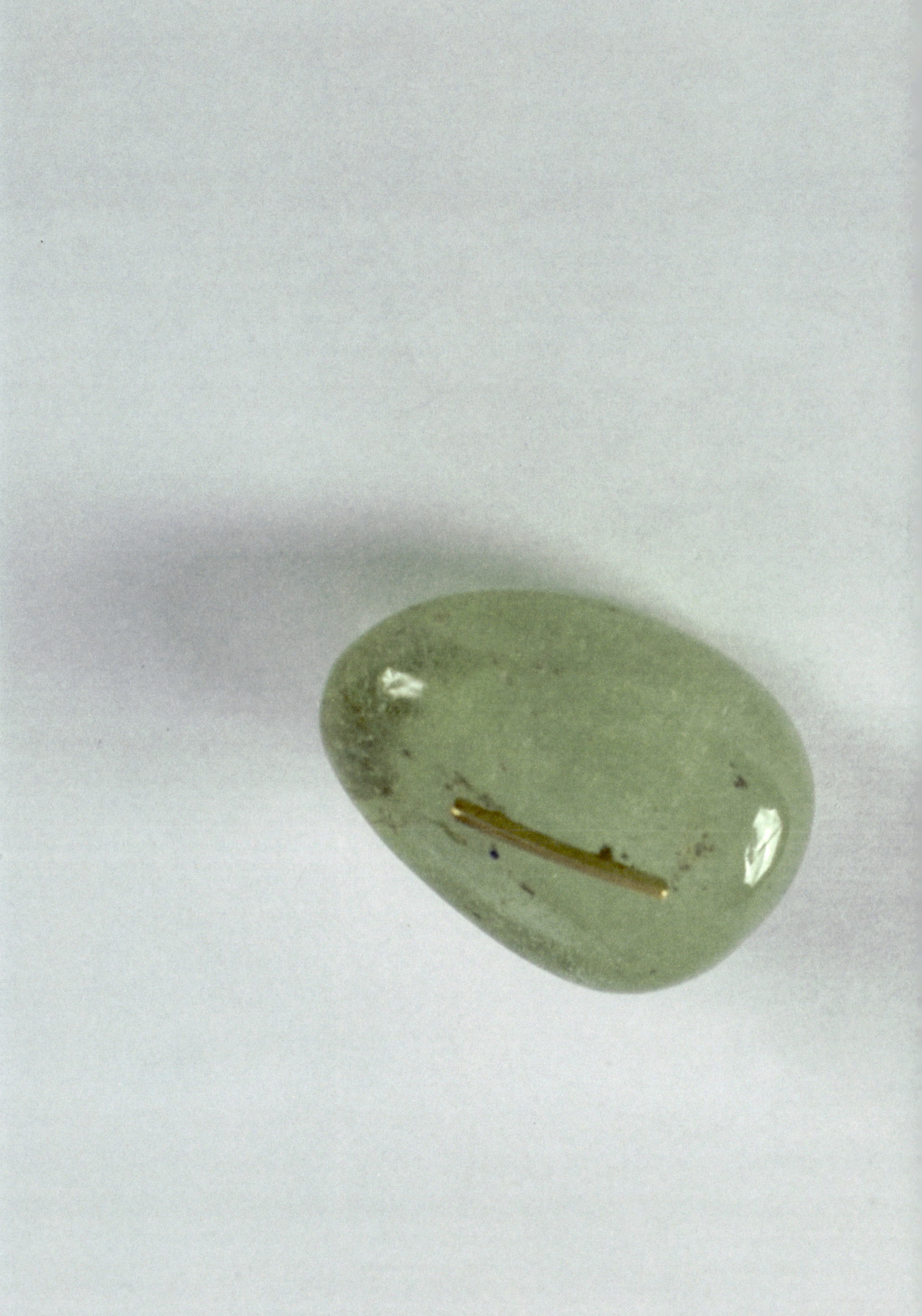

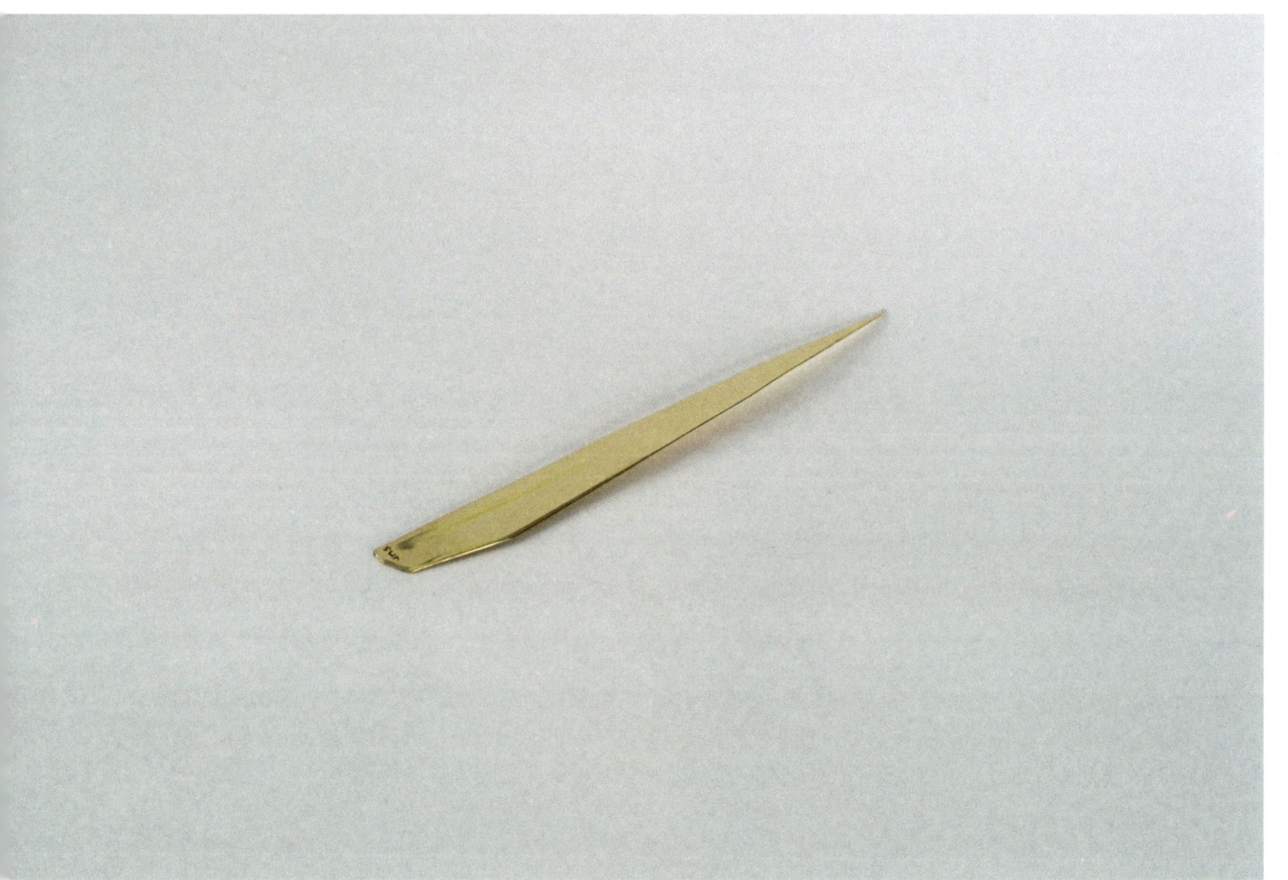

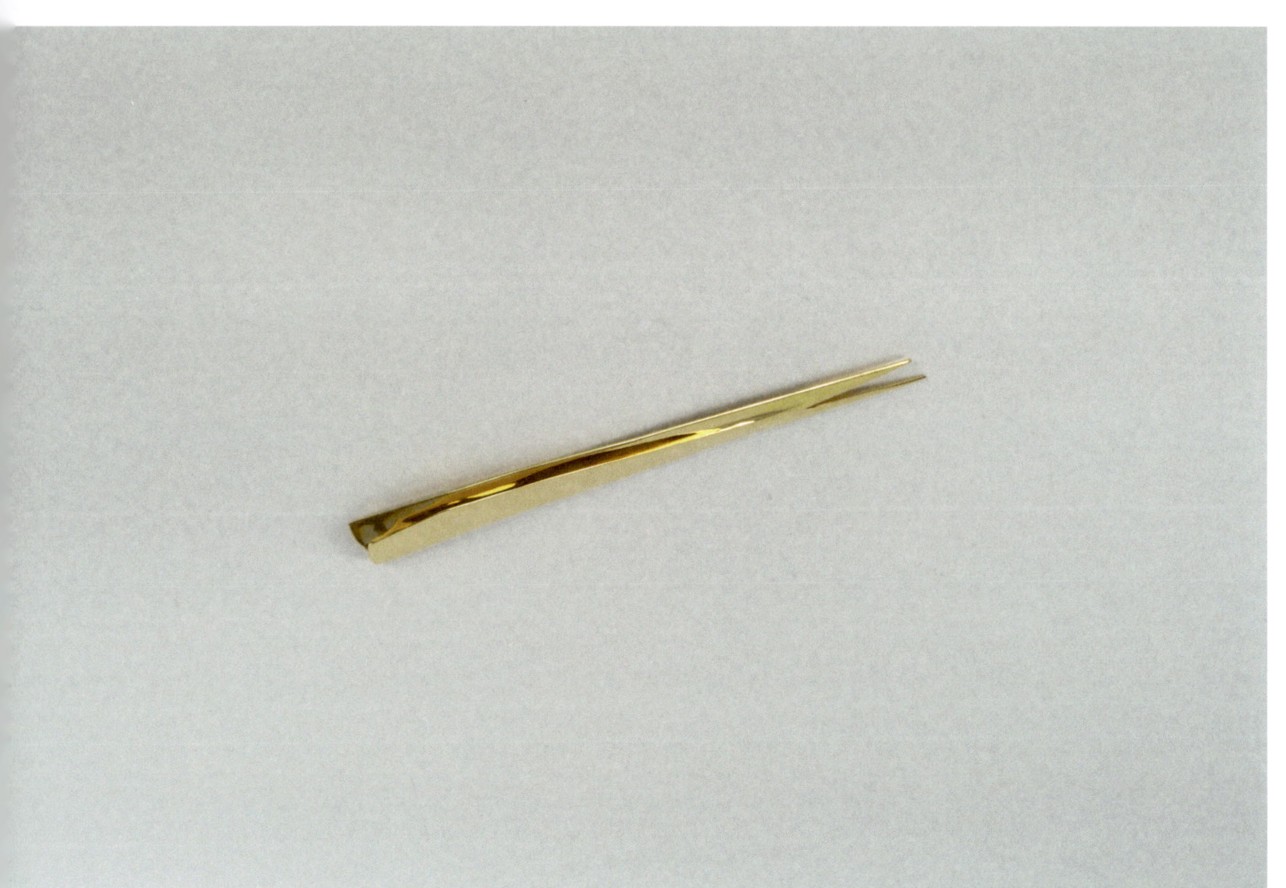

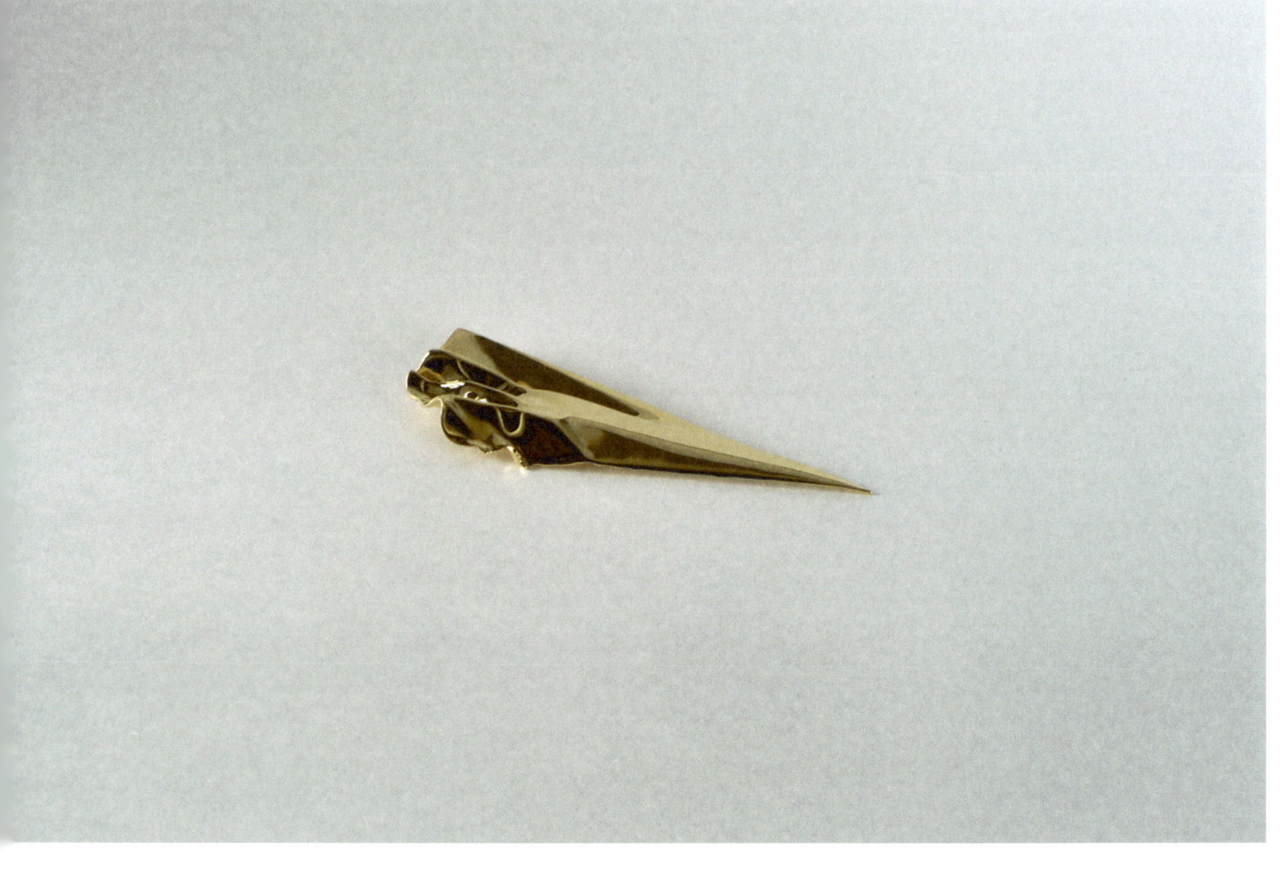

El instante I　　　　　瞬間 I　　　　　The Instant I

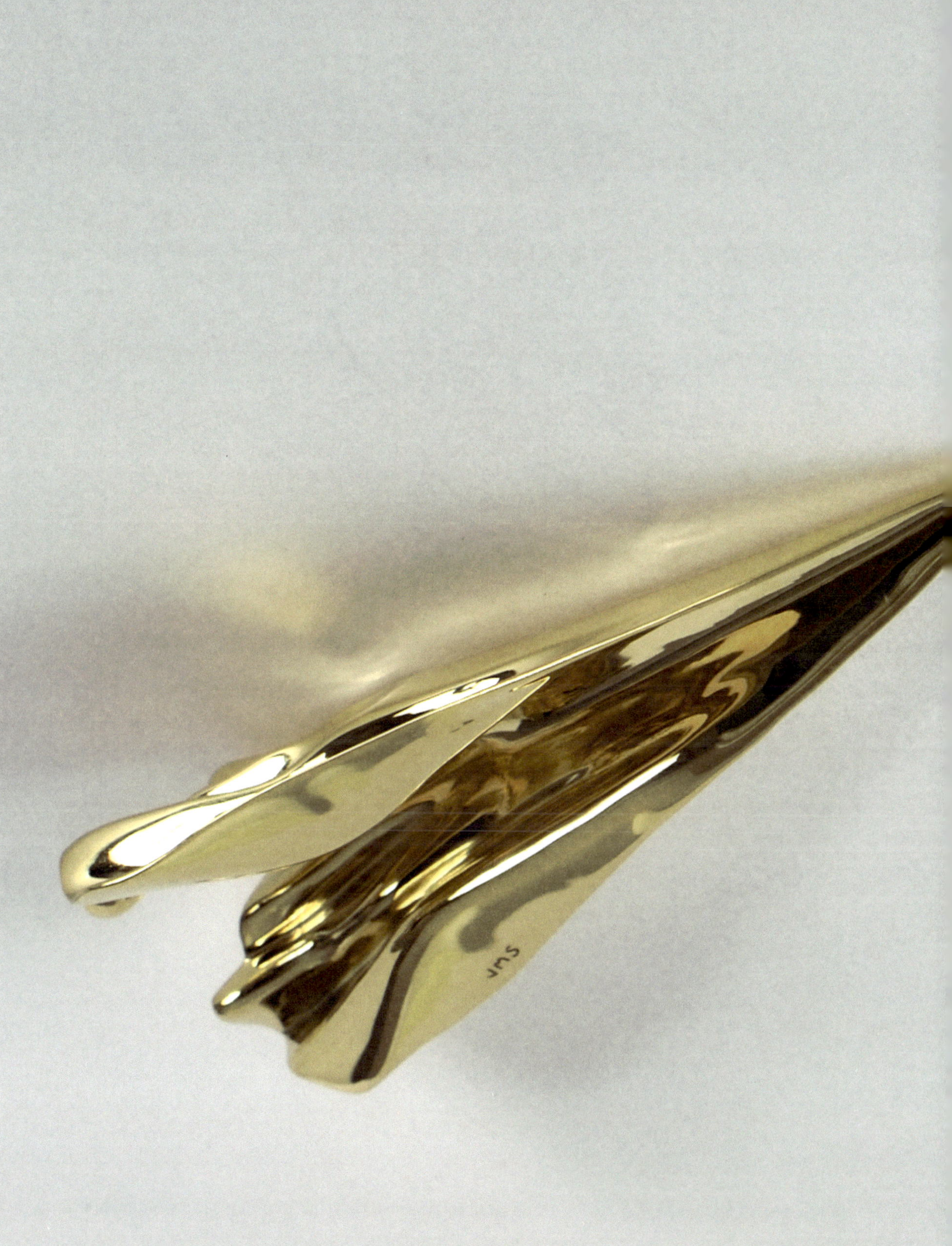

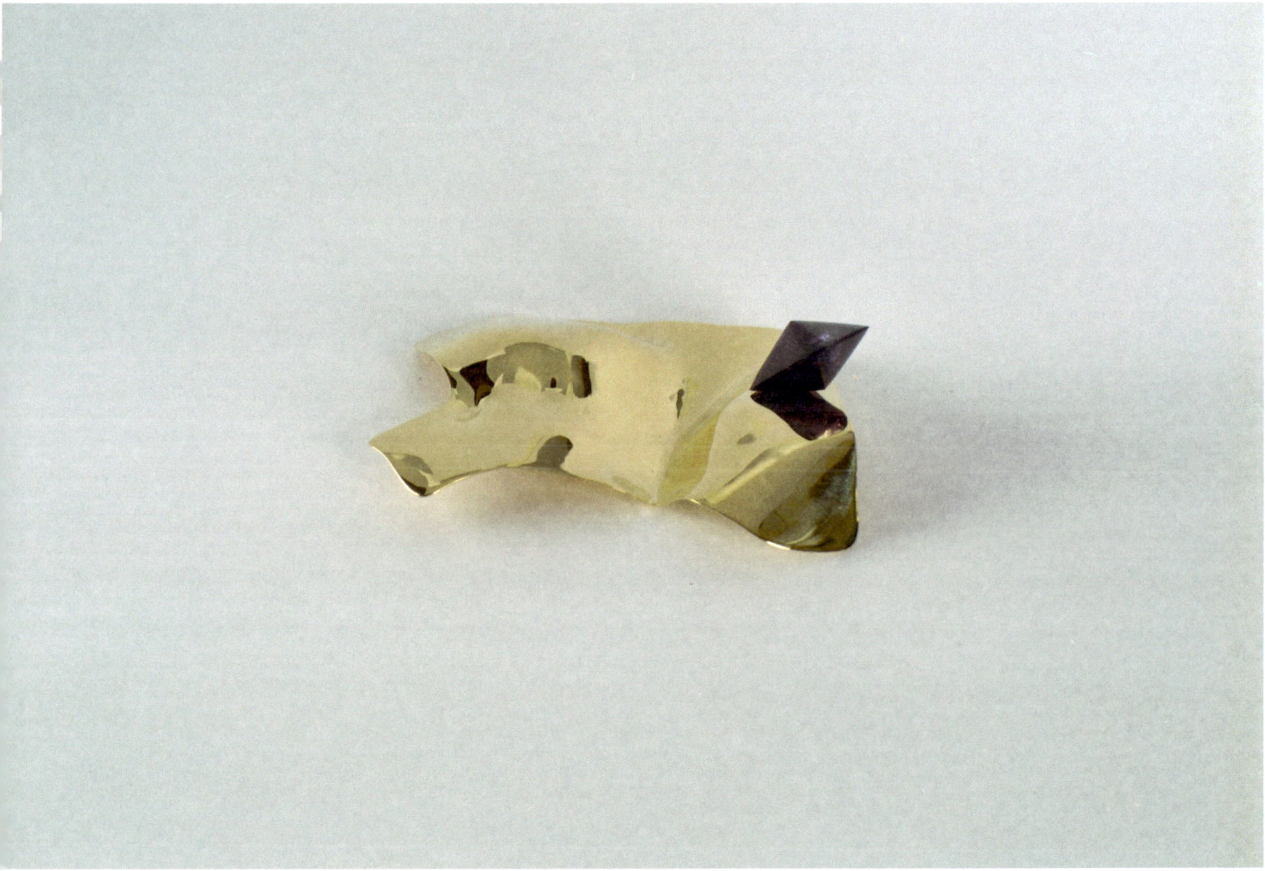

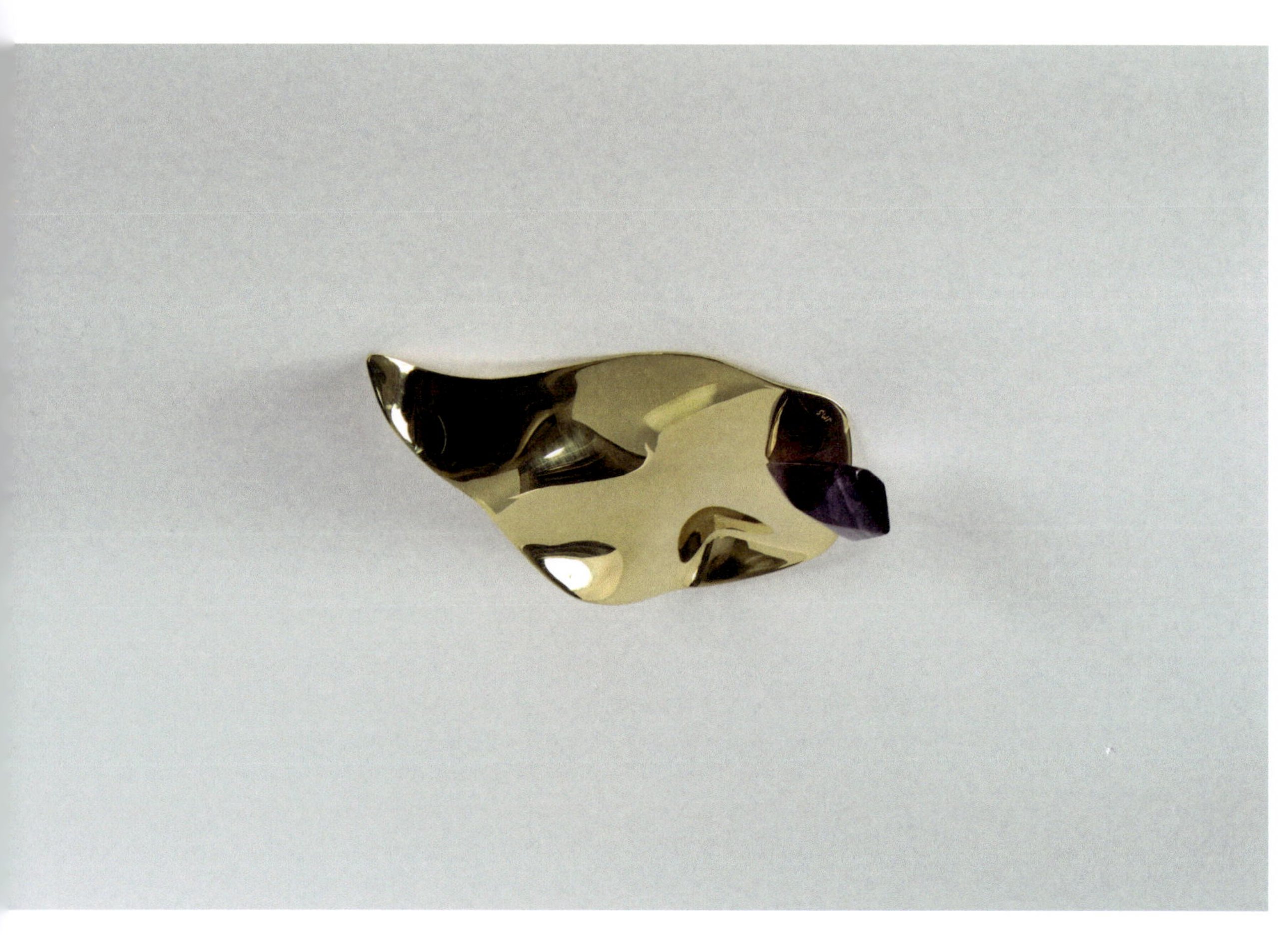

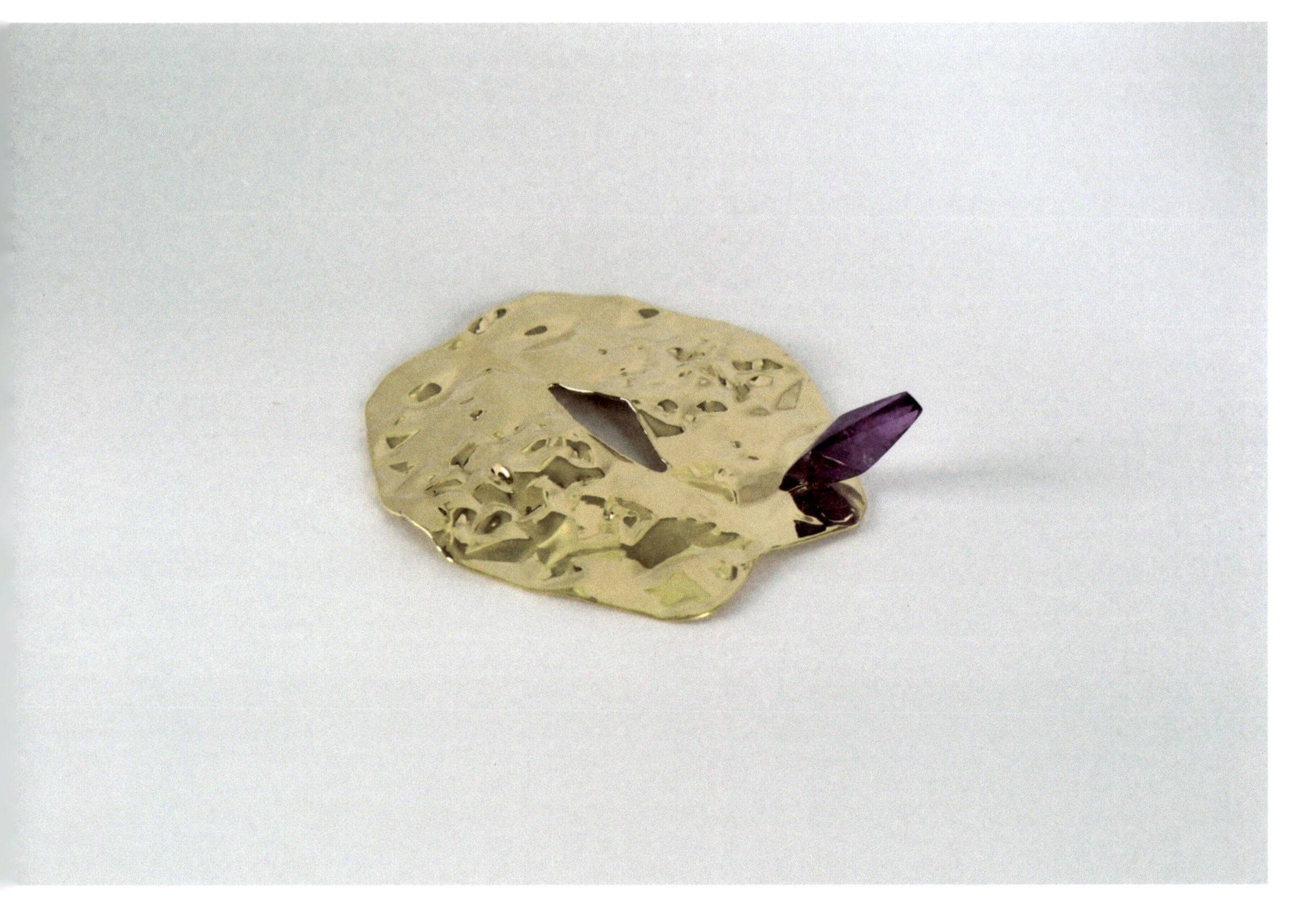

瞬間 I

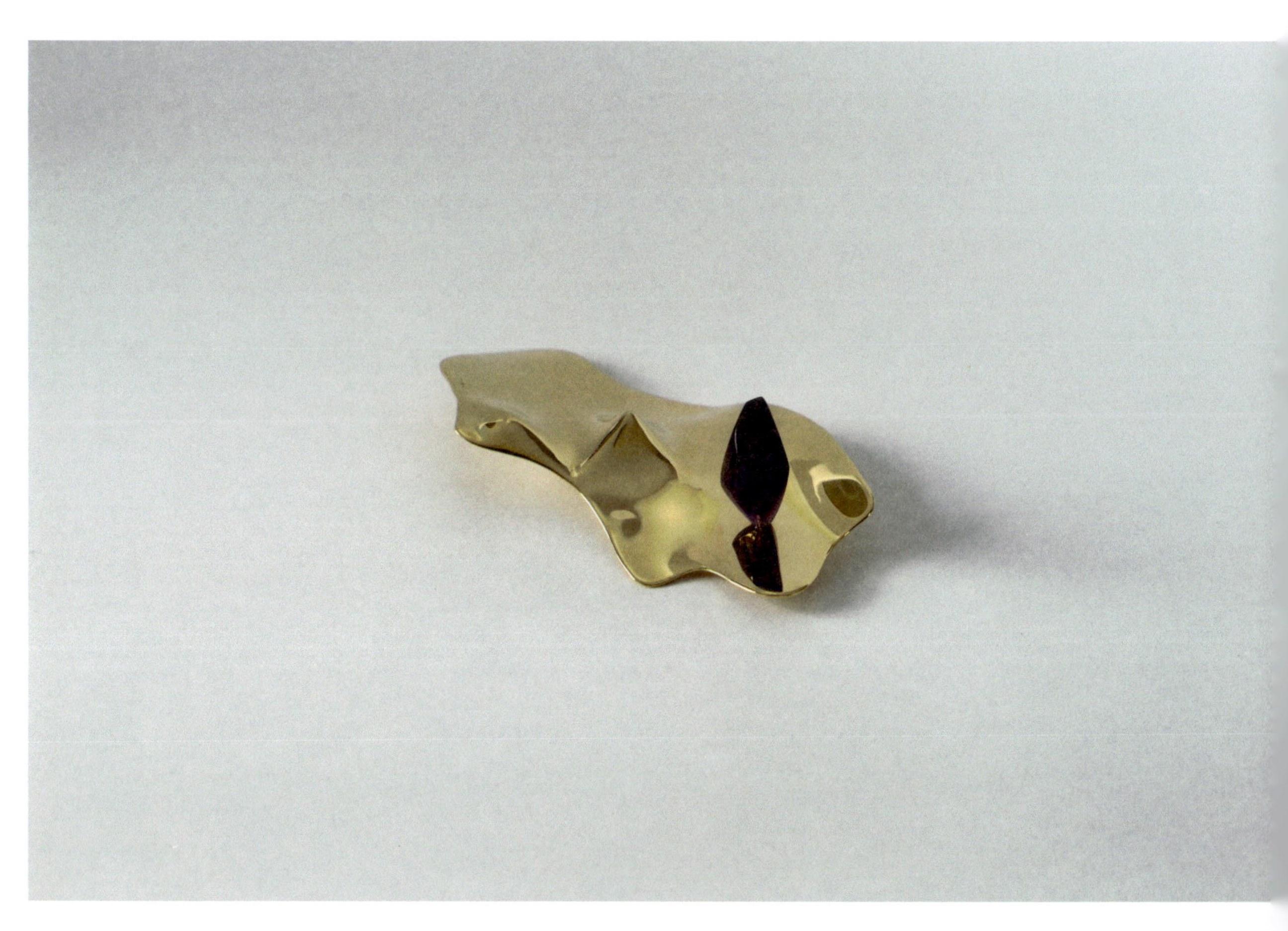

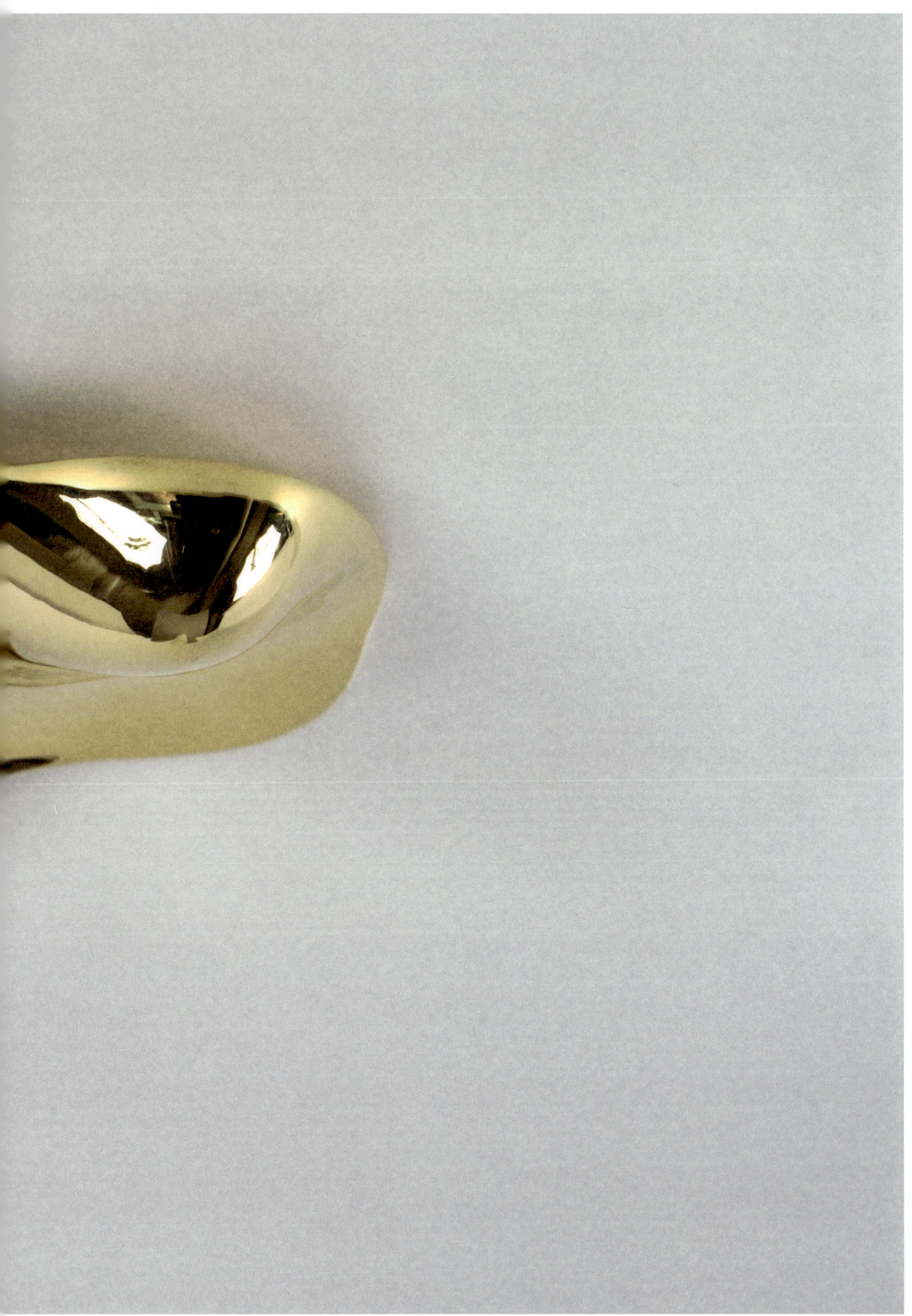

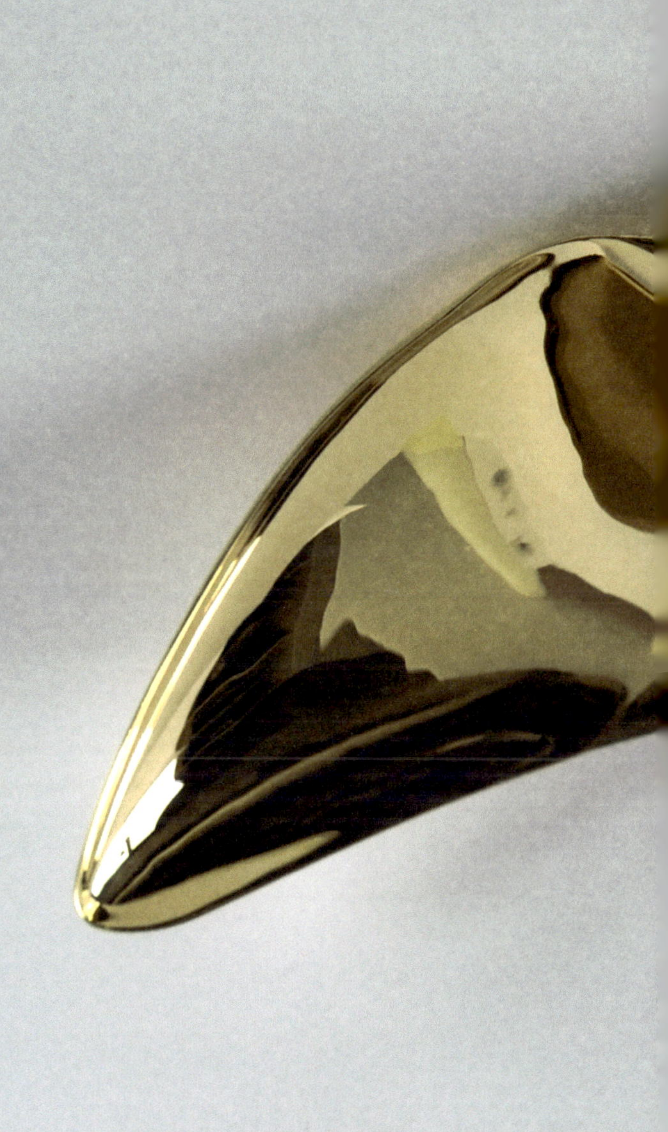

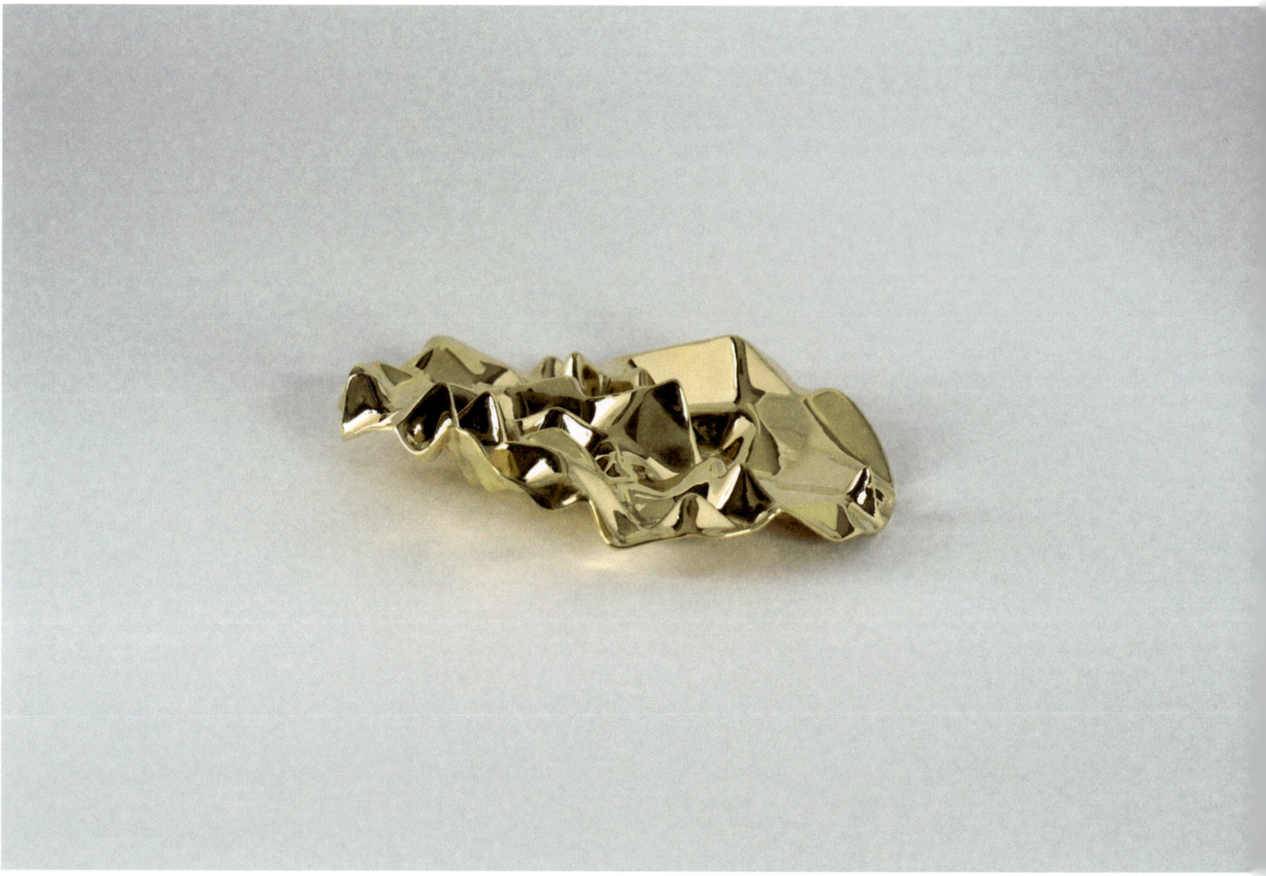

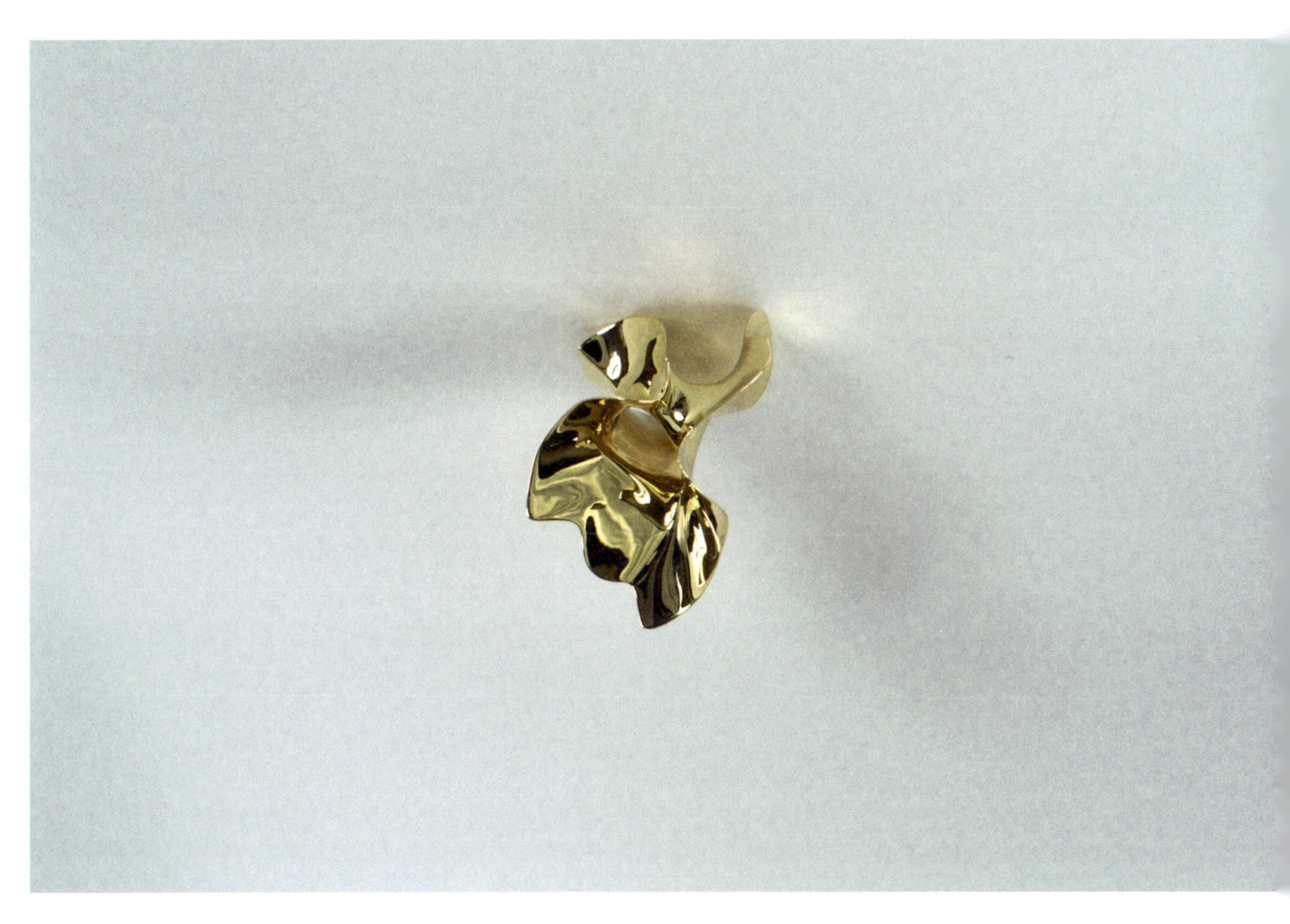
The Instant | 觀照 | El instante

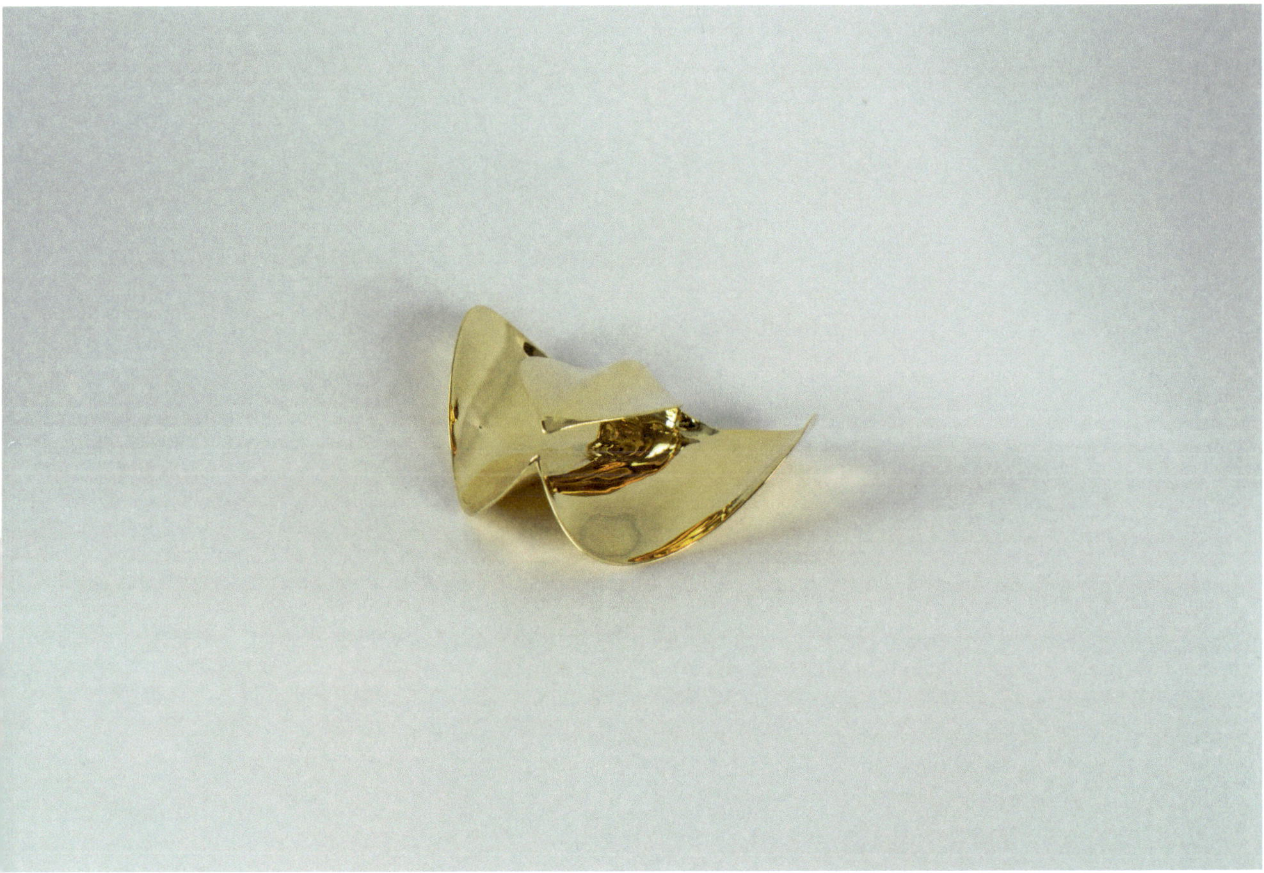

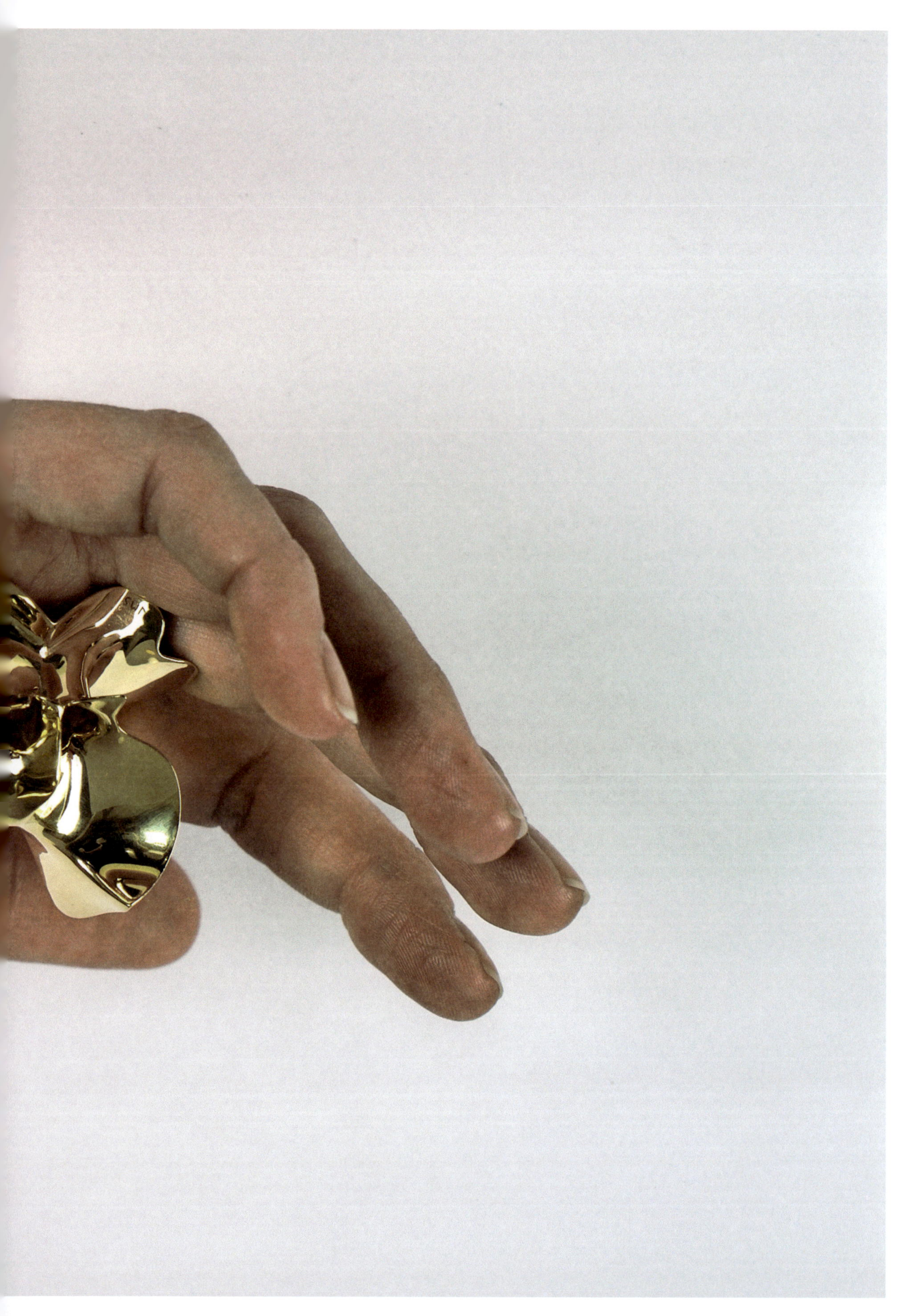

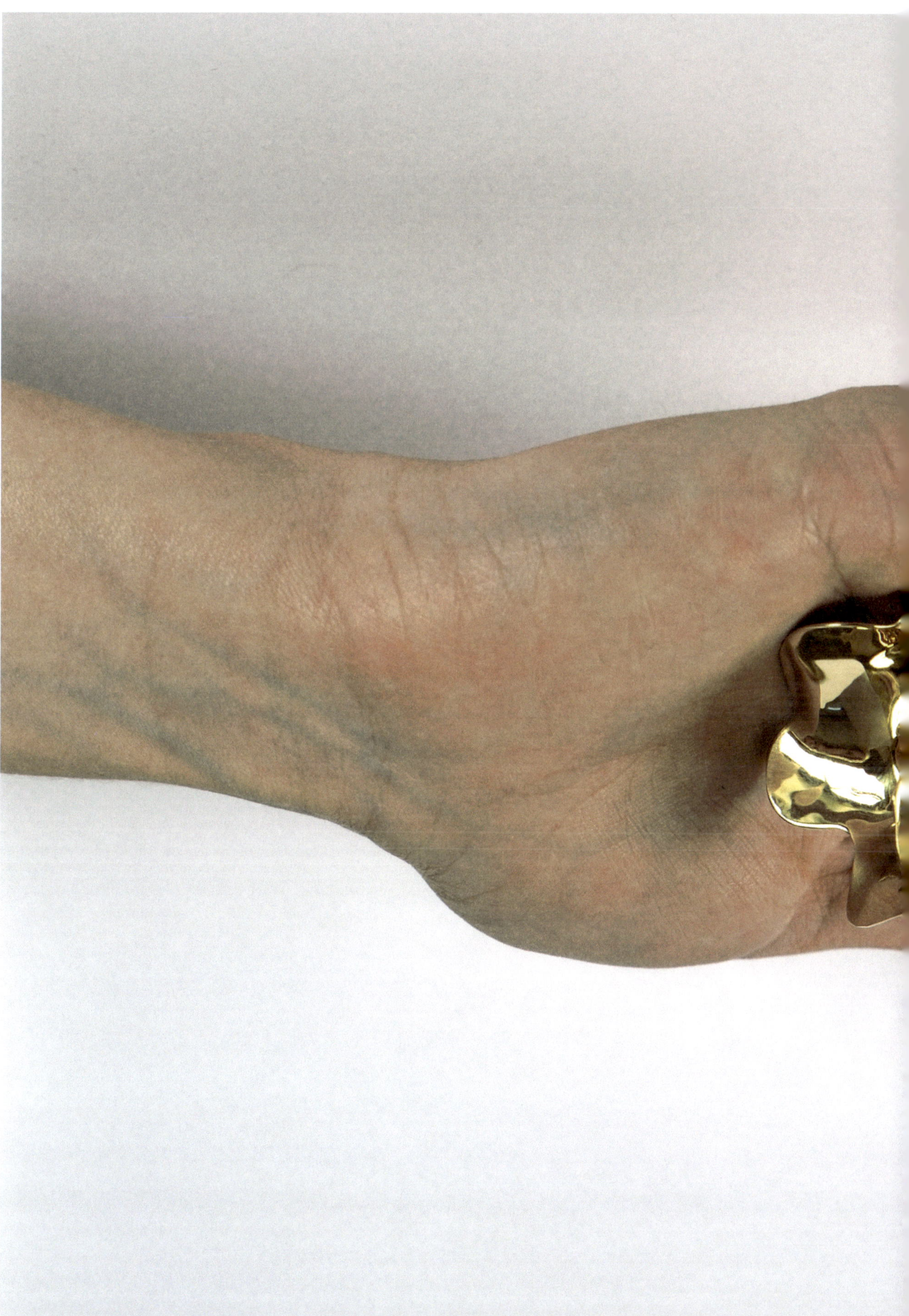

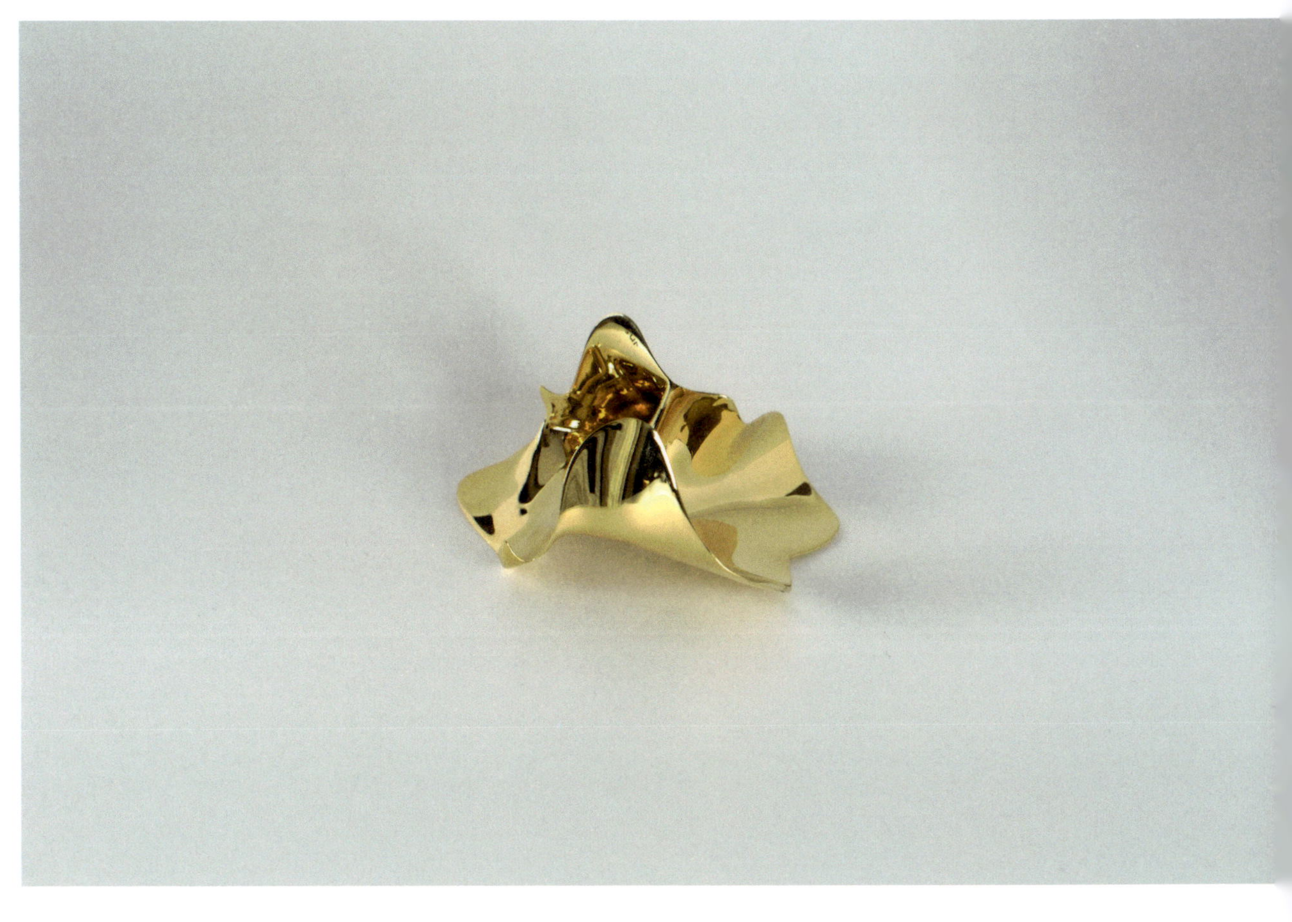

El instante I   瞬間 I   The Instant I

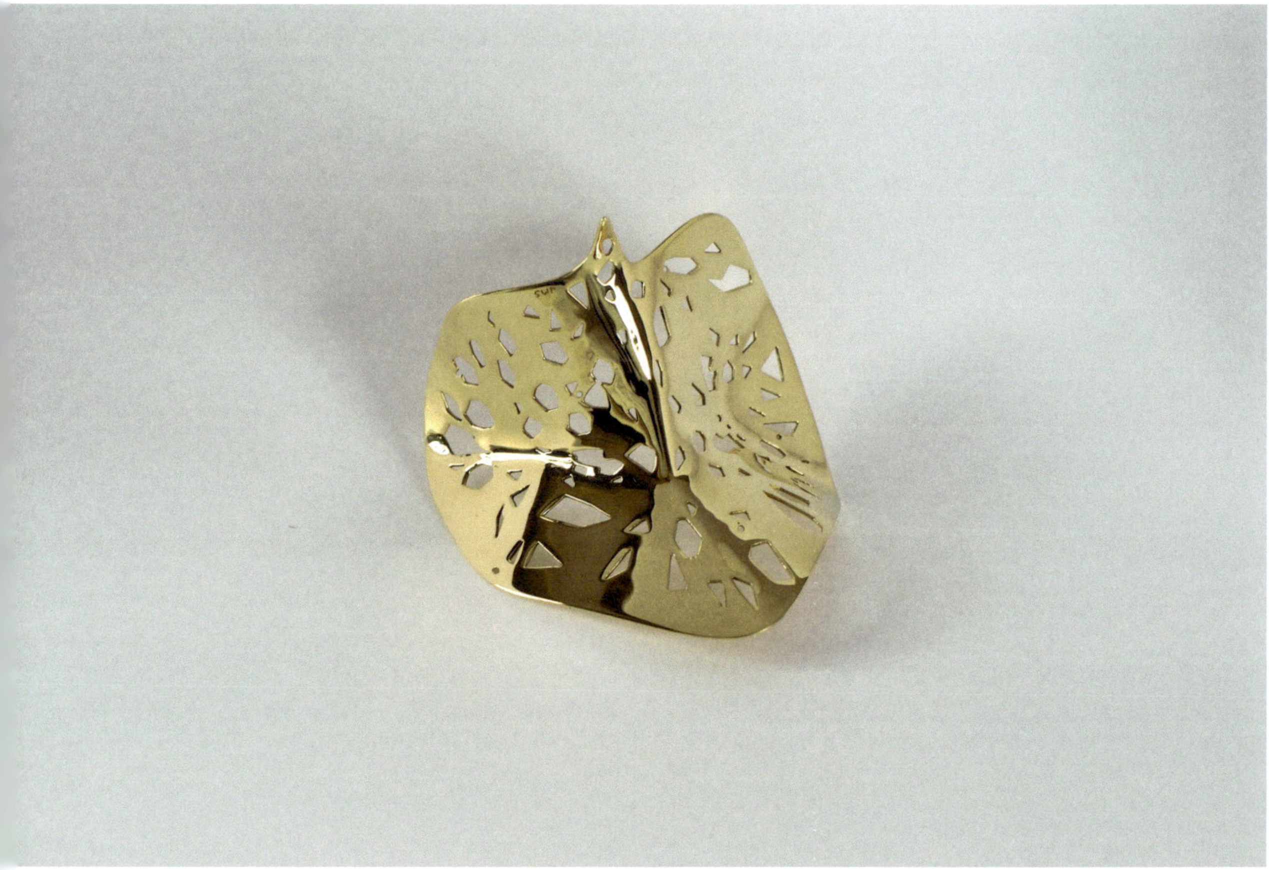

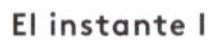

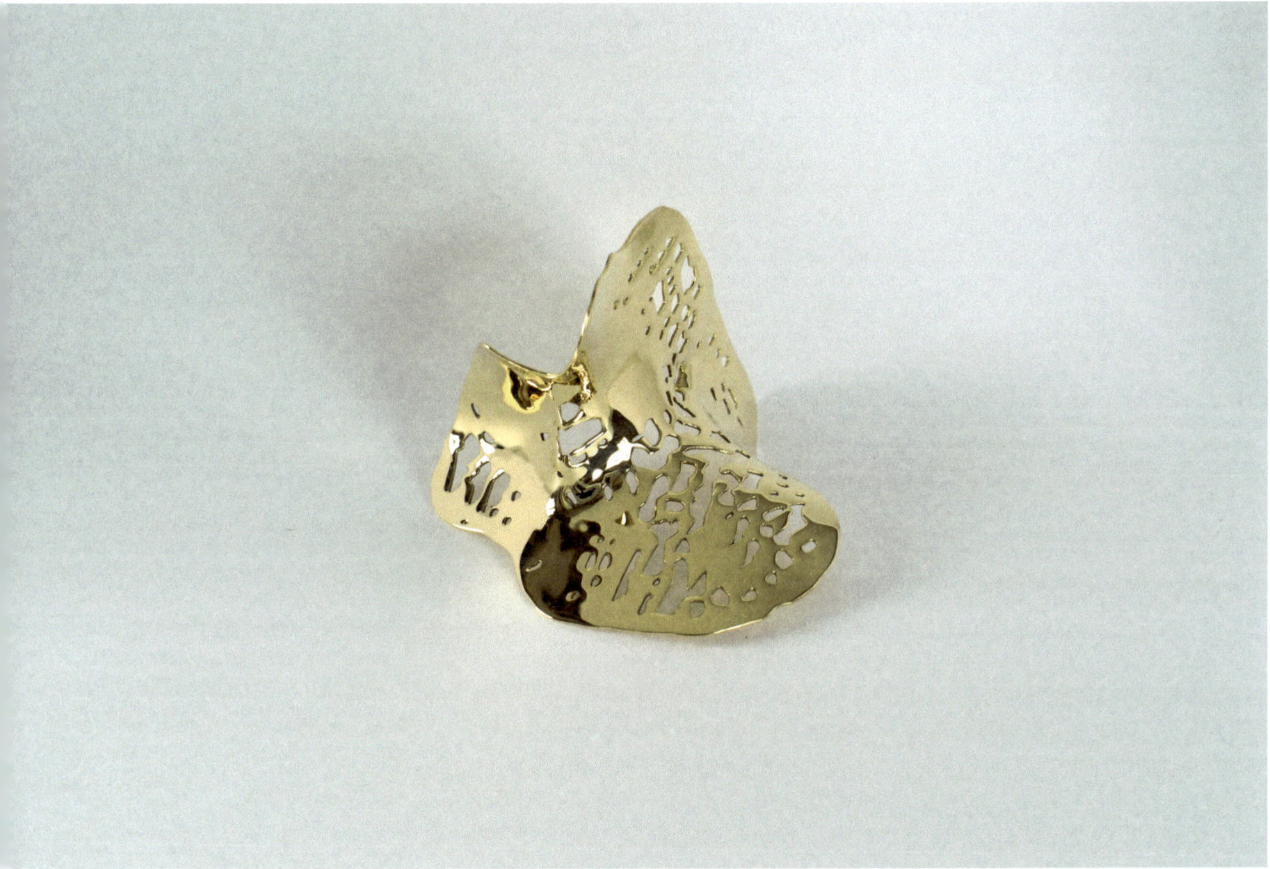

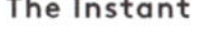
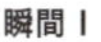
El instante I   瞬間 I   The Instant I

El instante I   瞬間 I   The Instant I

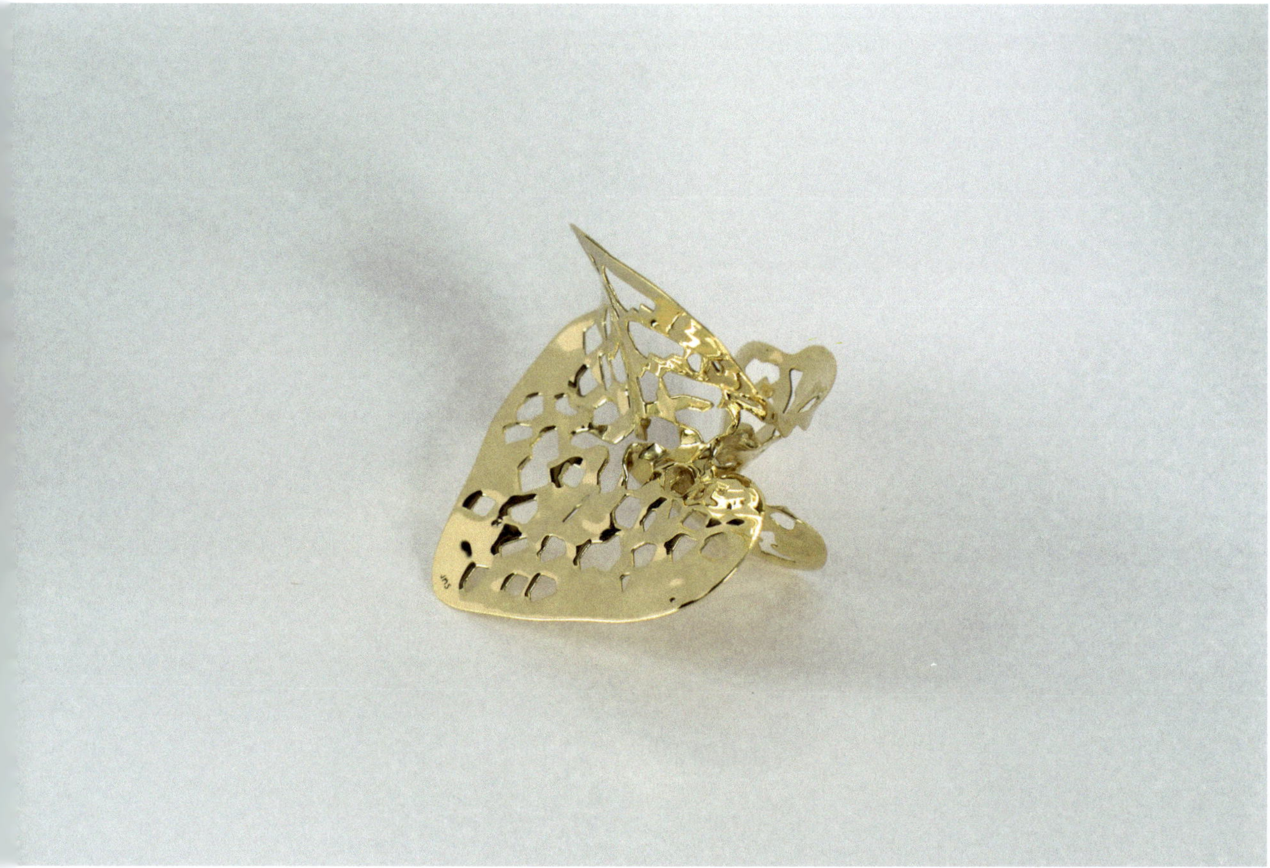

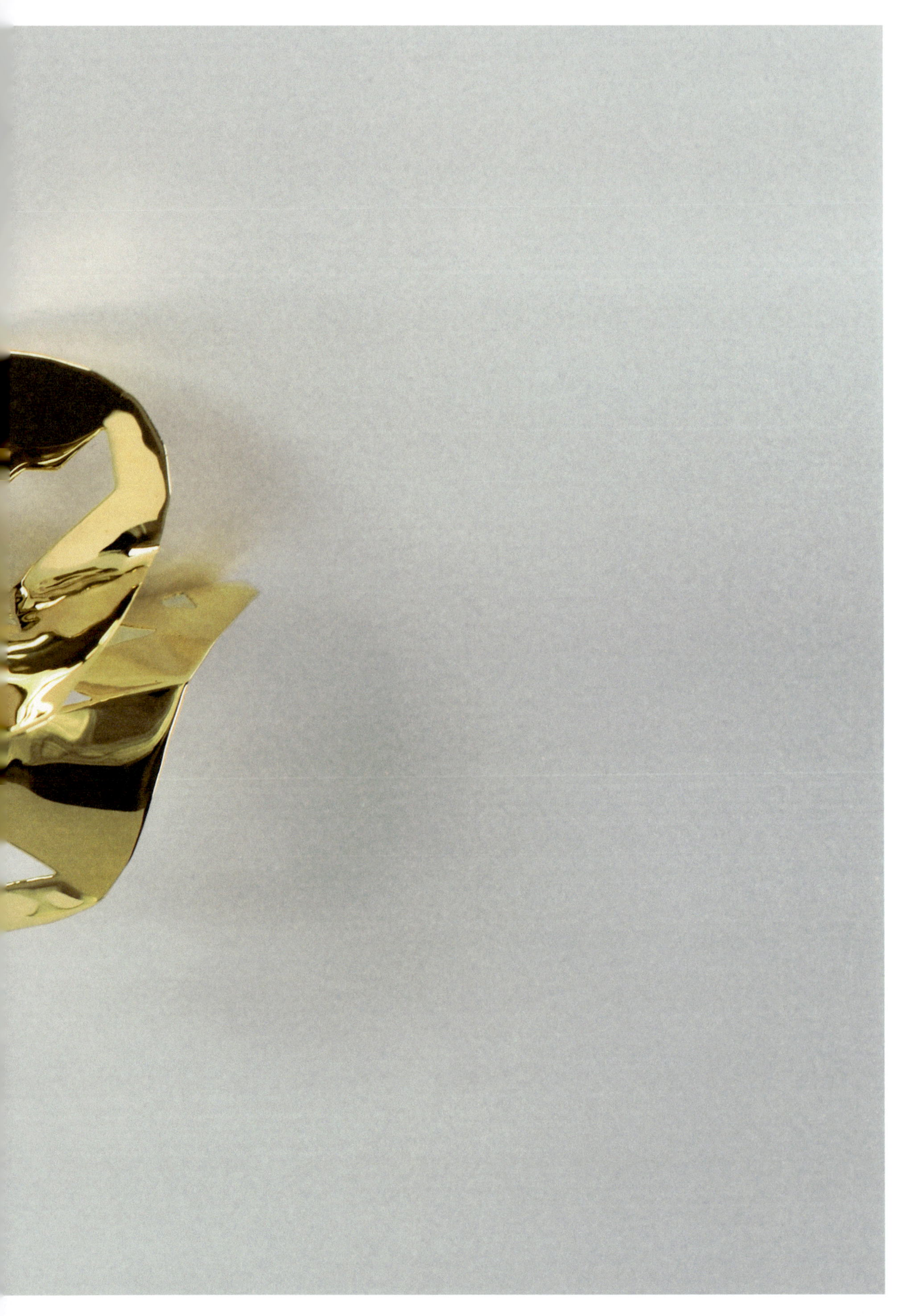

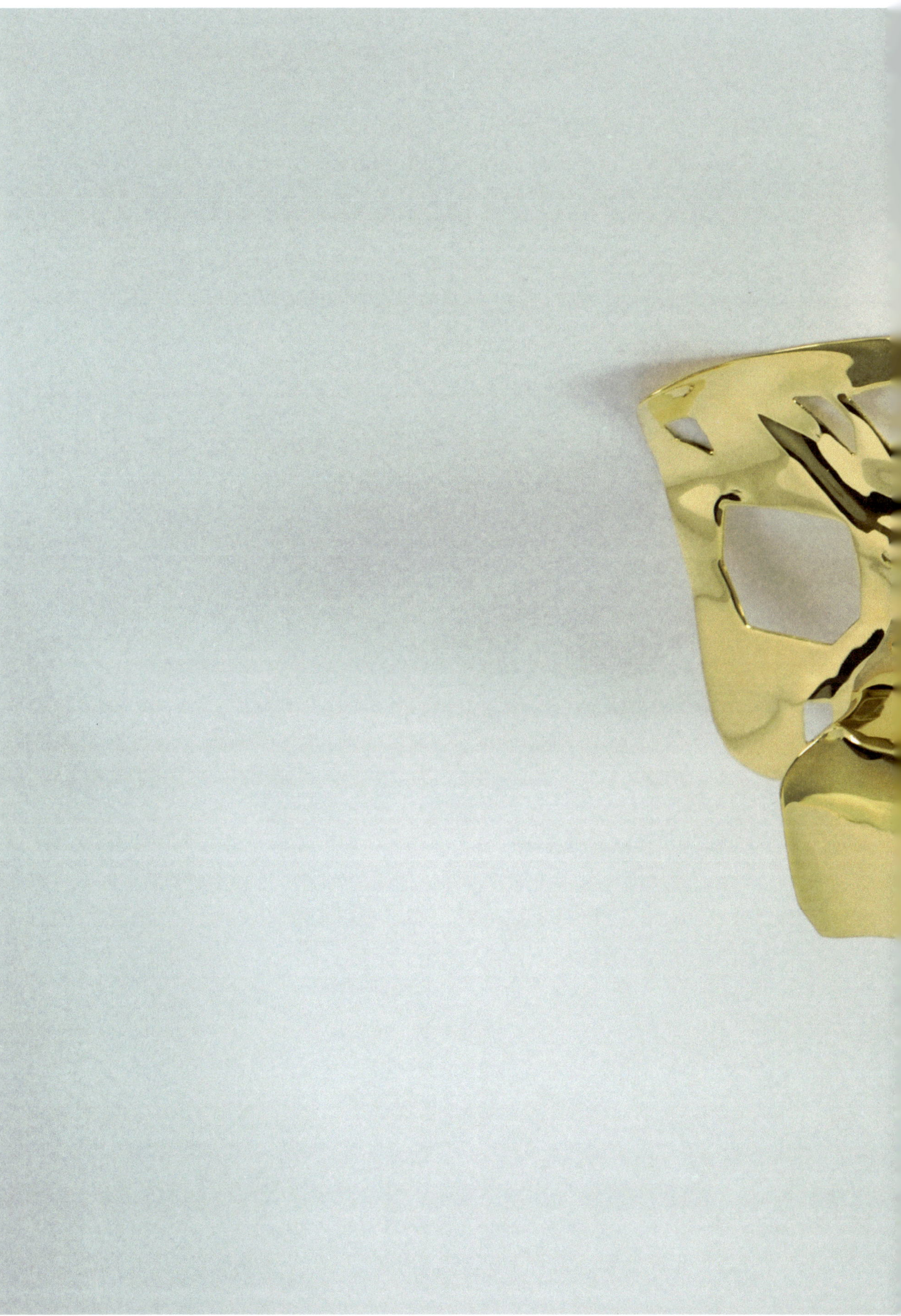

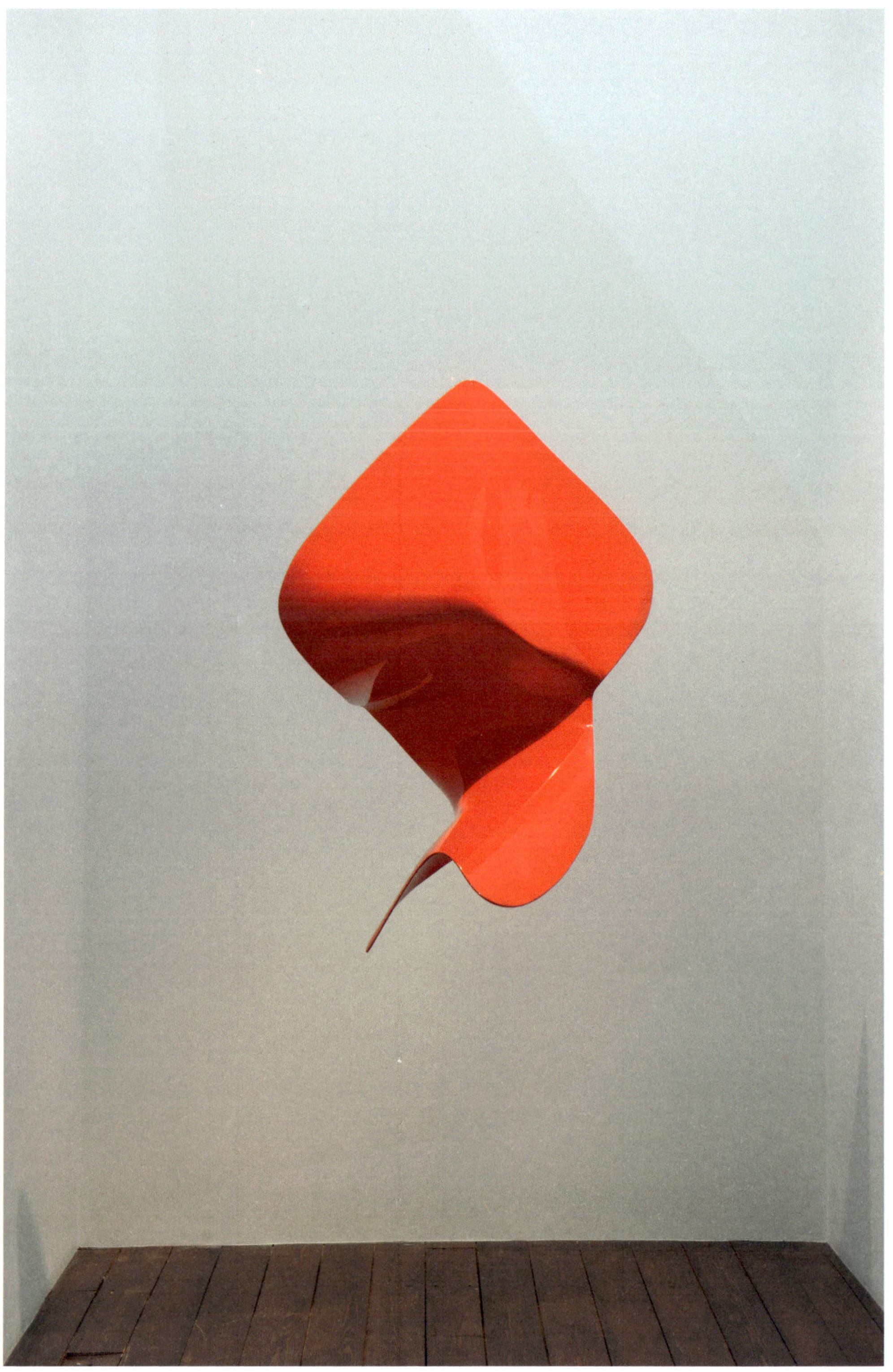

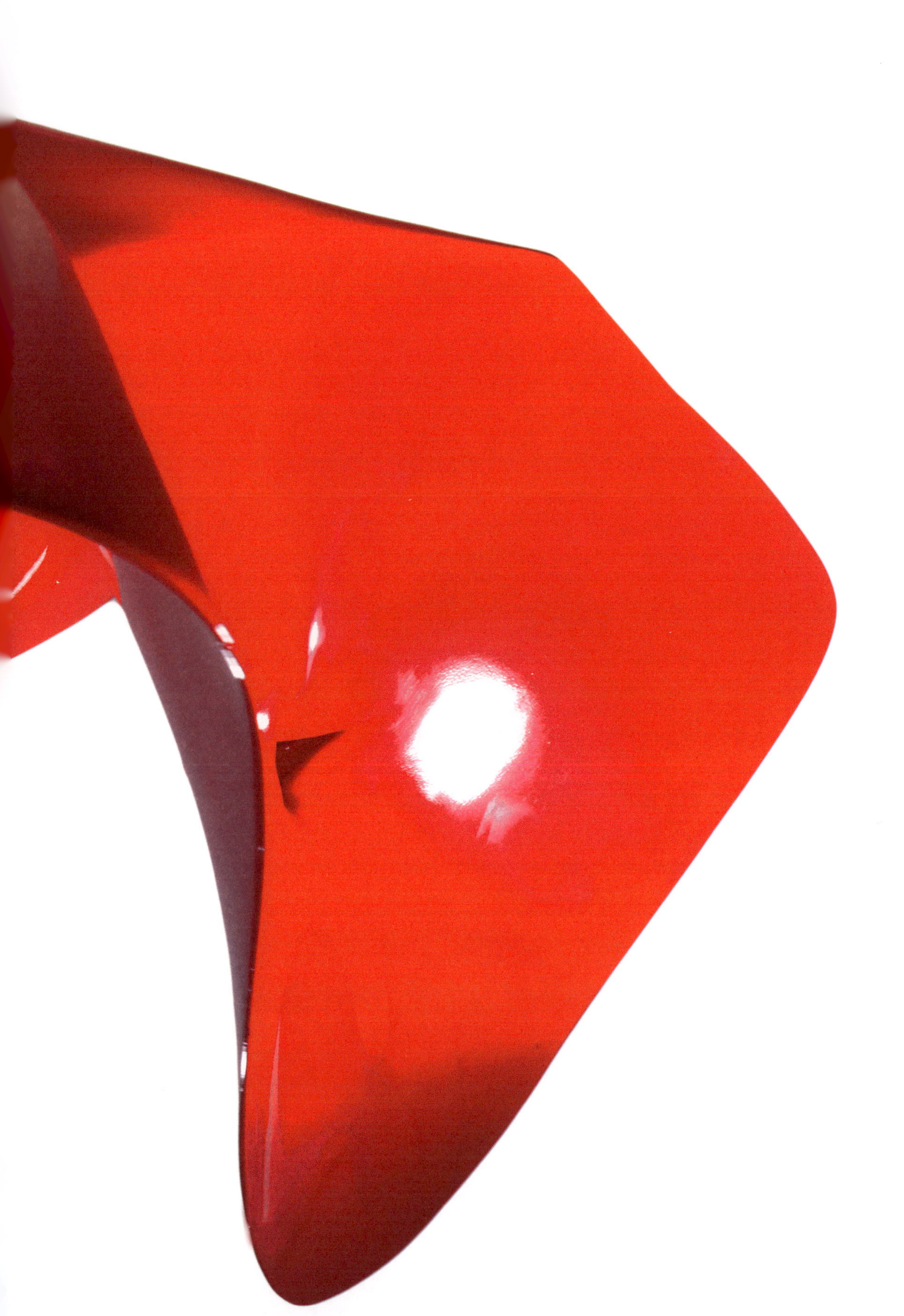

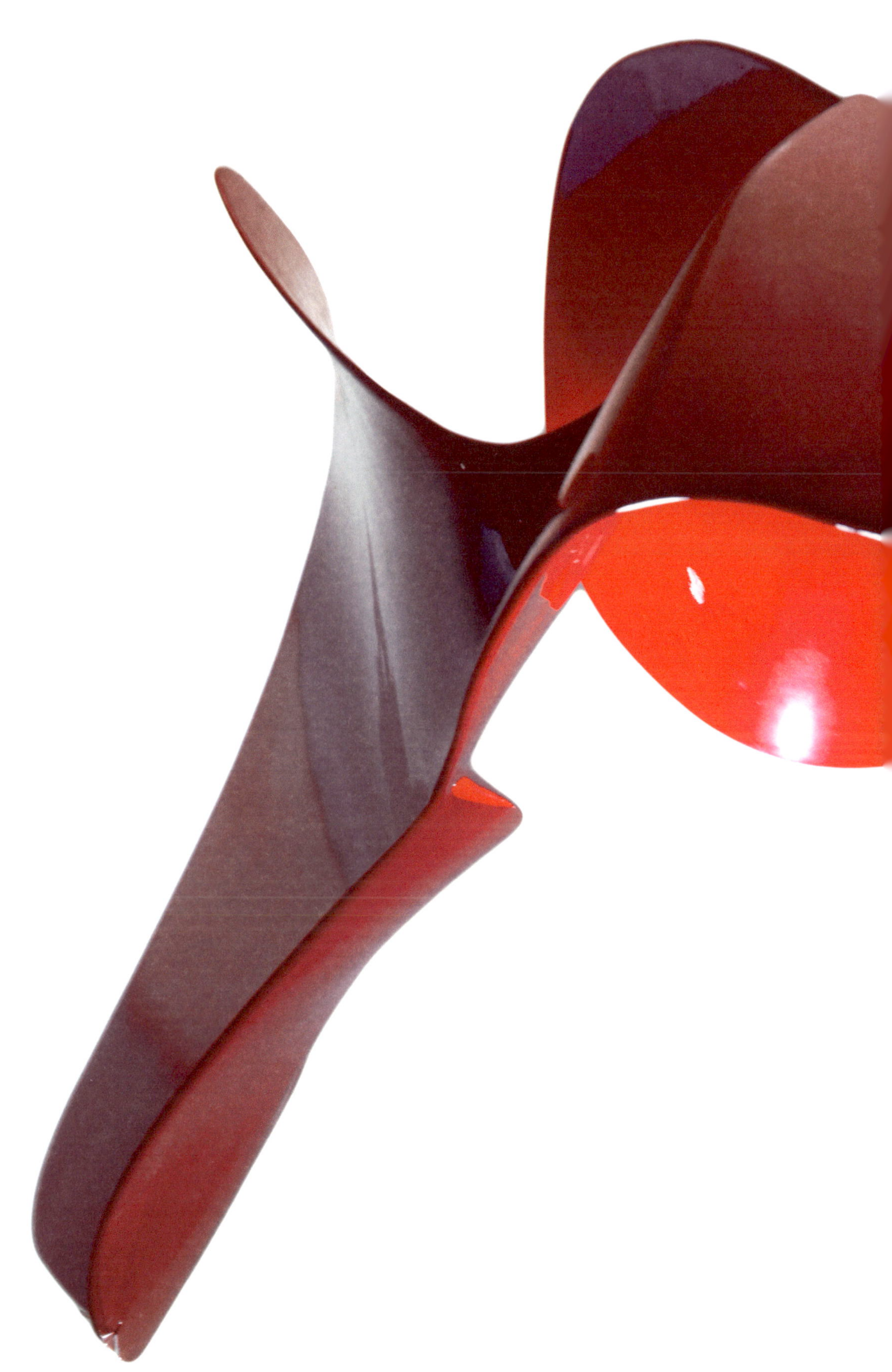

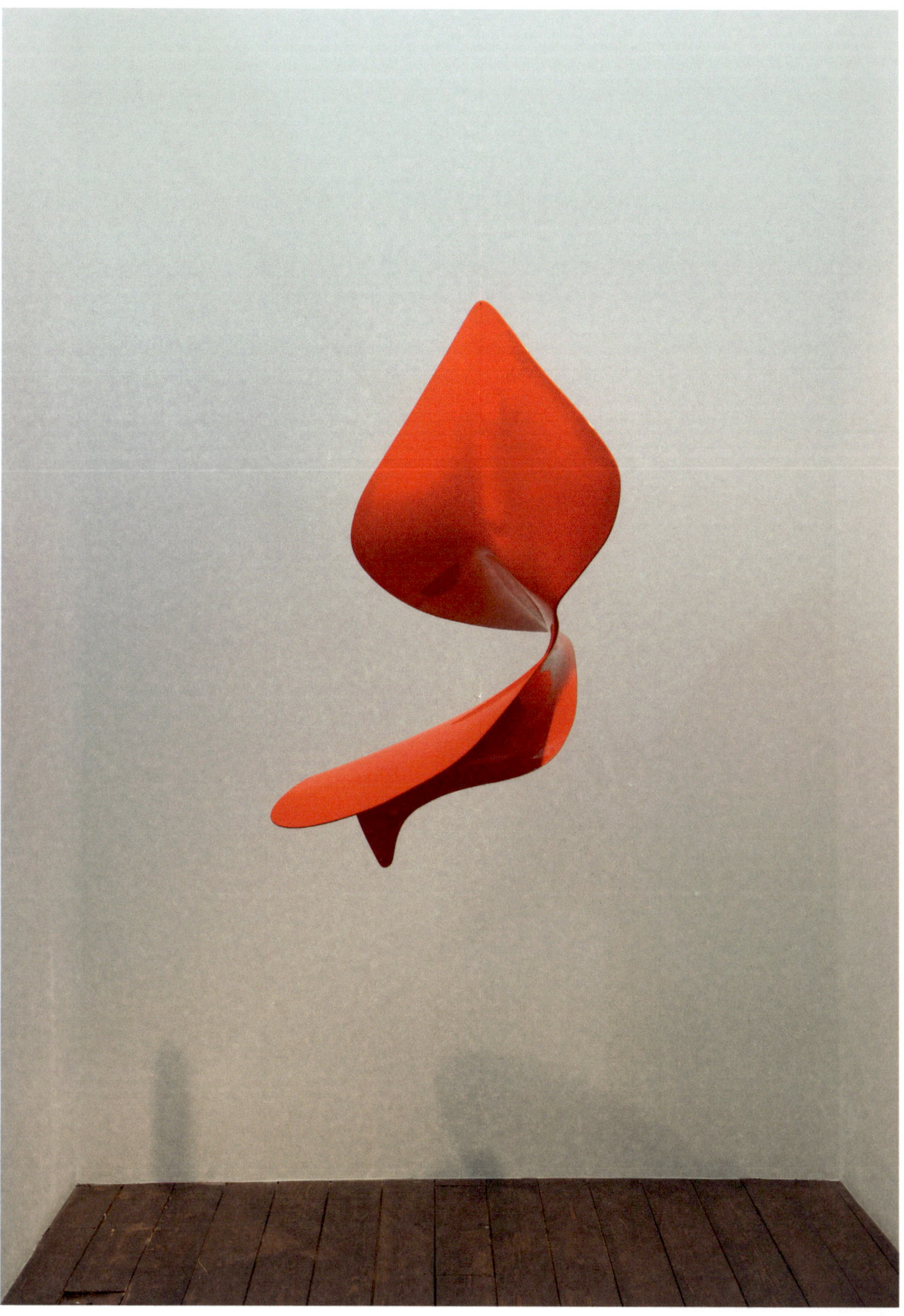
El instante I
瞬間 I
The Instant I

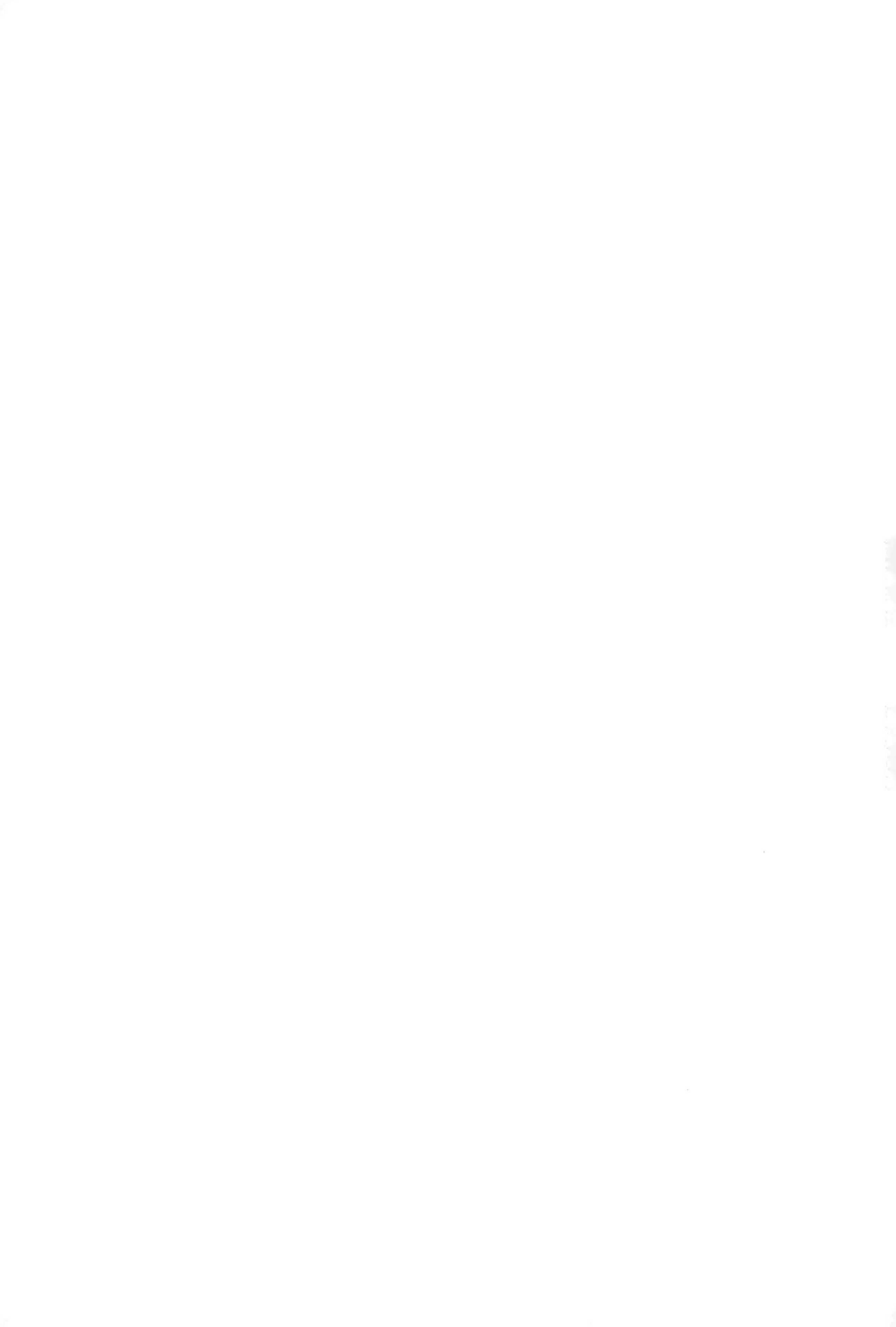

El instante II

瞬間 II

The Instant II

El instante II, 2013
Tinta sobre papel japonés
213 x 152 cm

Una geometría de octógonos inscribiéndose los unos en los otros, los diferentes cantos que la habitan están representados por sonogramas, verdadera huella de sonidos emitidos por los pájaros, permitiendo visualizarlos, el octógono es una representación del pájaro, símbolo del alma, del renacimiento en el mundo occidental y oriental.*

La geometría proyecta el tiempo, el canto hace retroceder el espacio delante de mí, el canto del pájaro es el instante, solamente el instante, un lugar al cual nadie vuelve, no hay pasado ni futuro. Este instante es una plenitud, sabemos que existimos, nos da de comer y nos come al mismo tiempo, es la consciencia de nuestra soledad, es antes del lenguaje.

Más muerto que la muerte es el canto de pájaro que viene de desaparecer. La duración del canto del pájaro está hecha de instantes sin duración, su duración es la vida. El canto del pájaro inmoviliza el tiempo. Exprime el éxtasis, nos devuelve la unidad perdida.

Este tiempo no transcurre, surge, surgir es salir del ser.

______

* Ver *Ruqbihanbaku,* Ibn Sina, los tapices de Anatolia Occidental de los siglos (XVI-XVI), los tapices llamados de Holbein y algunos tapices de plegarias

瞬間 II 2013年作
インク、和紙
213 x 152 cm

八角形を形成するそれぞれの辺が、実際の小鳥の鳴き声による
ソノグラムで視覚化されている。この八角形は、西洋と東洋にお
ける復活の魂の象徴として、鳥を表現したものである。

幾何が時間を投影し、歌が空間を押し退け、鳥の声は、誰も立ち
戻ることのない過去も未来もないところ、すなわち瞬間を表して
いる。この瞬間は絶頂であり、私たちに自身の存在を認識させ、
私たちを豊かにすると同時に貧しくもする。また、この瞬間は、私
たちの孤独の意識であり、言葉以前のものでもある。

死よりもはかないものは、遠のく鳥の声。その声は、瞬時という形
で表現され、その一瞬が生命を意味する。鳥の声は時を止める。
私たちをうっとりさせ、失ったものを取り戻させてくれる。

時間は流れるものではなく湧き出てくる。湧き出るということは、
本質から始まるということである。

---

* 16世紀から17世紀にかけてのアナトリア、トルコ共和国のアジア領を構成する半島のタペ
ストリーRuqbihanbaku（ラクビハンバク）とIbn Sina（イブン・スウィナー）、Holbein（ホ
ルベイン）と呼ばれるタペストリーと祈りのタペストリー参照。

The Instant II, 2013
Ink on Japanese paper
213 x 152 cm

A geometry of octagons inscribed one inside the other,
the various songs that inhabit it represented by sonograms,
a true soundprint emitted by birds, making it possible to
visualize them. The octagon is a representation of the bird,
the symbol of the soul, of rebirth in both the Western and
the Eastern worlds.*

Geometry projects time, the song makes space recede before
me. Birdsong is the moment, just the moment, a place to
which no one returns, where there is neither past nor future.
That moment is a fullness; we know that we exist, it gives
us something to eat yet eats us at the same time. It is the
awareness of our solitude; it exists prior to language.

More dead than death is the song of the bird that has just
vanished. The duration of a bird's song is made up of timeless
moments; their duration is life. The song of birds immobilizes
time. It wrings out ecstasy, it returns us to lost unity.

This time does not pass. It arises. To arise means to
emerge from being.

---

* See Avicenna, *Ruqbihanbaku*, Western Anatolian
tapestries from the sixteenth century, the so-called
Holbein rugs, and certain prayer tapestries

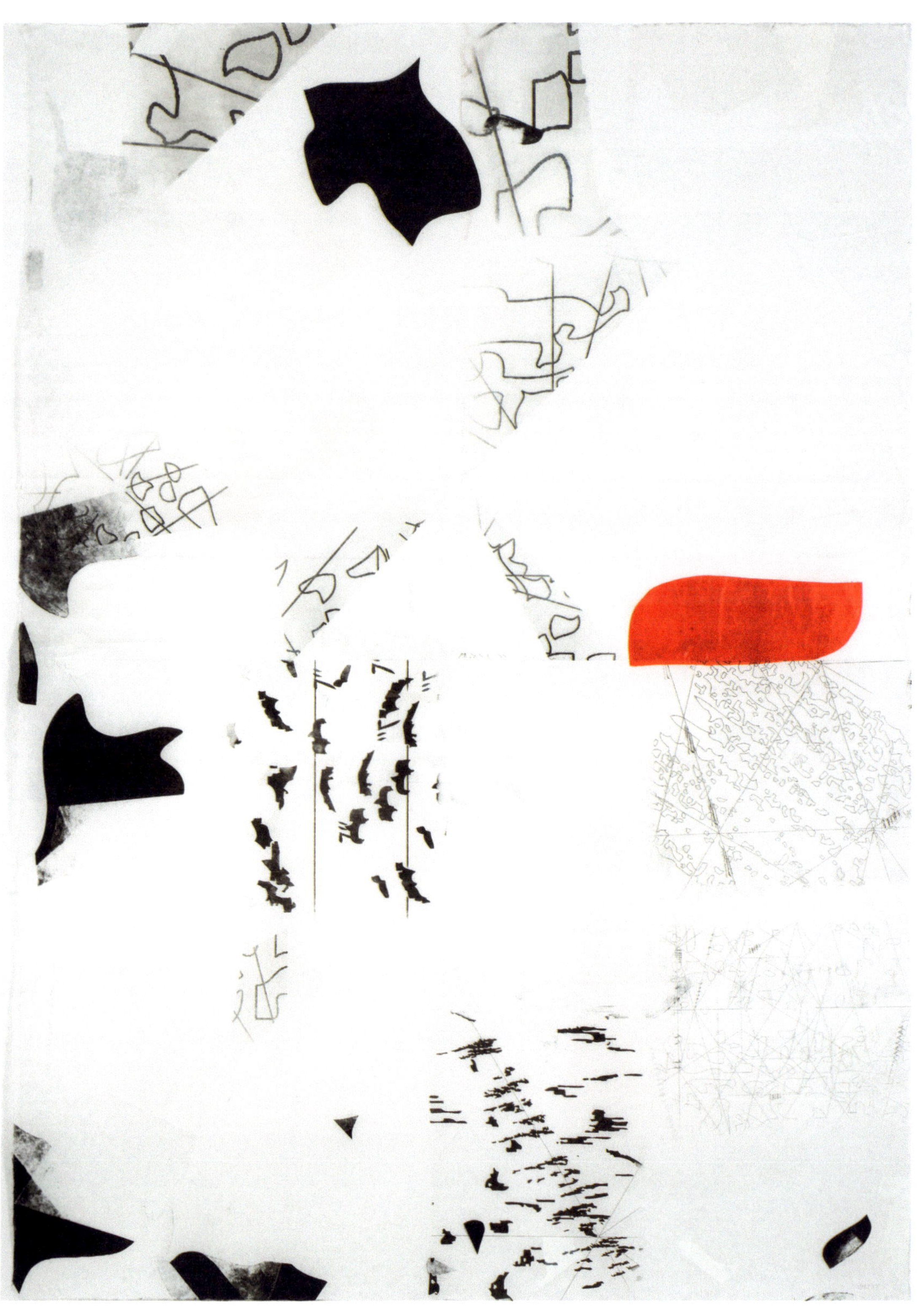

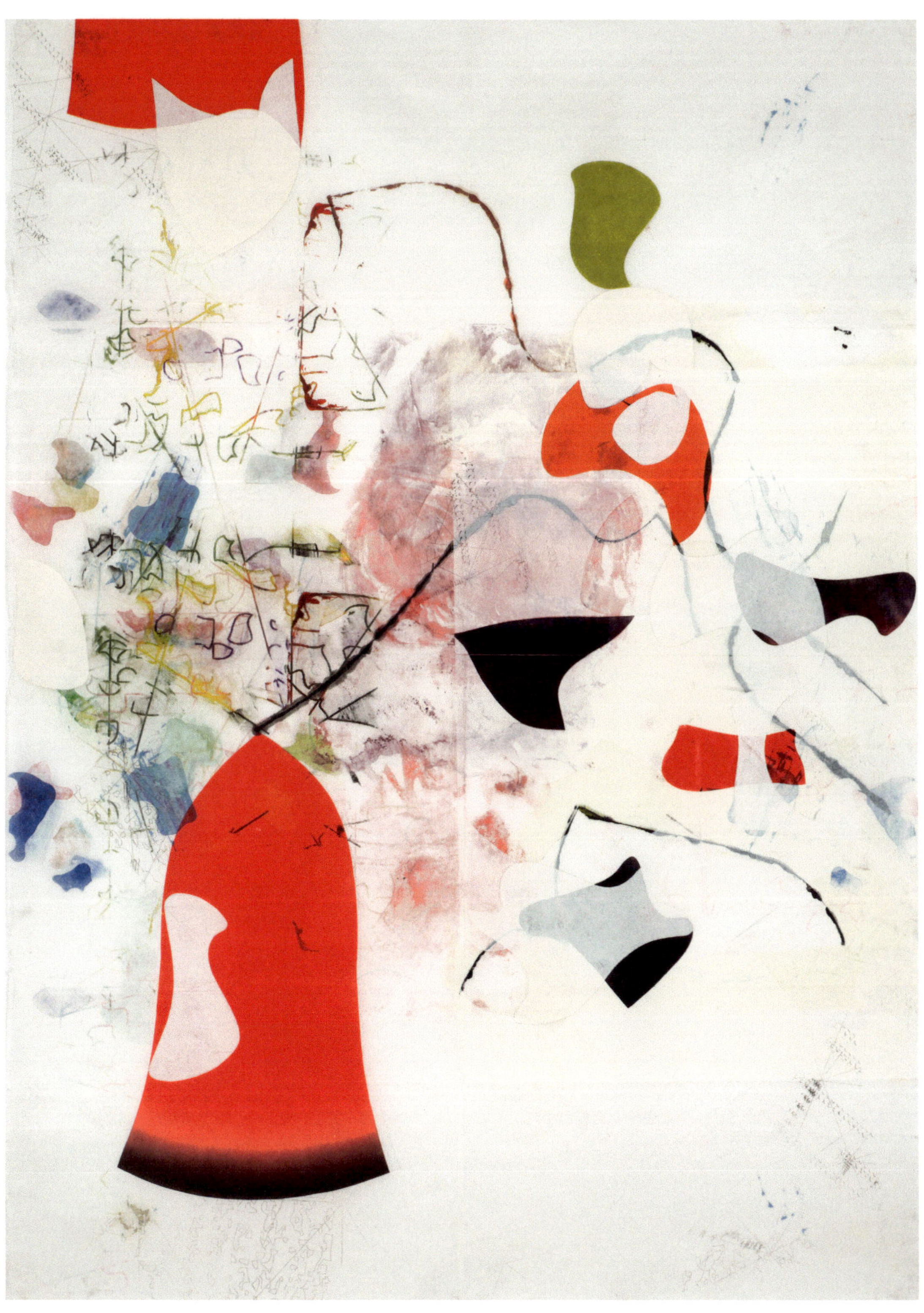

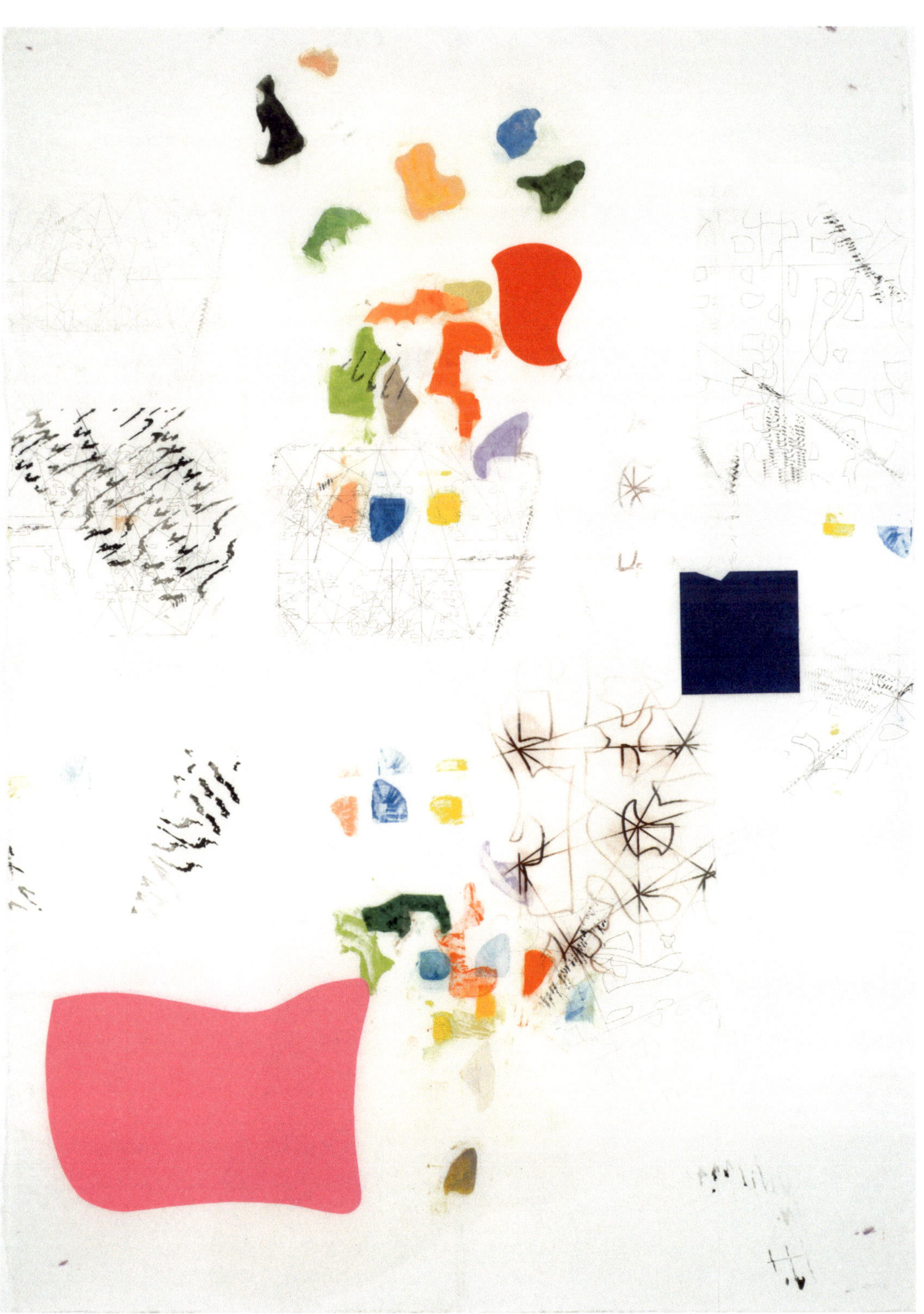

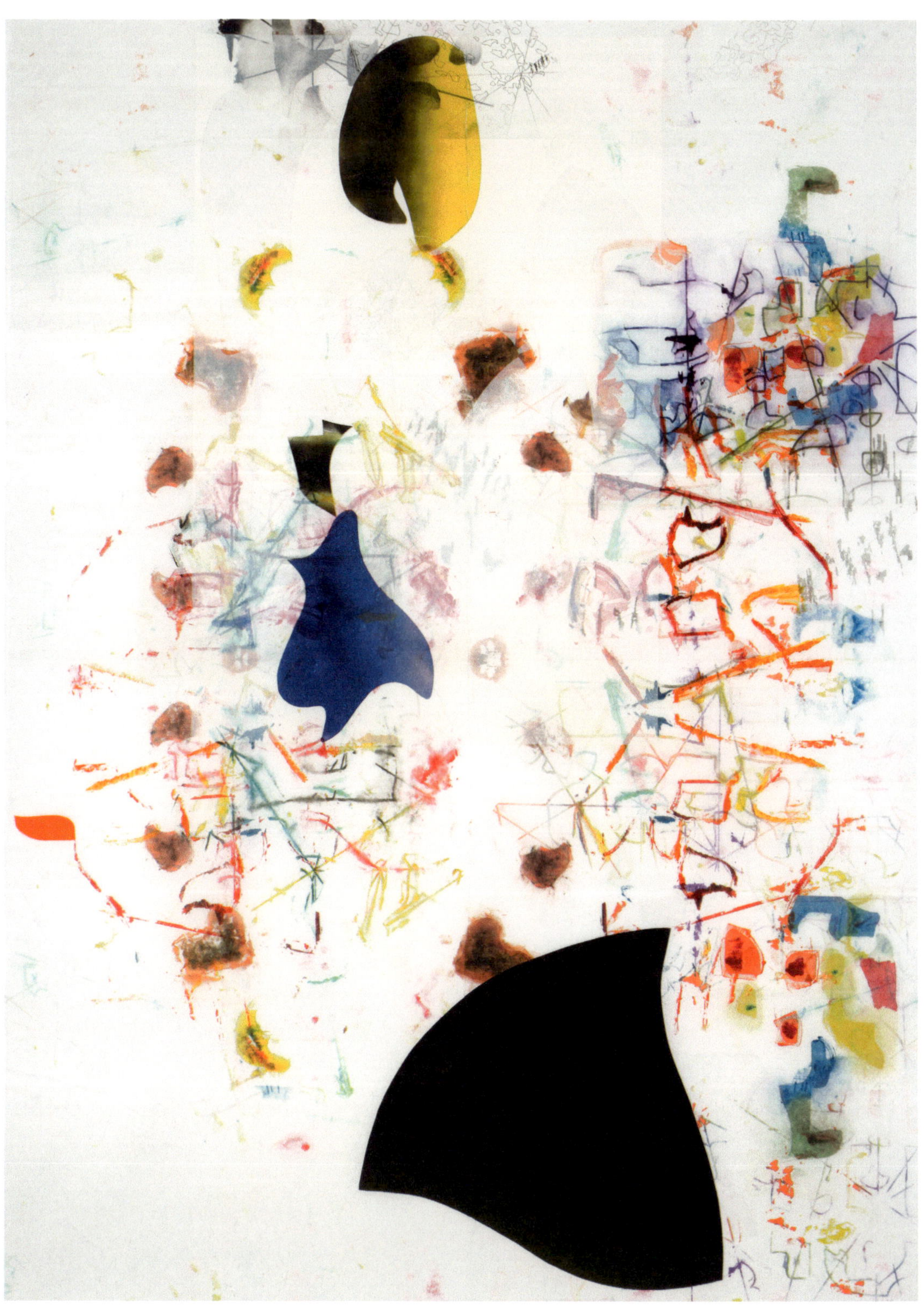

El instante II   瞬間 II   The Instant II

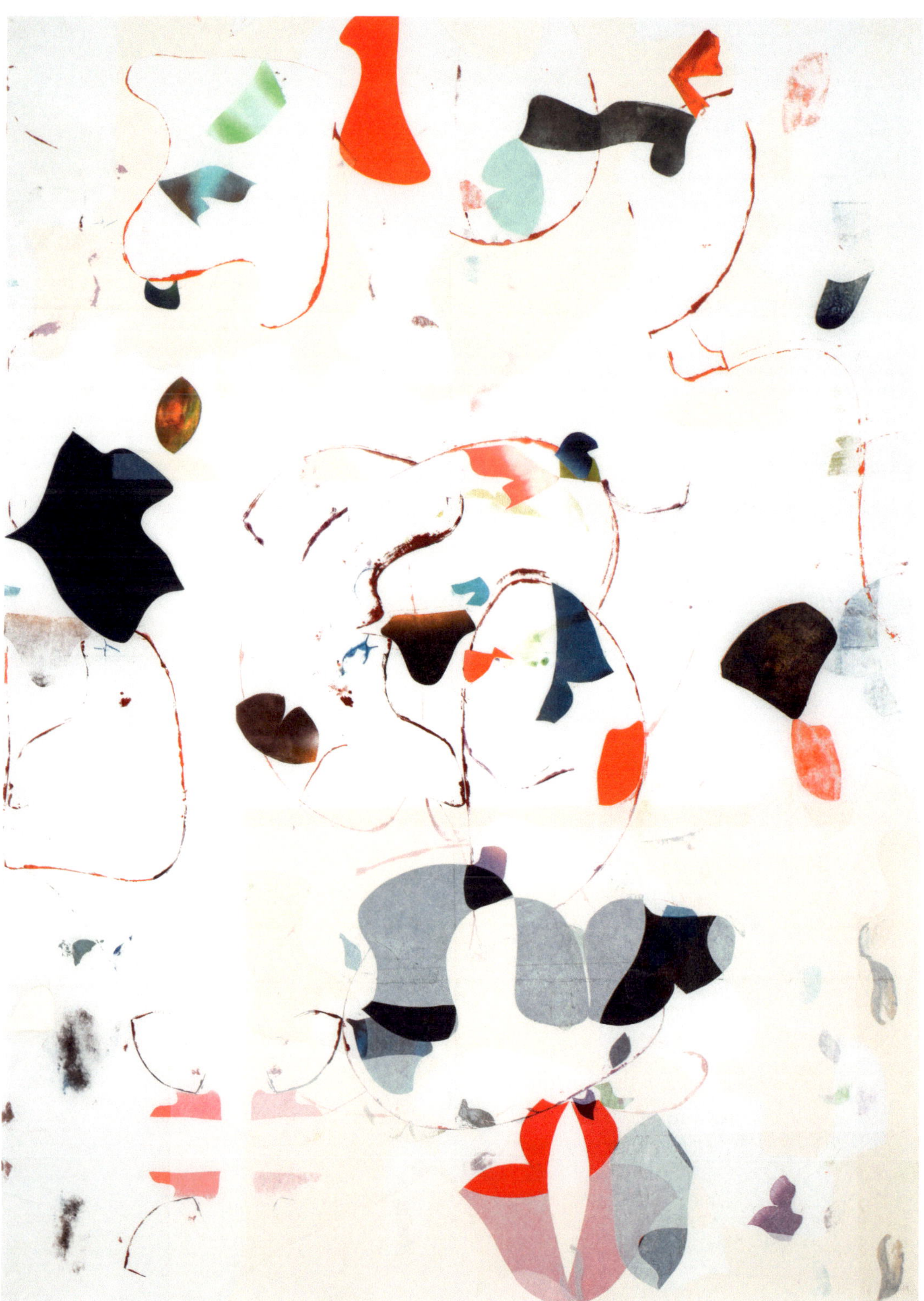

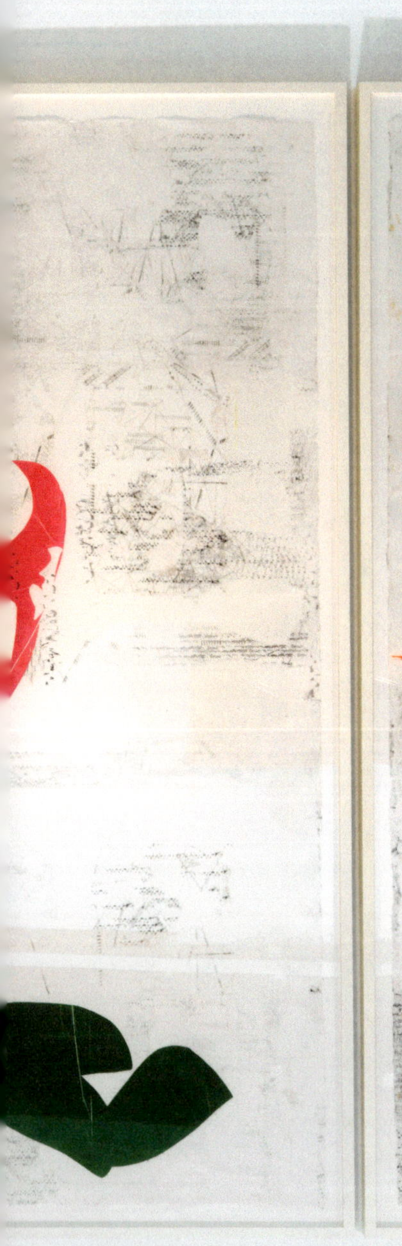

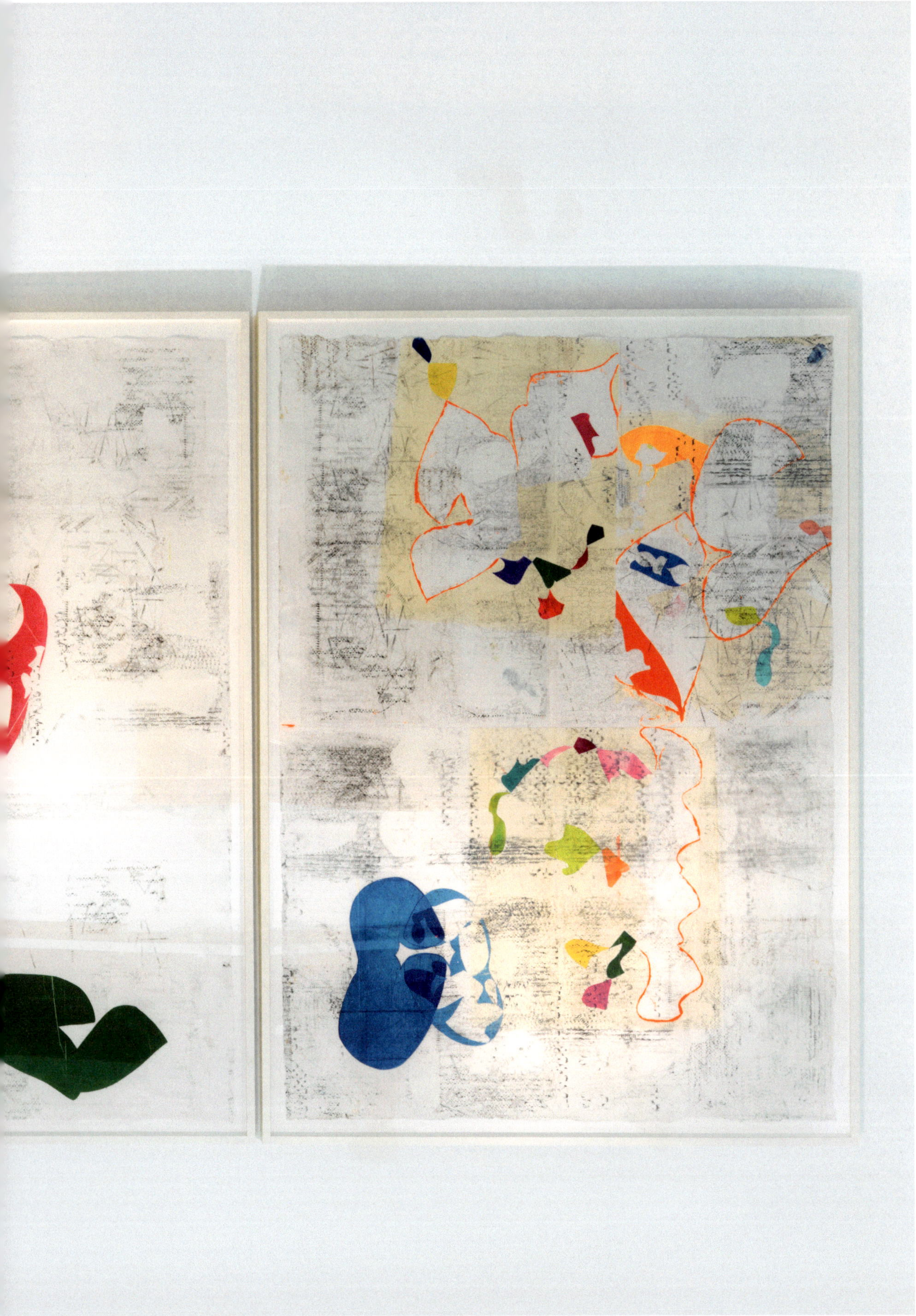

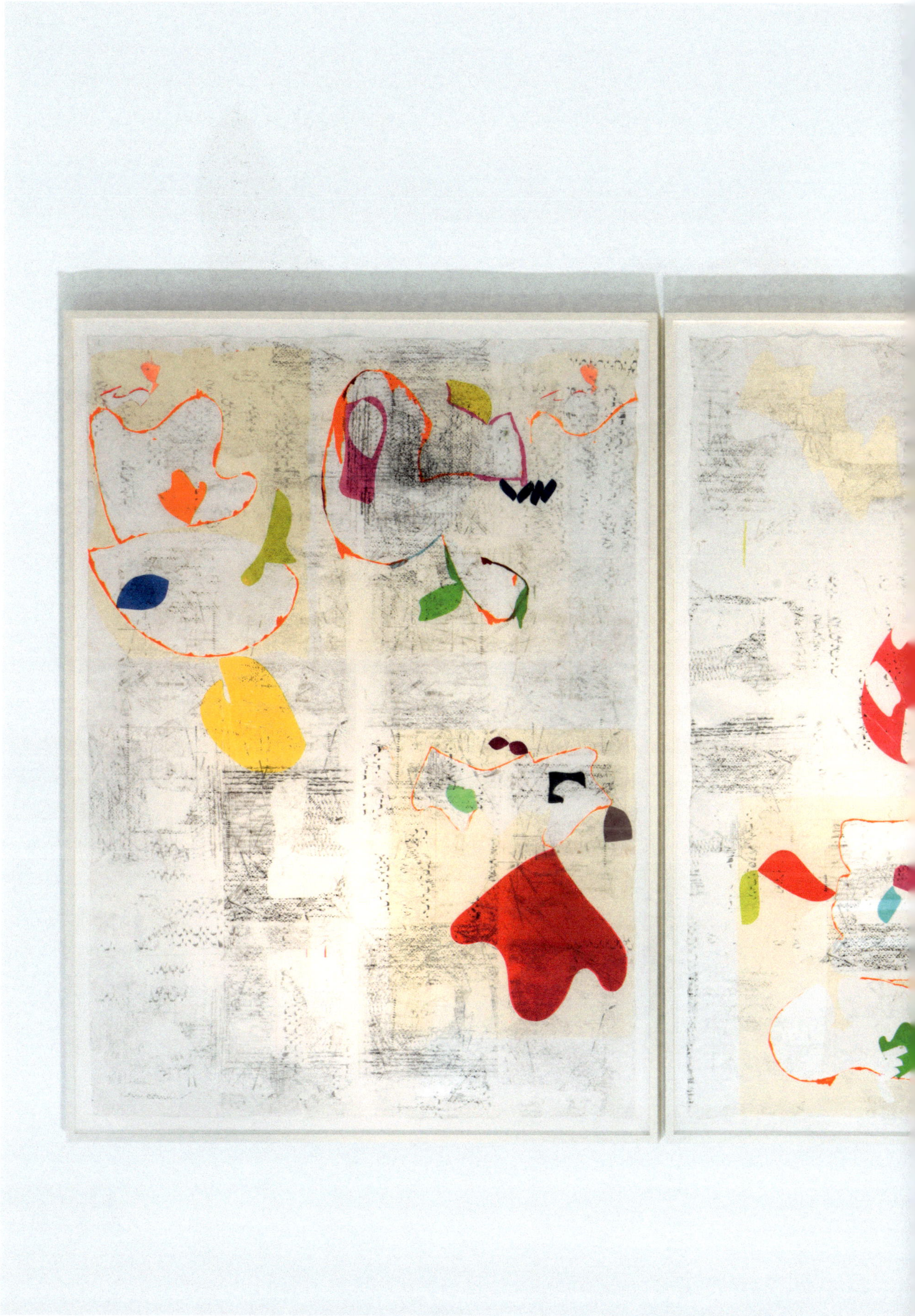

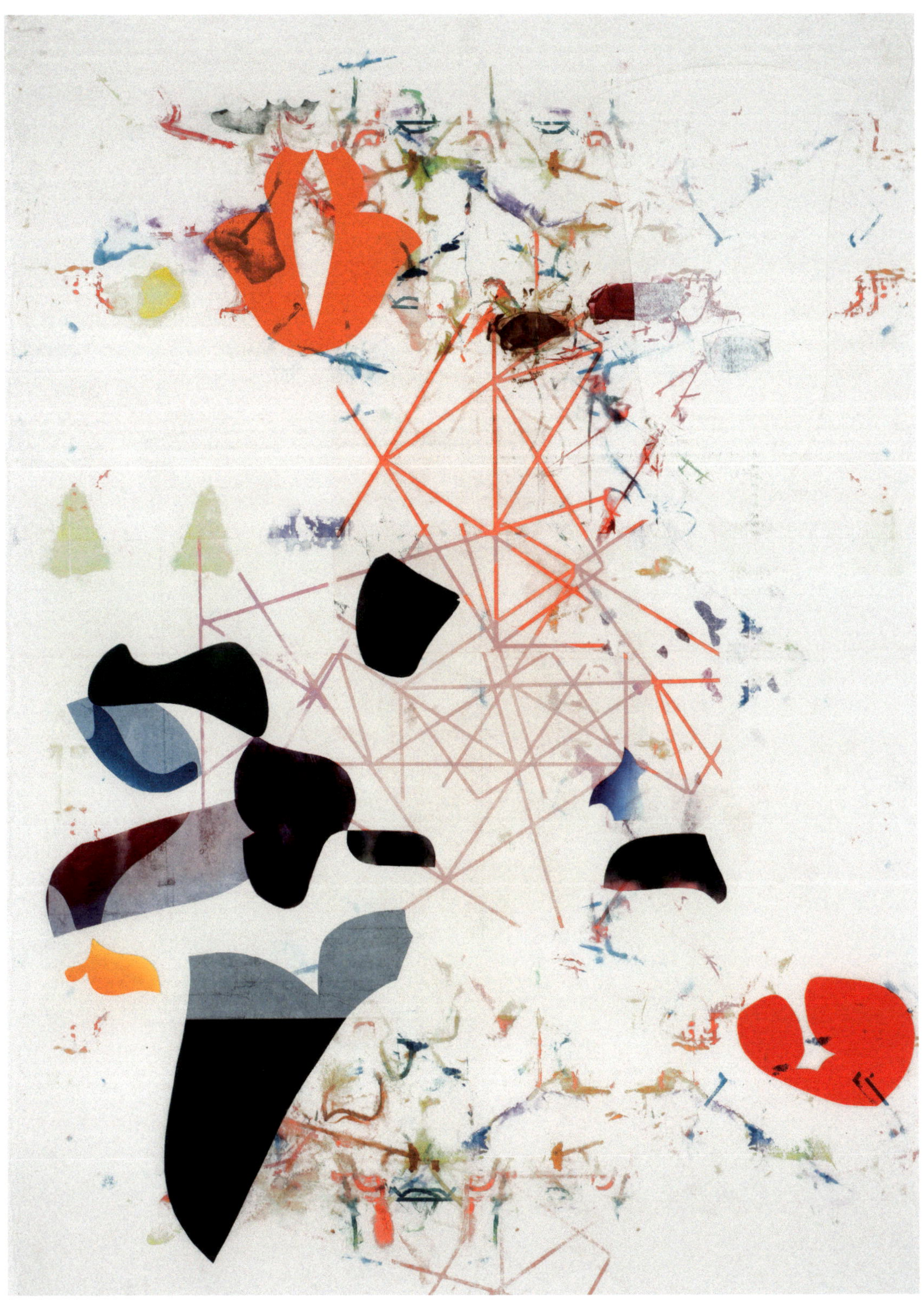

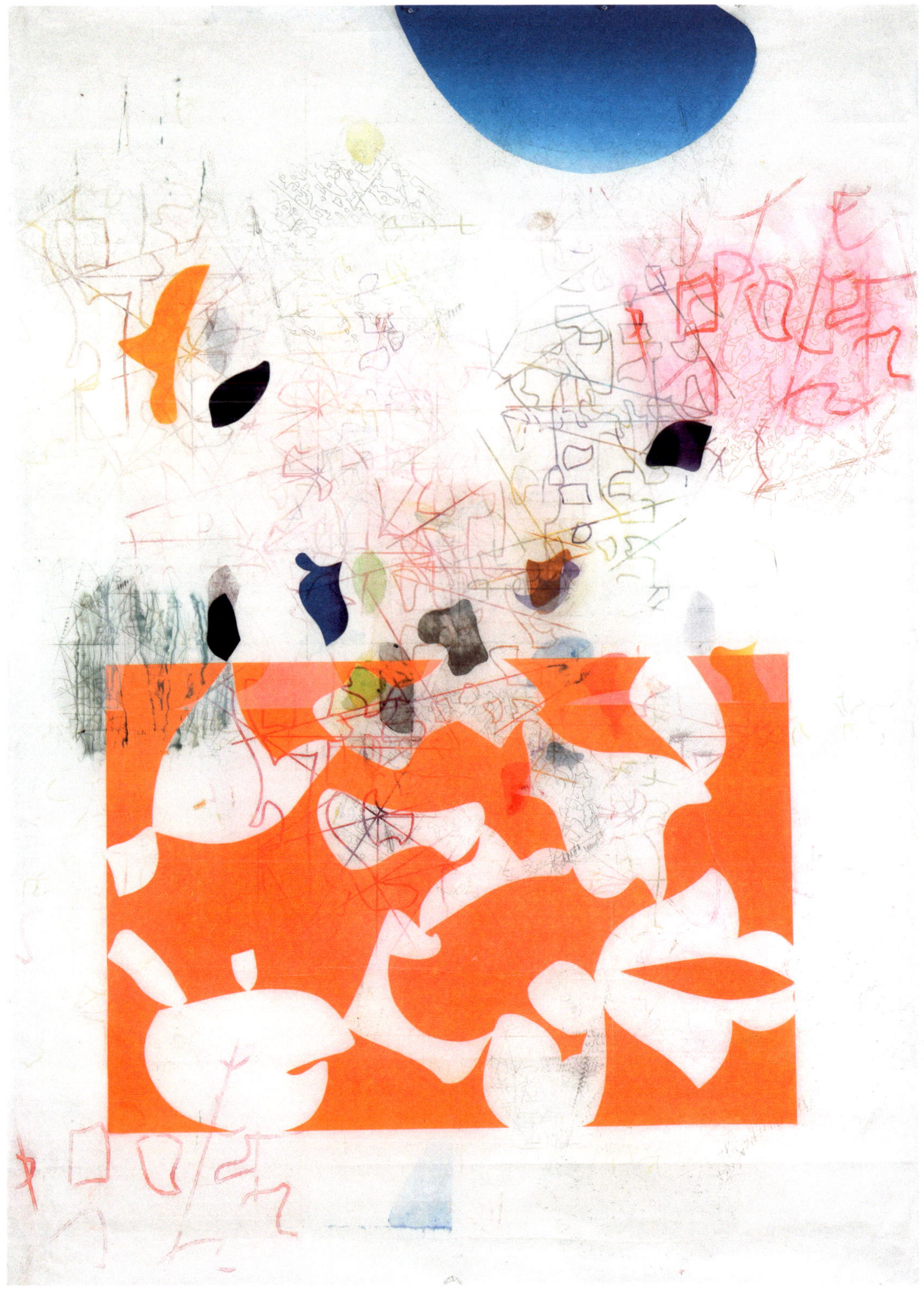

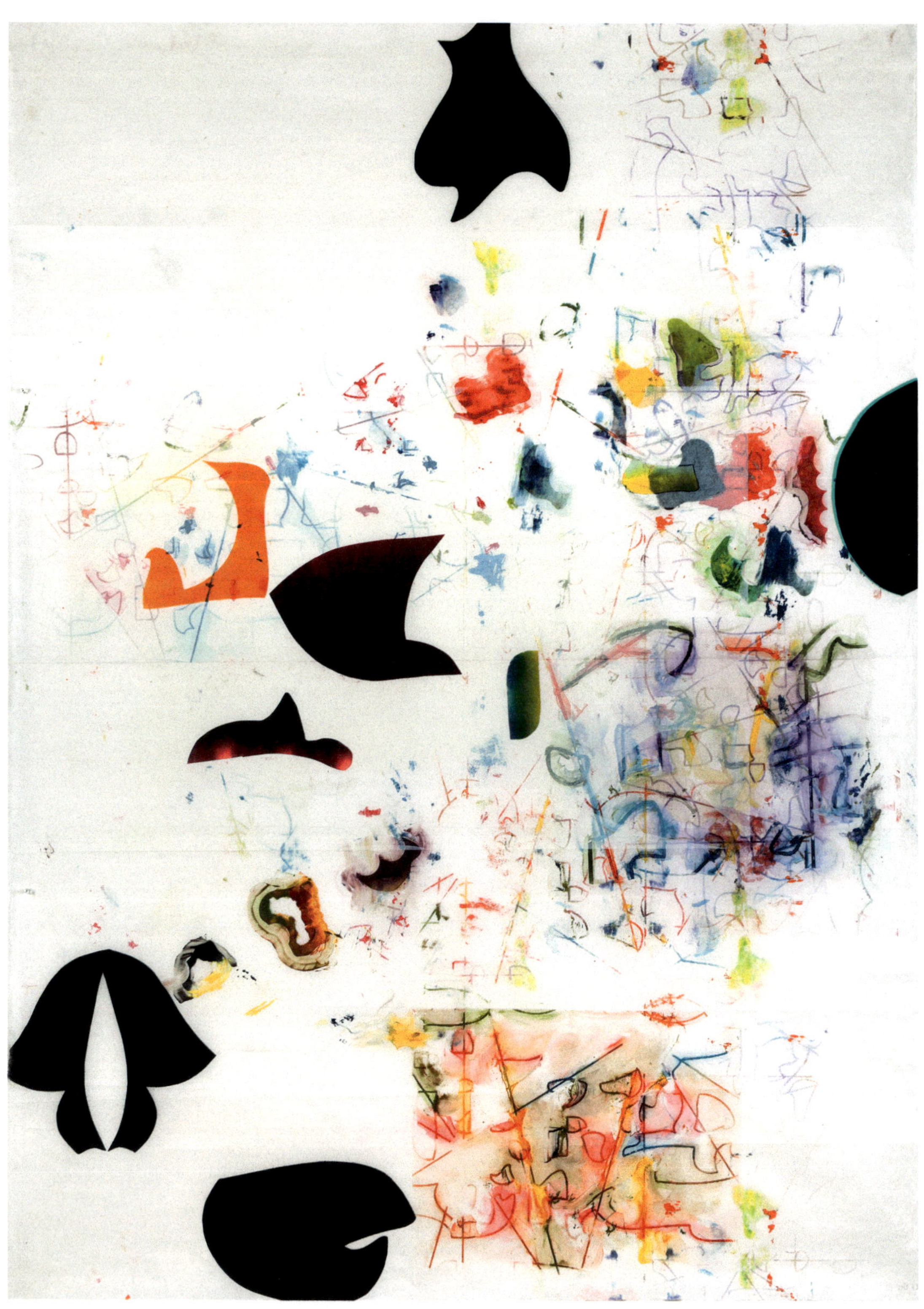

El instante II 瞬間 II The Instant II

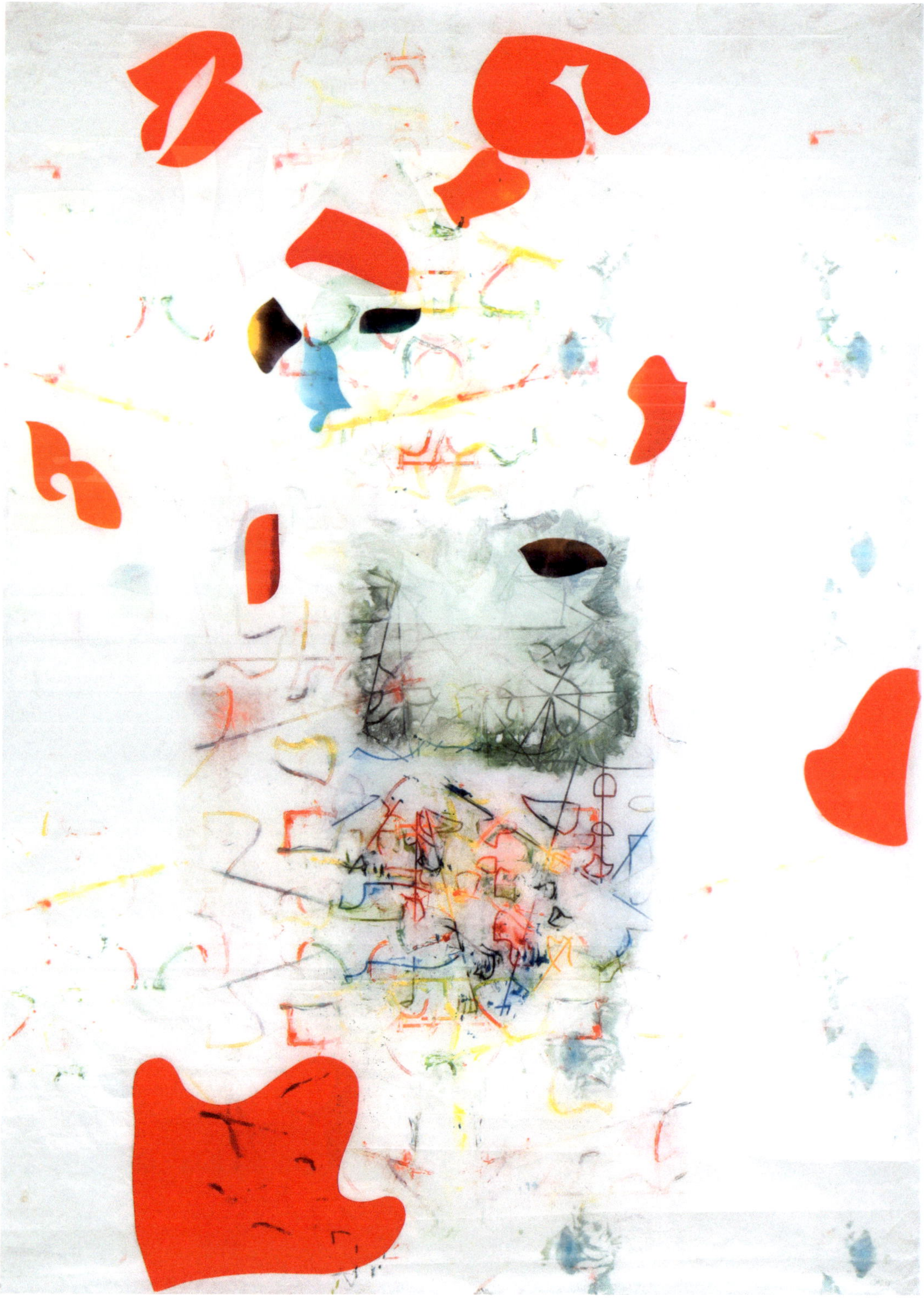

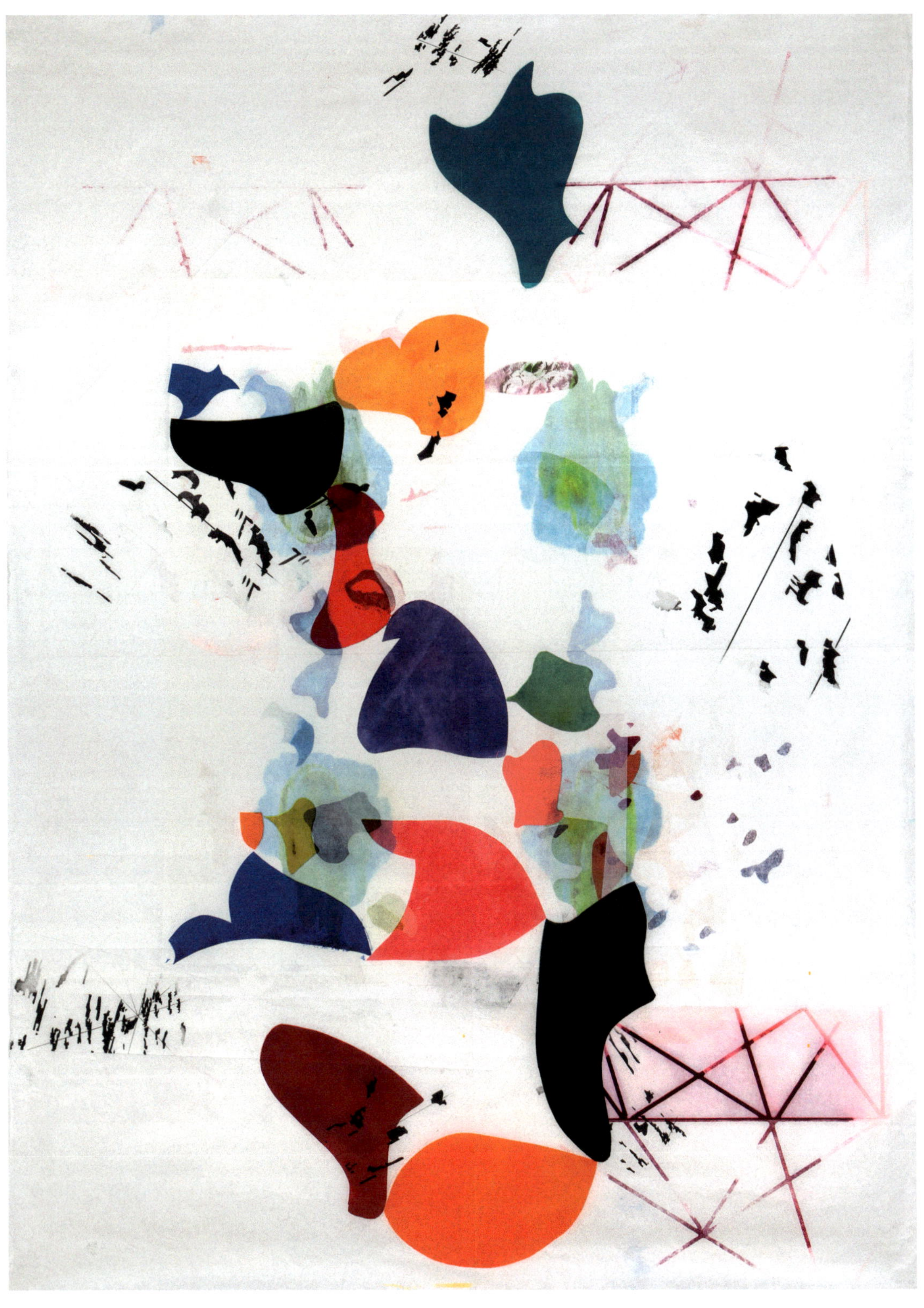

El instante II   瞬間 II   The Instant II

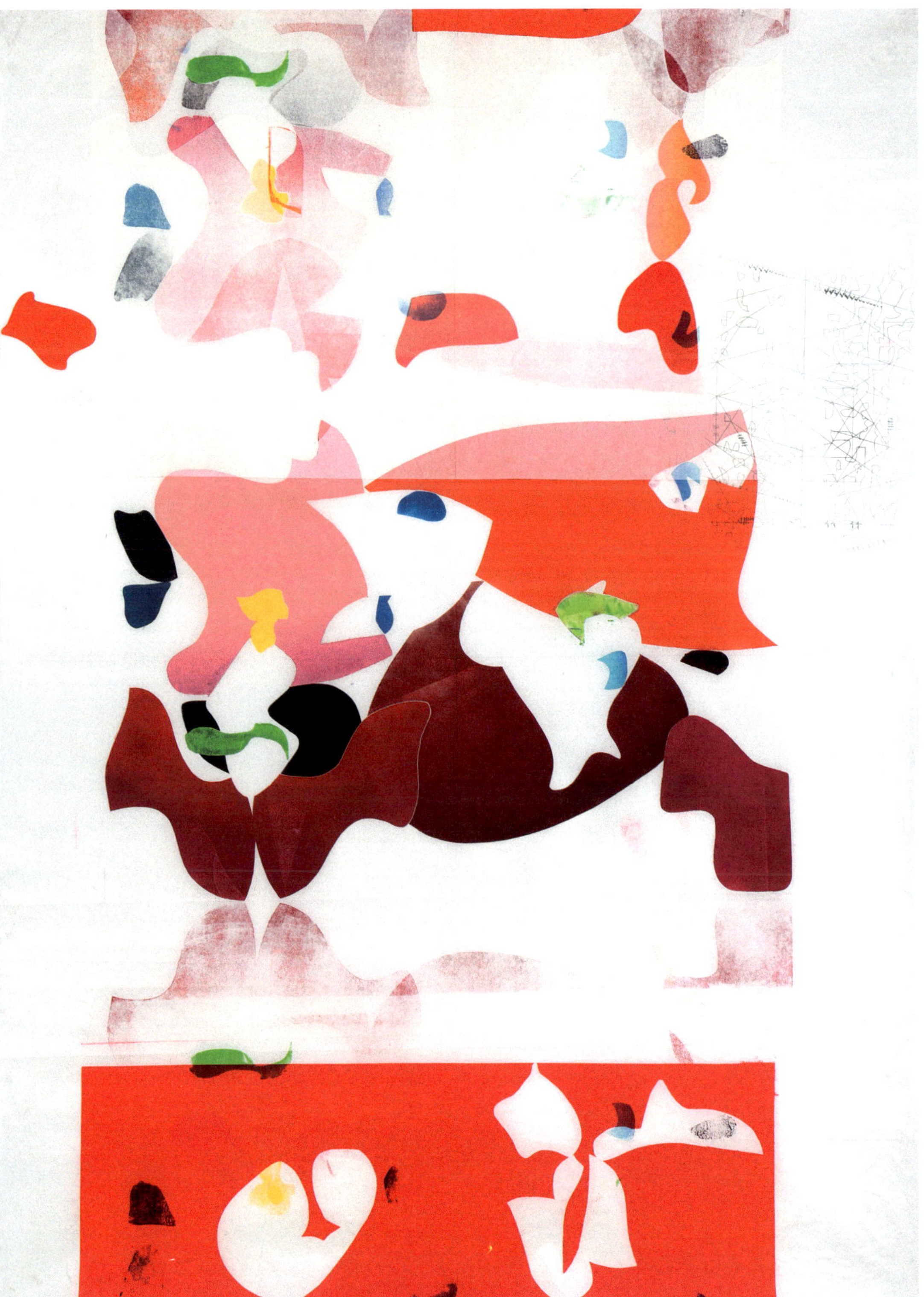

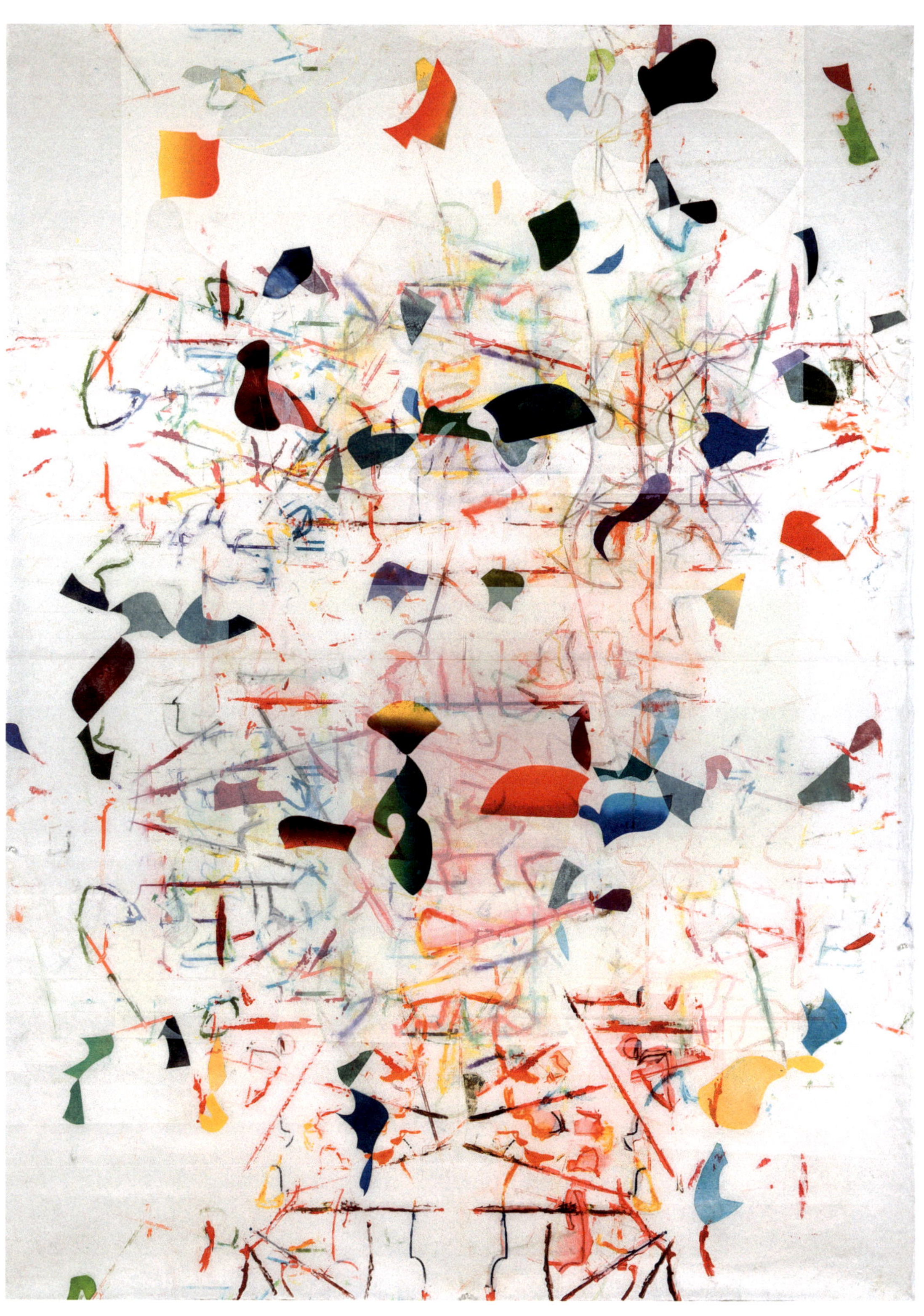

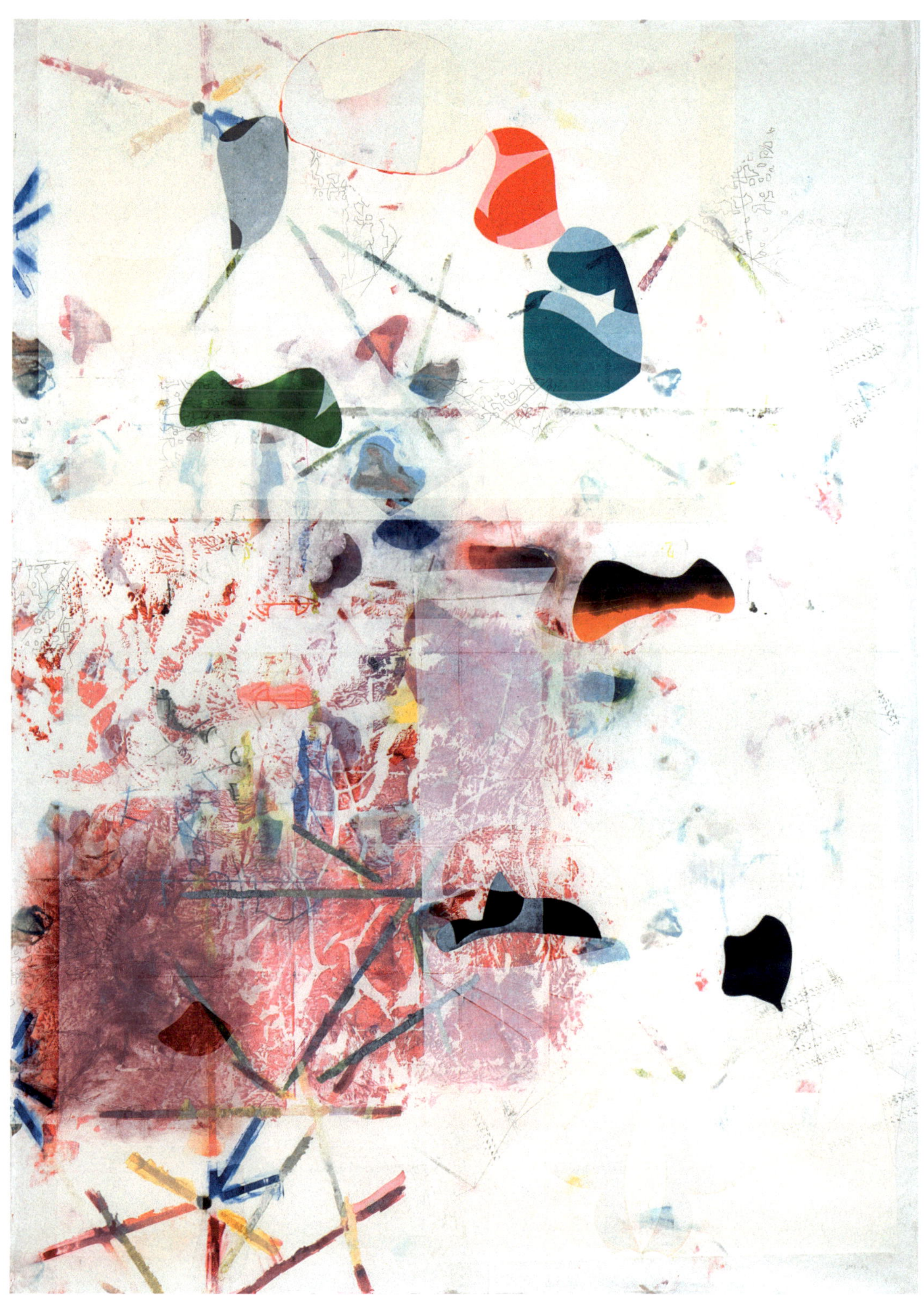

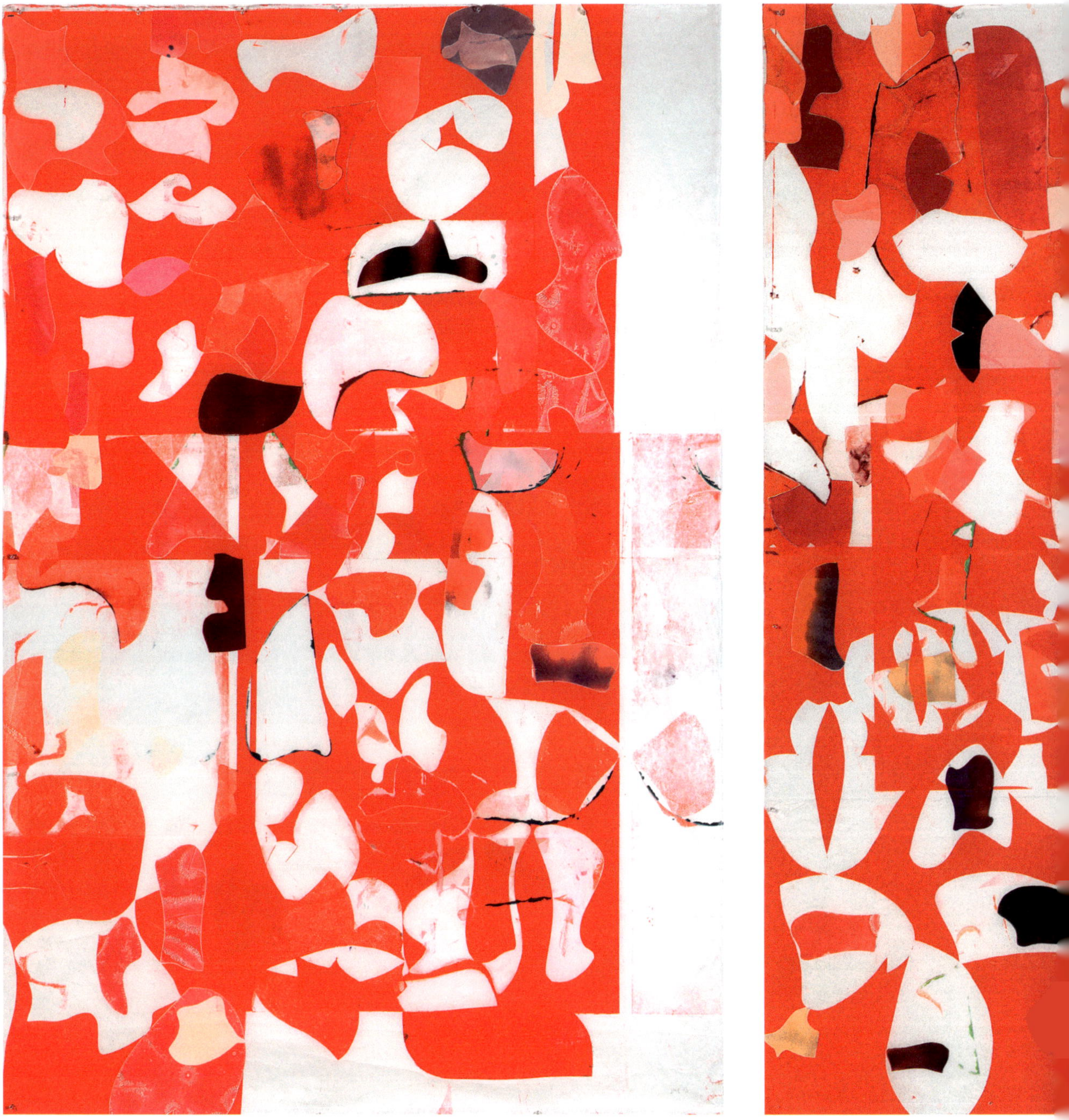

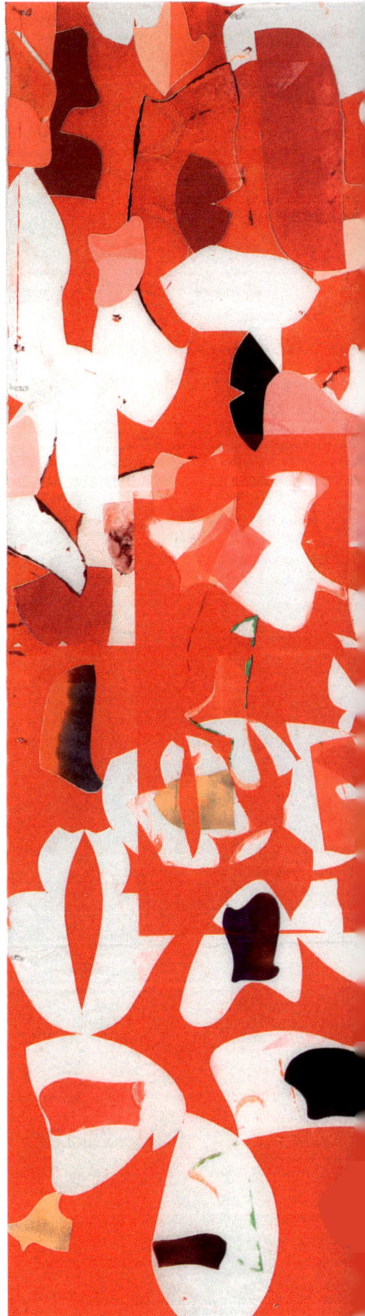

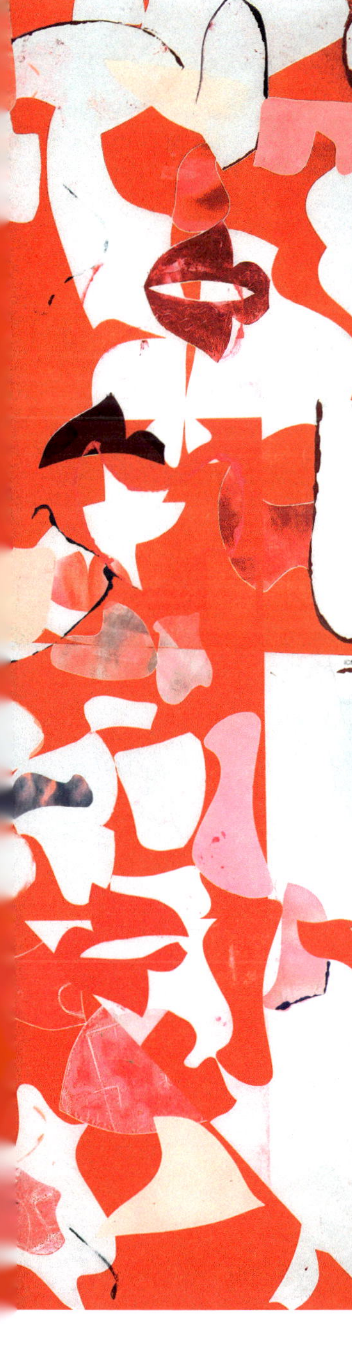

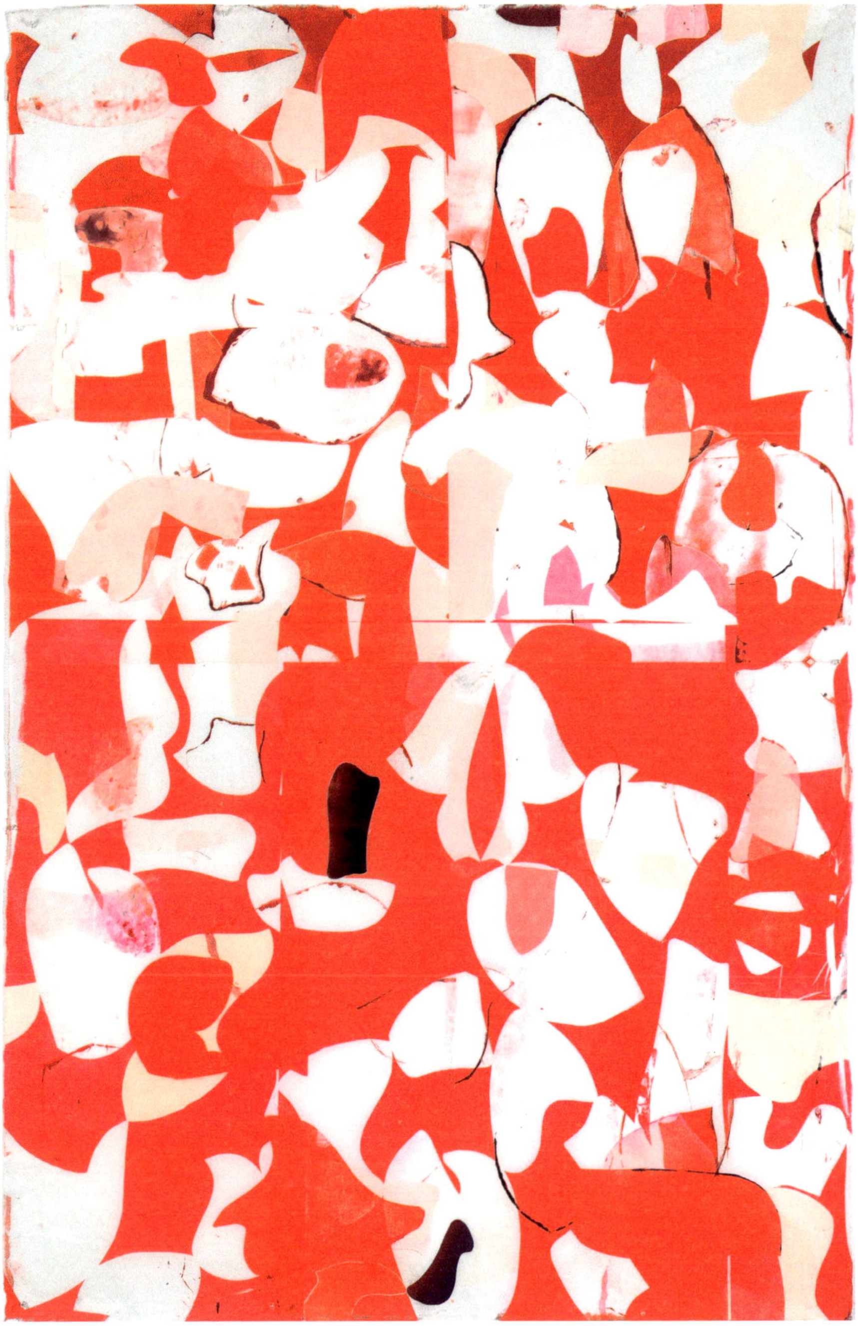

Talleres
Castillos de arena 2012–2013

ワークショップ
砂の城 2012–2013

Workshops
Sandcastles 2012–2013

«[...] tan fácil como el mar la arena un niño pequeño,
que, luego que ha caprichos formado en sus devaneos,
al punto otra vez con manos y pies los arroña por juego [...]»

Homero, *Iliada*, xv, 362-363-364. (Versión rítmica
de Agustín García Calvo, Lucina, Madrid, 1995)

テラピー＆スクールアイアムのサポートにより、津波や原発事故の被害を被った地域の学校の児童生徒たちと集うホセ・マリア・シシリア。

「さながら小児が海の傍えの砂土をでも玩ぶよう、
その児はいま、子供の習いに、砂の玩具を築き上げたかと思えば、
また今度は、足や手で、巫山戯てそれを潰してしまう…」

———

ホメーロス著「イーリアス」（呉茂一訳、岩波文庫刊、1986年、第33刷）

«[...] as easily as a child who, playing on the sea-shore, has built a house of sand, and then kicks it down again and destroys it [...]».

Homero, *Iliad*, xv, 362-364. (Excerpt taken from a translation by Samuel Butler)

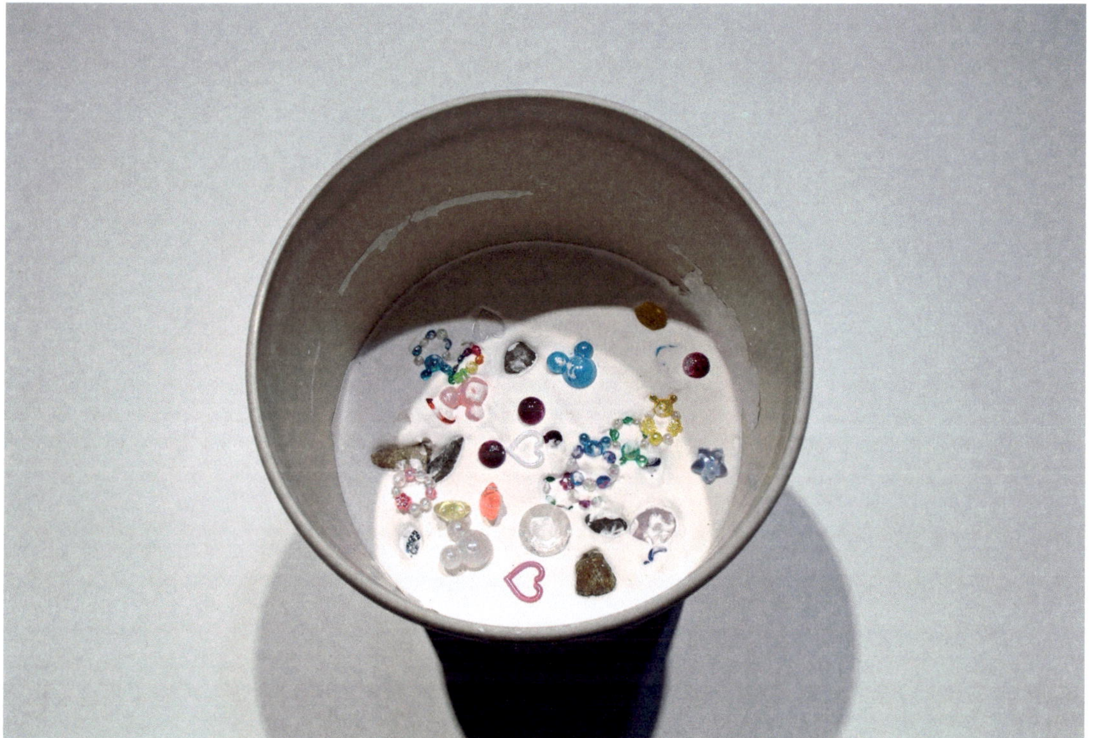

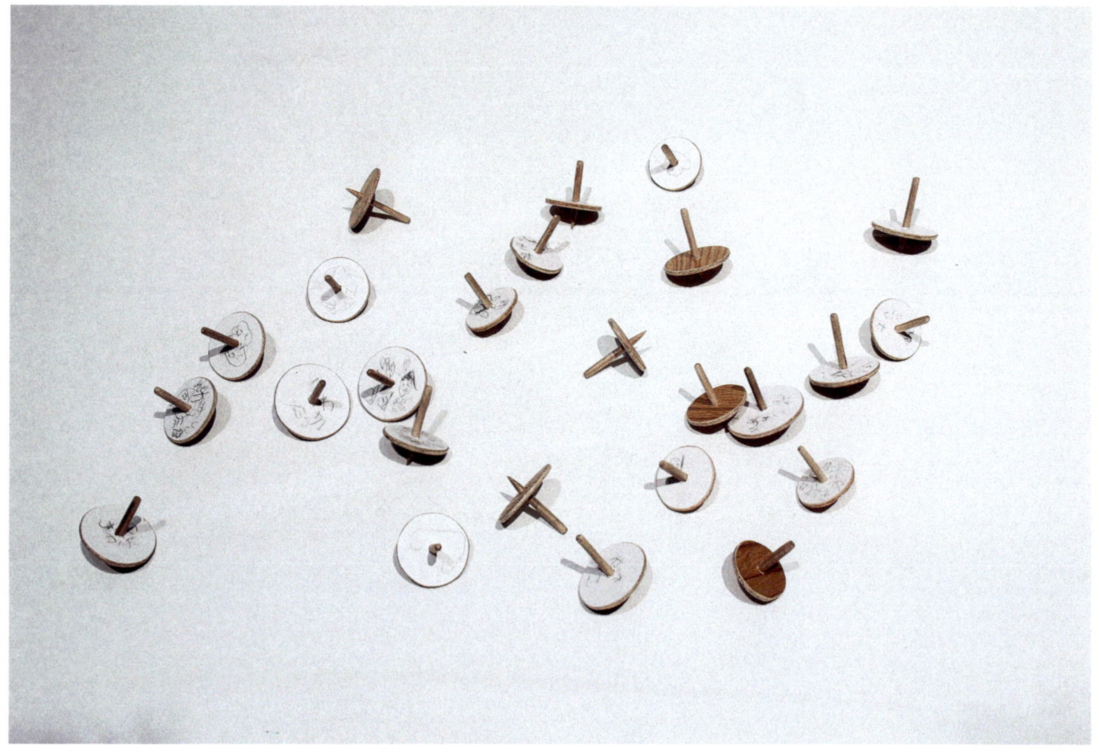

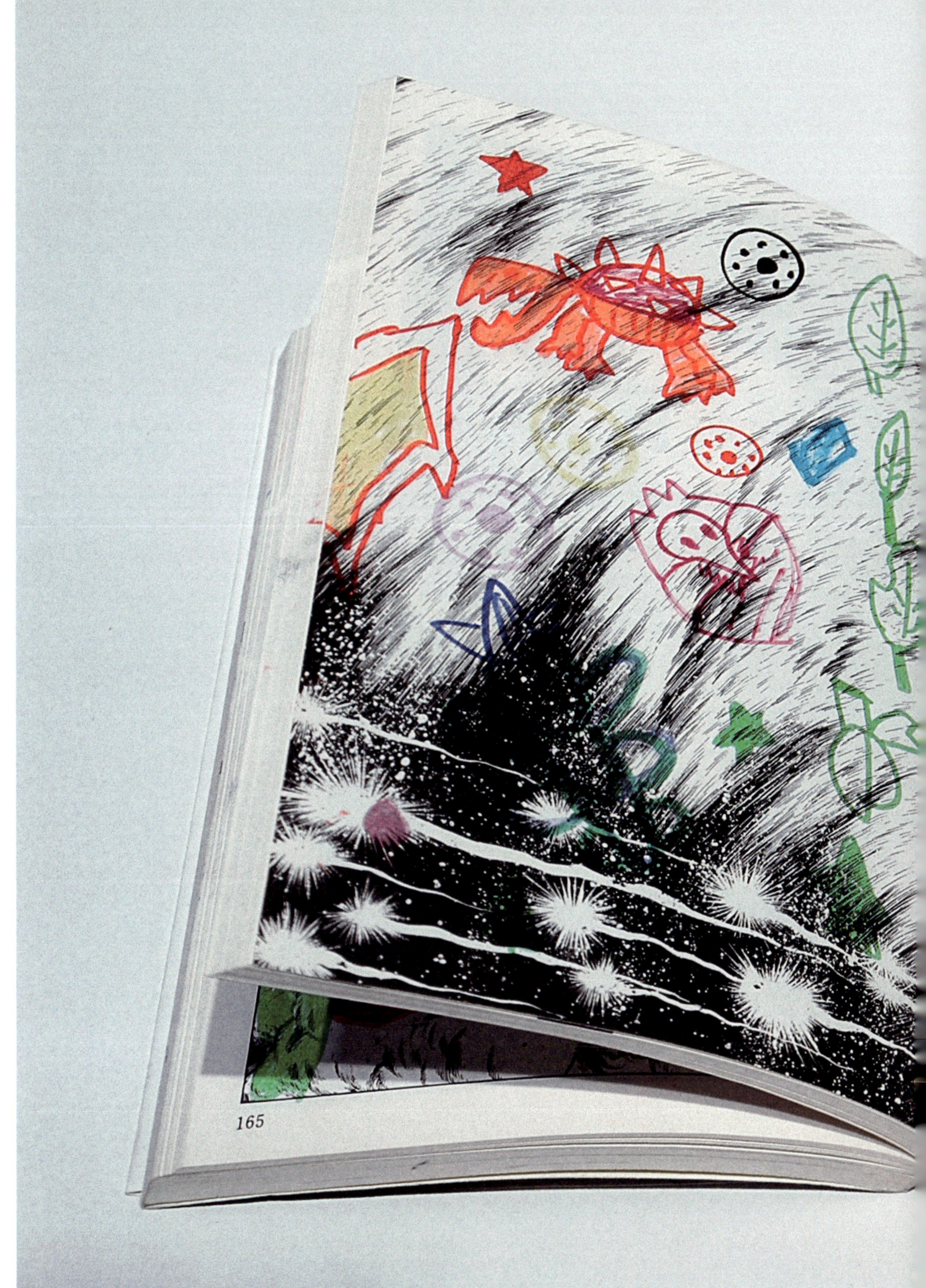

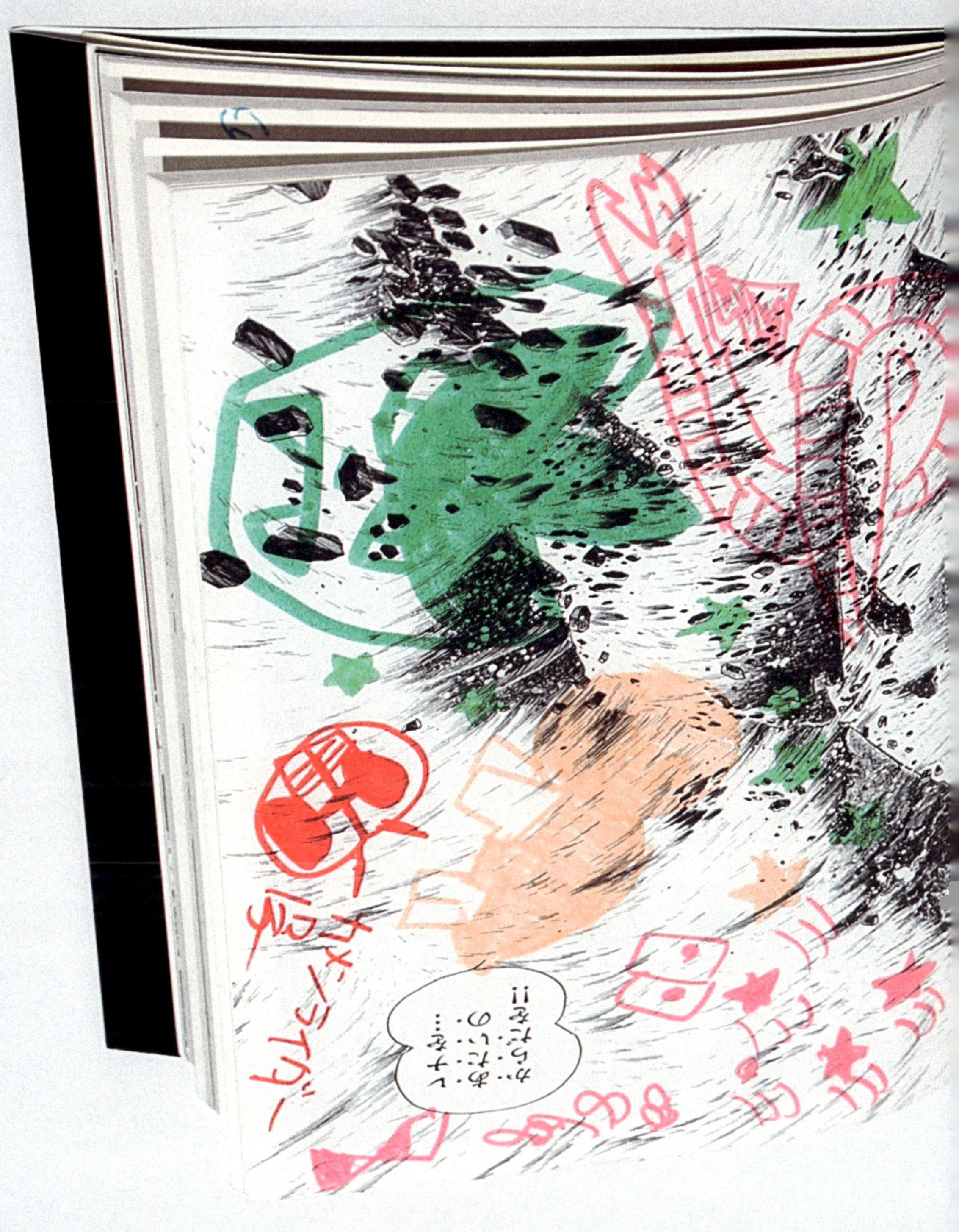

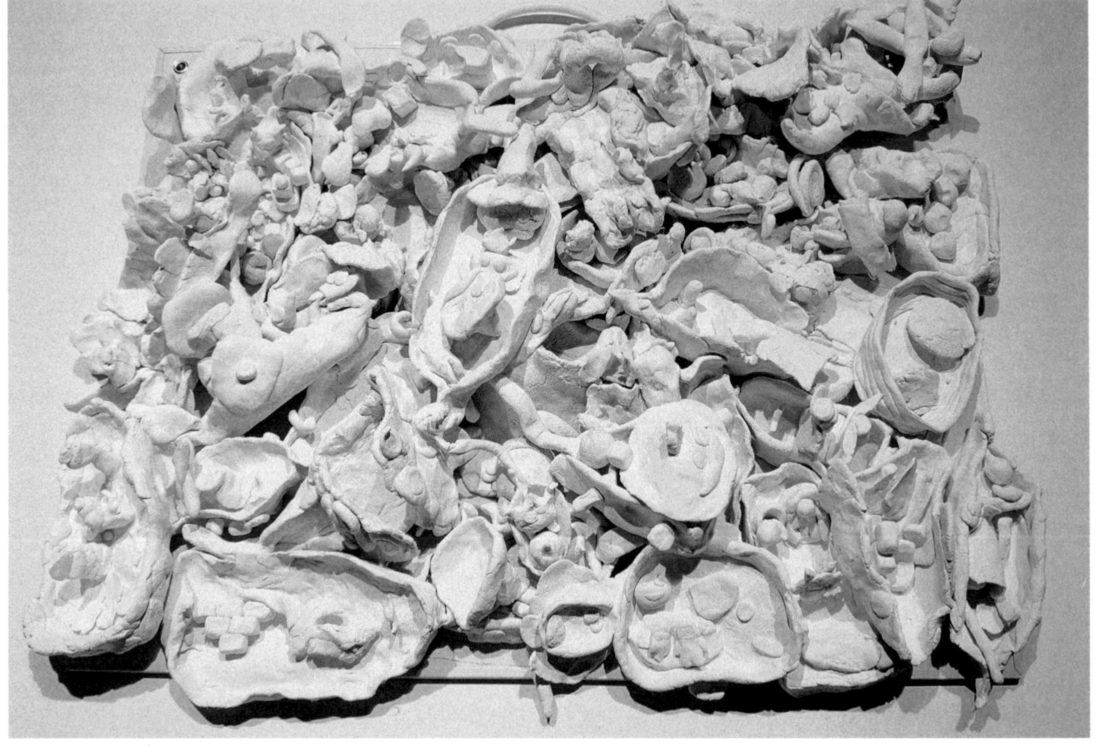

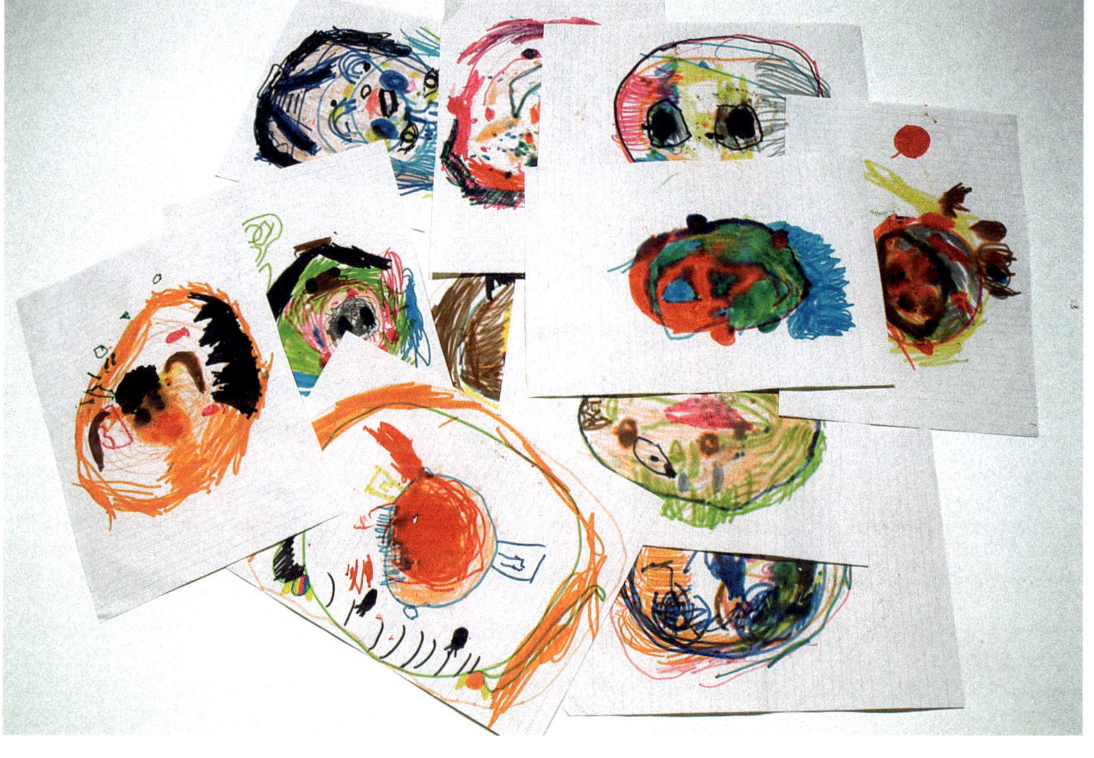

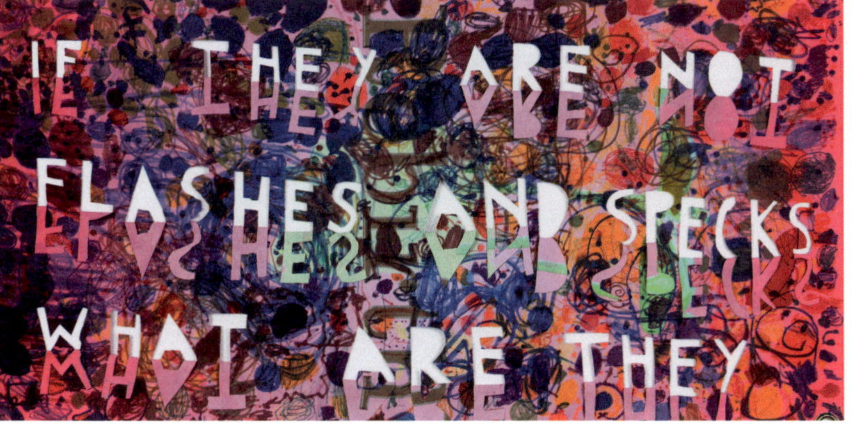
IF THEY ARE NOT
FLASHES AND SPECKS
WHAT ARE THEY

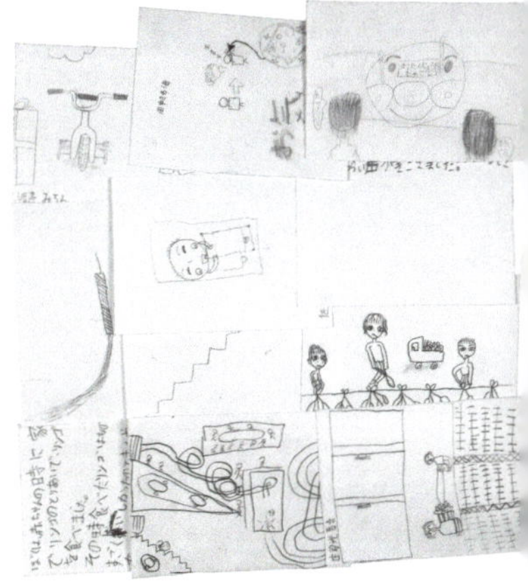

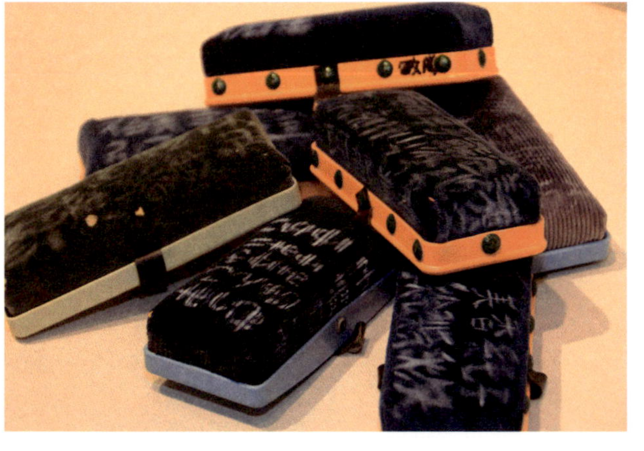

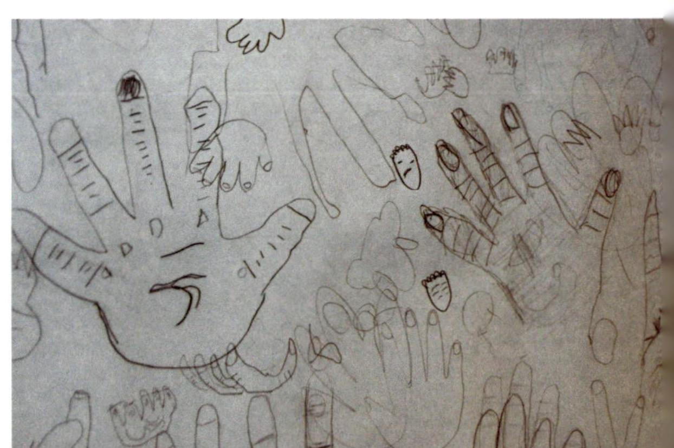

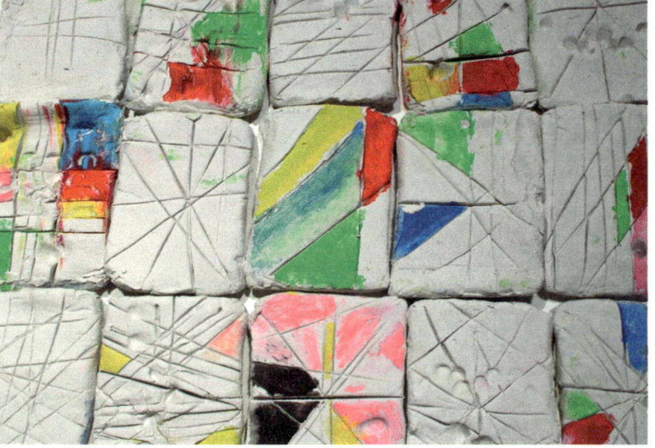

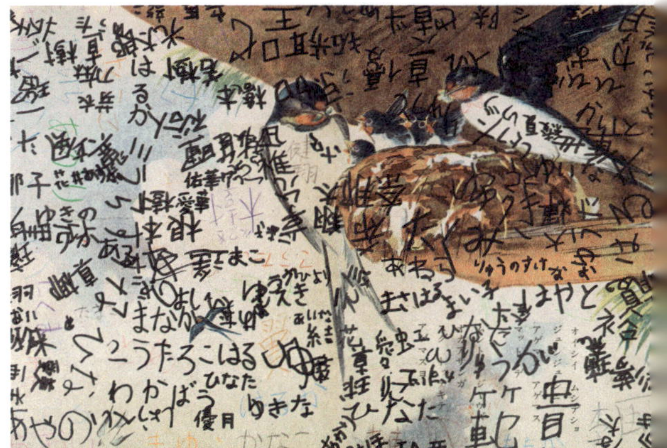

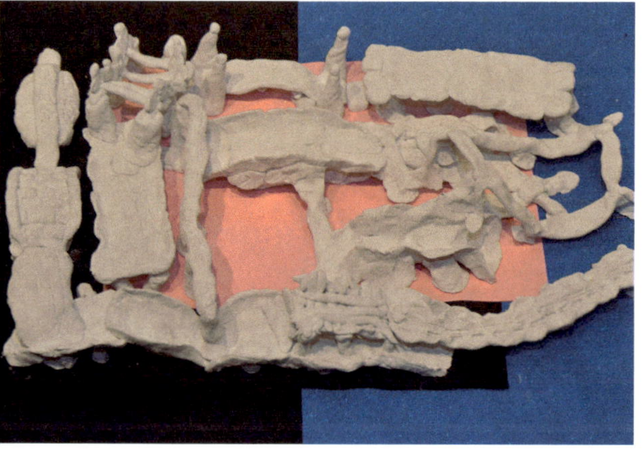

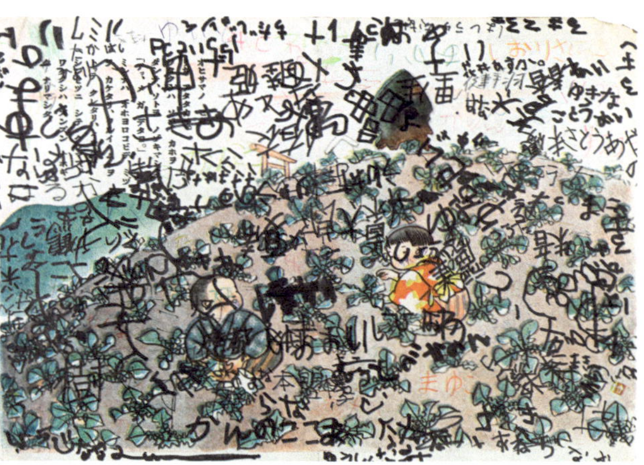

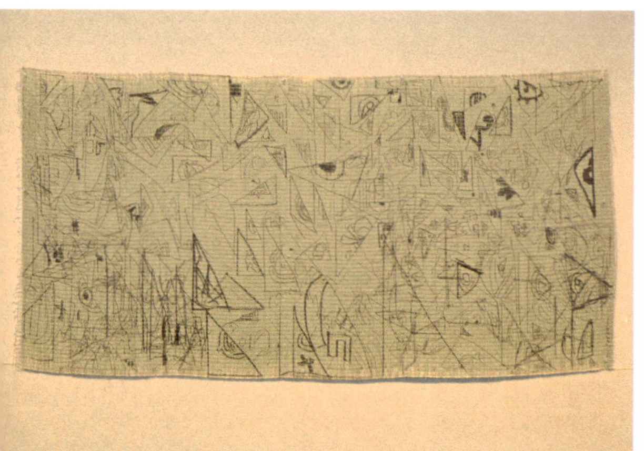

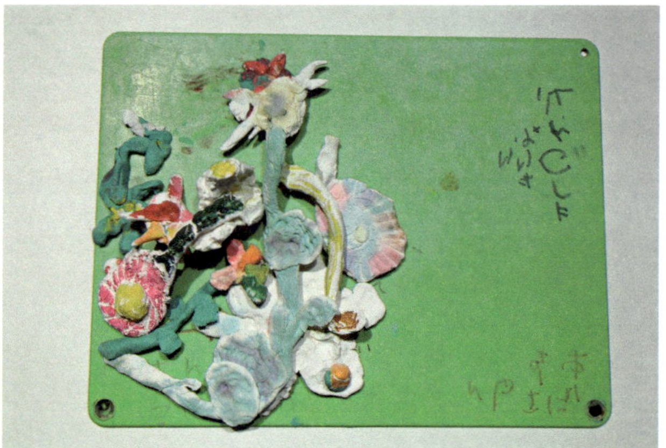

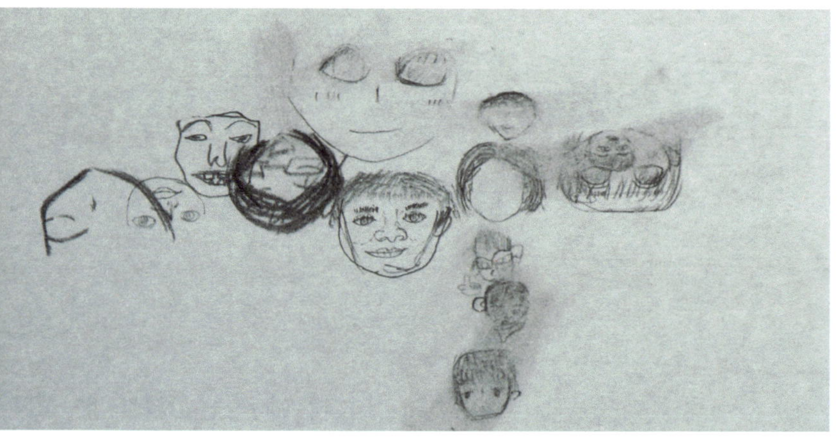

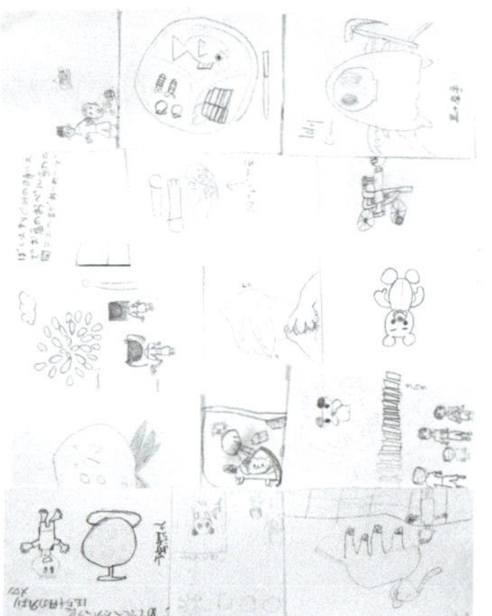

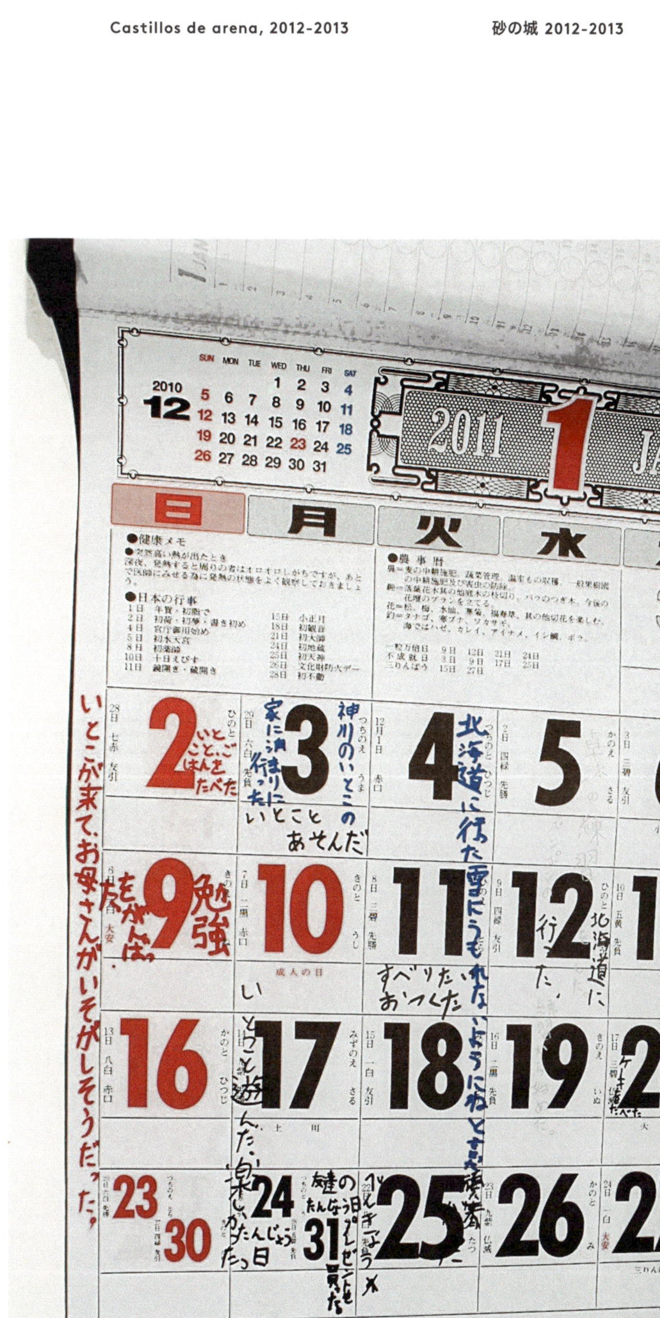

Un grito del alma   Takashi Sasaki

Se me pide a mí, a un lego en cuestiones de arte, que envíe un mensaje con ocasión de la exposición de José María Sicilia. Imagino, a mi modo, qué buen viento me ha traído este encargo. Pero he de empezar por confesar que al principio me sentí en un aprieto. Sí, la propia manera que he elegido de comenzar estas líneas es prueba de ese desconcierto inicial. Mis conocimientos acerca de Sicilia se reducían a lo que había podido contarme mi amigo Gonzalo Robledo y, en cuanto a sus obras, solo conocía las pocas que había visto por Internet, algunas de ellas, por cierto, todavía inconclusas. Además, esas pocas obras distaban un tanto —distaban mucho, sería mejor decir— de la imagen que vagamente me había forjado sobre sus pinturas y esculturas.

En mi ofuscación, me disponía ya a releer un escrito de Ortega y Gasset sobre algún tema artístico que había leído hace mucho tiempo —un ensayo del que creía recordar que venía a ser una orientación sobre cómo afrontar el arte moderno—, cuando de pronto caí en la cuenta: lo que se me pedía no era nada parecido a una disquisición sobre arte, sino que hablase como víctima del gran terremoto que asoló el Este de Japón hace algo más de dos años, y como víctima, muy especialmente, de aquel accidente nuclear.

Sin embargo, el hecho es que mis experiencias como damnificado, que formaban parte de los contenidos de mi blog, han sido ya publicadas en forma de libro. Primero lo fueron en japonés por la editorial Ronsōsha; luego en chino, por la Joint Publishing de Hong Kong; poco después en coreano por Dolbegae Publishers, de Paju-si, y finalmente, el mes de mayo, en castellano, bajo el título de *Fukushima: Vivir el desastre*, por Satori Ediciones, precisamente en España, que es el país del artista. Esto me hizo comprender, finalmente, que tampoco era un simple testimonio de damnificado lo que se esperaba de mí.

Y así fue como llegué por fin a la conclusión —conclusión lógica, por otra parte, si uno se lo plantea con calma— de que si no era una crítica artística, tampoco era una crónica de mis experiencias como afectado lo que se me pedía, sino que contase qué percibe en las obras de Sicilia quien ha sufrido el gran desastre, qué visos toma su obra a los ojos de alguien que ha pasado por esa experiencia. Vamos, que hice como el lanzador de béisbol que, por evitar jugárselo todo a una bola recta, elige la opción más complicada. Así lo había hecho y tenía que resignarme. Pero, como decía al principio, no había visto sus originales. Y cuando más me desesperaba por llegar a encontrar una fórmula, se extendió hacia mí el brazo salvador. Y es que por mediación de Robledo, en la tarde del 22 de abril, el artista visitó mi choza.

Pese a la brevedad de su visita, pude hablar directamente con él y recibir el llamado dossier que había sido elaborado para la exposición. Supe también que el título de la misma sería *Fukushima. Flores de invierno*, un título que hallaba su inspiración en el de la novela *Natsu no hana* (Flores de verano), en la que Tamiki Hara refleja su experiencia del bombardeo atómico de Hiroshima. Ese día recibí explicaciones sobre la forma en que había tratado de visualizar las voces en sus pinturas y esculturas. Lo que ocurre es que en comprensión auditiva del castellano no ando muy bien y, si he de ser sincero, no pude captar perfectamente lo que me decía.

Aun así, pese al lujo que era haber podido estar con el artista en persona y haber podido escuchar de su boca la intención que animaba su obra y otros detalles, o quizás precisamente por haber tenido ese lujo, la barrera que tenía que superar para poder teorizar sobre Sicilia se me antojó todavía más infranqueable. Así las cosas, lo único que podía hacer era echarle cara al asunto. Aunque, si he de decirlo, así es precisamente como he vivido siempre: sin pertrecharme de ninguna forma y tratando de obtener de la contraparte, del enemigo, una victoria sin batalla. Eso que decimos en Japón de «lánzate a por todas aunque quedes hecho trizas» podrá ser muy heroico, pero mi estrategia es la inversa: recibir primero el castigo y luego lanzarme a por todas. Y ya de paso, diré que esa y no otra ha sido la forma en que me he enfrentado a ese que por algún tiempo habrá de ser mi enemigo: el accidente nuclear. En otras palabras, le he plantado cara sin tener apenas ningún conocimiento sobre ciertos temas como qué es la energía nuclear, o la radiactividad, o las radiaciones. Un ejemplo: ni sé, ni tengo intención de saber algo tan elemental como cuál es la diferencia entre «radiactividad» y «radiación», una diferencia que ahora conocerán incluso los alumnos de primaria. Como ven, tampoco tras el accidente he recogido información del enemigo. Y aquí me tienen.

En todo caso, lo que sí hice fue decirme y repetirme a mí mismo que la radiactividad no era como el gas sarín ni como el bacilo del ántrax, venenos que pueden causar la muerte instantáneamente, ni como la bacteria de la peste, que se contagia. Y que si era poco a poco (y con bajas intensidades), uno podía enfrentarse a ella dedicándole tiempo y con paciencia (lo cual a muchos sonará todavía más terrorífico). Por supuesto, circunstancias como tener una esposa necesitada de cuidados o la presencia de mi madre, ya muy mayor, en casa contribuyeron a que descartase la posibilidad de correr a refugiarnos a algún sitio, pero igualmente cierto es que comprendí también que si el accidente nuclear era más grave de lo que se decía, en un país insular y tan pequeño como Japón no íbamos a tener escapatoria. En vez de ir sumando nuevos miedos, acumulándolos, opté por suponer de entrada lo peor y, de ahí, ir restando.

Aquella decisión que tomé tan de golpe resultó un acierto y me colocó en posición de observar a placer, como meteorólogo, o como espectador de esas imágenes fijas tomadas a intervalos de tiempo y servidas luego en serie, los movimientos de mis conciudadanos, que eran juguete de aquel invisible monstruo. Diciendo estas cosas va a parecer que he estado observado la evolución de los hechos con la mayor sangre fría, como si el asunto no fuera conmigo, y puede que así me gane innecesarios odios, pero lo cierto es para mí fueron también días de incertidumbre, días en la cuerda floja, que tuve que conciliar con los muchos cuidados que necesita mi mujer.

Esto empieza a parecerse peligrosamente a una crónica de damnificado, así que redirigiré el asunto hacia el tema principal, hacia la ardua cuestión de qué es para mí el arte de Sicilia. Y una vez más me acojo al auxilio de Ortega y sus *Meditaciones del Quijote*, porque me acercaré al tema de la forma en que se describe cómo fue el sitio de la bíblica ciudad de Jericó, «en amplios giros», «estrechándola lentamente». No trataré, pues, de abrir brecha por la entrada principal. Mi idea es pasearme por la trasera en busca de algún punto débil. Me preguntaré, primero, por qué ha tenido que empeñarse Sicilia en expresar este gran terremoto, lo calamitoso de este hecho, a través de los sonidos. A un lego como yo, lo primero que se le ocurre al hablar de los medios expresivos o del material con el que se cuenta en las artes plásticas (aunque ignoro si esta es la forma correcta de plantear el problema) son los colores y las líneas. ¿Por qué, entonces, elige él las voces? Quizás sea porque, si partimos de que el objeto de su arte es la persona, y la persona no tanto en su apariencia externa como en su interioridad, el sonido podría permitirnos un acercamiento más exacto que el que nos sirven líneas y colores. Por ejemplo —y esta es una de las obras inconclusas— tenemos la obra titulada *Miki Endo*, que es el nombre de una empleada municipal de la ciudad de Minamisanriku que a través de la megafonía siguió alertando de la inminente llegada del tsunami y finalmente murió por no ponerse a salvo ella misma. Es todavía un esbozo pero cuando esté completa la obra será una de bronce pulido de 46 x 65 x 10 cm, y una plancha de acero inoxidable de 260 x 250 x 0,5 cm y cerca de 100 kilos de peso ideada para colgar del techo.

Imaginémosla ya terminada, ante nuestros ojos. La sensación de volumen y peso tiene que ser impactante. Es un grito que no encuentra palabra, un grito de terror, de ansiedad, de desesperación ante el gigantesco tsunami que se avecina. La asociación de ideas podrá ir desencaminada, pero propondría, por ejemplo, contraponer a esto la imagen de una mujer que se retorciera de terror como hace el personaje de los cuadros de Munch titulados *El grito*. Pero no. Parece que Sicilia ha considerado innecesaria incluso la apariencia humana, y que ha buscado la visualización del grito en sí mismo. Y ya que he invocado a Munch van a permitirle a este profano en bellas artes reclamar también la presencia de otro gran maestro de la pintura, el español Goya. Si me pidieran que eligiese una sola de entre las innúmeras obras que forman el elenco de la pintura occidental, probablemente me quedaría, tras algunas vacilaciones, con *Perro semihundido*, de Goya. No hay una razón definida que explique mi preferencia.

Pero si tuviera que citar una, alegaría que su atractivo es precisamente su indefinición. Porque yo apenas me he sentido atraído, así hablemos de las grandes obras del arte occidental como de las del oriental, por esos típicos cuadros de majestuosa apariencia cuyo diáfano significado todos dan por garantizado. Sobre este particular escribí hace algún tiempo lo que a continuación viene, que podría calificar de mi único intento por teorizar sobre el arte.

Yo he albergado siempre una suerte de sólida certeza sobre el hecho de que las cosas de este mundo son siempre cosas en proceso, de modo que cuando me presentan algo que pretende estar completamente terminado, de algún recóndito lugar oigo alzarse una voz que dice que no, que eso es mentira. Que en tanto sea aquello una obra de arte, tendrá que ser siempre algo incompleto, inacabado. Por eso, creo firmemente que cuando el pintor se apresta a dar el último toque a su lienzo, o cuando el escritor pone el punto final a su escrito, ahí tiene que haber, por necesidad, una gran vacilación, una mortificación como una ráfaga de viento que recorre sus mentes. Por esto mismo, a mí no me atraen tanto esas obras que muestran ufanas una intachable composición y una gran seguridad en su trazo. Antes bien, mis simpatías se hallan del lado de esos otros cuadros que han sido abandonados a medio camino, de esas obras en las que uno no acaba de entender qué se proponía pintar su autor. En ese sentido, *Perro semihundido*, de Goya, es una de esas obras que relativamente me gustan, pero no vayan a pensar que tengo una reproducción de la misma en mi habitación, ni que estoy continuamente buscándola en algún libro de pintura. Es, simplemente algo que me incordia ahí, como una manchita que no se va en un rincón de mi cabeza. Ese fondo que tanto podría ser arena como un muro de tosco acabado; ese perro cuya figura reducida a una cabeza inspira piedad, ya sea porque tiembla de miedo ante la inminencia de la muerte, ya porque resiste inmóvil el sinsentido de la vida.

Esta obra que aquel Goya a sus setenta años, privado ya de la audición, aislado del resto del mundo, pergeñó en un muro de estuco del primer piso de la Quinta del Sordo, parece rechazar, sin embargo, cualquier asignación de significado, cualquier empatía. Quizás no se equivoque quien quiera ver ahí la resistencia frente a los absurdos caprichos de la vida, la imagen del hombre que, abismado en la desesperación, reclama libertad y reclama vida, pero topamos ahí con ese aplastante volumen de arena. Una arena que, con el tiempo, irá erosionando poco a poco cualquier intento de asignar un sentido.

Conjeturaba más arriba, cuando hablaba de los cuadros de Munch, que el «grito» que pretendía expresar Sicilia quizás no necesitase ya de una figura humana, que su intención fuese visualizar el grito en sí mismo. Dando un paso más en el mismo sentido, me entran ganas de decir que, a Sicilia, hasta el perro de Goya le resulta una «explicación» innecesaria, y que lo que he quiere es visualizar la «desesperación» en sí misma. ¿Estoy violando, con esta ordinariez verbal, el santuario creativo del artista? Si es así, me retiro humildemente, pero... como dejé claro al principio, soy un *outsider* del arte y como tal *outsider* me van a permitir que ya sin ningún pudor desarrolle un poco más mi visión.

Puede decirse, en principio, que si la música es el arte de lo auditivo, la pintura y la escultura lo son de lo visual (de lo táctil, a veces). ¿Aspirará Sicilia, acaso, a traspasar esa divisoria entre los dos mundos elevándose por los aires? He dicho más arriba que si se trata de expresar las interioridades humanas recurrir a lo auditivo podría resultar más efectivo que hacerlo a lo visual, pero es que Sicilia pasa incluso por encima de esto.

Por ejemplo, supongamos que expresamos mediante un estilo de pintura realista el miedo y la desesperación de las personas que son engullidas por el tsunami. Hasta cierto grado podrán expresarse de forma comprensible ese miedo y esa desesperación. Pero yo creo que de esta forma dichos sentimientos quedan limitados, reducidos. ¿Qué pasaría si resultase que el peso agregado de miedo y desesperación fuera infinitamente mayor que ese cuerpo que se retuerce, que ese rostro que se contrae de miedo?

Disculpen la brusquedad pero, en vista del espacio que se me concede voy a tener que poner fin aquí a mi renqueante «teoría del arte» y entrar ya en el plato fuerte, que no es otro que el arte de Sicilia, su filosofía como artista. Lo digo así pero yo sigo desesperadamente aferrado a mi táctica de siempre, pasearme por la trasera buscando una segunda entrada. En estas estoy cuando vuelve a mi memoria algo que me dijo durante aquella visita. Sí, eso del «accidens». Al principio me lo tomé en su sentido habitual, el accidente, sí, el accidente al que nos referimos cuando hablamos de lo que ocurrió en la central nuclear. Por supuesto no dejaba de ser eso, pero el «accidens» al que aludía Sicilia encierra un significado más profundo, hay en él un significado filosófico…, y mis ojos se posan en el Dossier que me entregó. Sí, en su segunda página había una importante declaración suya: «El accidente nos es revelado cada día, oculto hasta que sale a la luz»

Efectivamente, la vida consiste en fragmentos. Es una acumulación de coincidencias. Por eso, para convertirla en algo con sentido es necesario *hilarla*. Sin embargo, por desgracia, en el mundo de hoy en día, especialmente en Japón, solo se oyen declaraciones oportunistas y se desatiende esa labor de hilado necesaria para vincular y conferir sentido a esos fragmentos. Tras el gran terremoto, se llenaban la boca con la palabra *kizuna* (vínculo, lazo de unión), a modo de eslogan. Pero qué huera, qué vacía nos sonaba aquella palabra a quienes estábamos en el fondo del abismo…

Este estado de cosas en que los accidentales fragmentos de vida no se funden en un todo que tenga sentido es lo que yo llamo «licuefacción» del alma. Apliqué el nombre del fenómeno físico de la licuefacción del terreno, que se evidenció tras el gran terremoto en muchos lugares del país, a la situación de pérdida de conexión interna que se estaba produciendo entre las personas, entre individuos y grupos, y entre el individuo y la sociedad. Esta *lesión de ligamentos*, estos desgarrones (roturas totales, en muchos casos) que quedaban perfectamente ocultos tras el apacible fluir de la normalidad, han quedado expuestos con el terremoto. Para expresar hechos tan tristes como estos, no hay nada mejor que la expresión artística, que supera a lo que puede analizarse o argumentarse desde las ciencias sociales. Citaba a Sicilia hablando sobre las accidentales crisis que se esconden en el día a día, pero es que el fotógrafo surcoreano Chung Chu-Ha, que expuso el otro día aquí, en Minamisōma, venía a decir lo mismo. También él hablaba de los presagios del peligro que acecha en lo cotidiano. Y de cómo hemos perdido, sin saber cuándo ni cómo, la capacidad de descubrir estos presagios.

Si echo la vista atrás, todavía recuerdo bien que en los años setenta, cuando en nuestra bella región costera de Hamadōri comenzaban a construir, una tras otra, las centrales nucleares, se prodigaba aquellas palabras mágicas de *anzen*, *anshin*, *kuriin* (seguridad, tranquilidad, limpieza) con las que inutilizaron nuestra capacidad de percibir los signos críticos. A propósito, hace unos días oímos de boca del primer ministro de Japón esas mismas palabras. Lo que pretendía, en estos momentos en que todavía ni siquiera vemos la salida del túnel en las labores de estabilización de la central de Fukushima Daiichi, era, sin ningún pudor, más aún, henchido de orgullo, dar un golpe de timón y poner proa hacia la exportación de centrales nucleares y la reapertura de las que tenemos en Japón. Pero la mayor parte de los medios de comunicación, víctimas quizás del encantamiento, y la mayor parte también de la ciudadanía guarda silencio. Parecen no enterarse de lo que esto significa.

Sicilia cuelga del techo 12 banderas de 250 x 160 cm que llevan estampadas por ambas caras imágenes que representan el ruido del tsunami, y lo bautiza *Un país llamado Accidente*. Ignoro si se refiere exclusivamente a Japón, pero en todo caso nuestro país está sobradamente *cualificado* para ser llamado así. Sí, Japón es realmente un país accidental.

Hace dos años mi referido amigo Robledo apareció por casa acompañado del escritor español Juan José Millás. Tras su regreso a España, Millás publicó en una revista del periódico *El País* un amplio reportaje con fotografías, que fue titulado «El País de más allá». Era un informe que no se limitaba a las zonas afectadas, pues incluía recorridos por los barrios tokiotas de Harajuku y Omotesandō para dar un agudo repaso a la realidad del Japón posdesastre. El estrecho parecido entre el título de su reportaje y la forma expresiva de Sicilia tiene algo que me penetra hasta las entrañas. Y es que ambos, agudamente, desnudan a ese Japón que, pese a contar con la experiencia de un accidente tan grave, sigue con su habitual falta de firmeza y seriedad.

El famoso actor de comedias Junzaburō Ban (1908-1981), hijo de esta región norteña de Tōhoku, hizo reír a una generación con aquella ocurrencia suya que sonaba algo así como «Allá Pá!». Quién sabe, igual fue una genial inspiración la que tuvo, y trataba de alertar a Japón, a ese país que materializó el milagro económico, se obnubiló luego en los años de la burbuja y terminó enfilando una arriesgada cuesta abajo, o tal vez dirigiéndose simplemente a aquel jadeante Japón de su época que se afanaba en subir la cuesta, de que más «allá» no había absolutamente nada (en Japón esto lo expresamos con un «paa!!»). Risas de la concurrencia. Por supuesto, el que nosotros llamamos Gran Terremoto del Este de Japón, con su gran tsunami, ha acarreado enormes pérdidas de vidas humanas y grandes daños, y por si fuera poco a ello se unió el accidente nuclear con sus calamitosos efectos, resulta imposible hacer un recuento cabal de los daños. Pero por lo que a mí, personalmente, respecta, siento que además de todos esos daños, tenemos que decir que el gran terremoto nos ha abierto también los ojos. Esta idea mía la vengo expresando mediante conceptos como «el fondo del abismo», «la perspectiva escatológica» o, a modo de compendio, «el centro de gravedad del alma». Por ejemplo, poco después del terremoto, mientras seguía las informaciones que se daban por la televisión, alcancé a comprender con amargura que el mundo no se mueve por los ideales, ni por las convicciones, ni por la fe, ni siquiera por los denodados esfuerzos y la ayuda mutua que se prodiga la gente de buena voluntad, sino por la especulación. Y también desperté a la cruel realidad en la que, como viene a apercibirnos Sicilia, nuestro mundo no lo mueve tanto lo esencial, o lo sustancial, como una sucesión de accidentalidades, una peligrosa sucesión de movimientos inconsecuentes, para salir del paso, propios de un funambulista.

«Post 11 de marzo» fue una frase de moda, que iba de boca en boca. Pero como ocurrió con el 11 de septiembre, con el paso del tiempo esa frase se ha convertido en un cliché vacío e insustancial, y su destino es caer tarde o temprano en el más completo olvido. Aunque de su verdadero sentido podemos decir que está ya totalmente olvidado.

Hace algunos decenios la Torre de Tokio, y ahora, la nueva torre SkyTree, auto-complaciente gema de la tecnología japonesa, tienen a la gente sencilla de nuestra tierra siempre con su mirada puesta en lo alto. Los japoneses de otras épocas, esos japoneses que vemos por ejemplo en las películas del director Yasujirō Ozu, ¡qué dignidad tenían, por muy pobres que pudieran ser! Lógicamente en ellos se refleja también la humanidad del director, pero hay además un secreto. Porque Ozu ordenó al jefe de filmación que cortase las patas de los trípodes que sostenían las cámaras. Dicho de otro modo, le hizo bajar el centro de gravedad. ¡Pero los japoneses modernos llevan tan alto el suyo! ¡Esa falta de firmeza que demuestran en todos los planos!

¿Será un contrasentido tratar de encontrarle una utilidad al arte? Aunque así sea, como ciudadano que ha sufrido el desastre, es mi sincero deseo que todos los que se acerquen al lugar capten el sincero mensaje que irradia la obra de Sicilia expuesta en esta ocasión. La vida, es cierto, es accidental. Pero precisamente por eso tenemos que buscar ese algo que nos tienda un puente hacia lo esencial, hacia lo perdurable. Tal es el mensaje que me gustaría que hallasen.

Y al mismo tiempo, querría también que recordasen que dentro de la buena tradición artística japonesa, de la que podemos enorgullecernos ante el mundo, existe la belleza cuyo brillo destaca precisamente porque es una belleza efímera, la eternidad que se manifiesta precisamente en la fugacidad del instante.

Finalizaré expresándote a ti, José María, mi más sincera gratitud. Gracias por el profundo amor que nos has regalado a los afectados y a todo Japón.

10 de junio de 2013

魂の叫び　　佐々木 孝

美術にはまったくの門外漢である私に、シシリア展へのメッセージのご依頼である。どういう風の吹き回しでこうなったかは、私なりに推測はできるが、しかし最初は本当に困ったという事実をまずは白状せねばなるまい。こういう風に話を切り出していること自体すでに狼狽気味なのである。シシリアさんについては、友人のロブレードさんから教えてもらったわずかな知識しかないし、その作品もネットで見たいくつか、中には制作途中のものを含めてわずか数点しか知らなかったからだ。

しかもその数点といっても、これまで私が漠然とイメージしてきた絵画や彫刻とはいささか、いや大いに様子が違っていた。それで苦し紛れに、かつて読んだことのあるオルテガの芸術論、すなわち新芸術に向かう心得のようなことが書かれている（と記憶している）エッセイを読み直そうとして、はたと気付いたのである。そうだ、私に求められているのはなにも美術評論などではなく、今回のシシリアさんの作品創作のきっかけとなった二年前の東日本大震災、わけても原発事故の被災者の一人としての発言なのだ、と。

しかし被災体験は以前から書いていたブログの一部として既に発表済みで（論創社刊『原発禍を生きる』）、その後それは中国語版（香港・三聯書店）と朝鮮語版（韓国・ドルベゲ出版）を出してもらい、そしてこの五月には、シシリアさんのお国であるスペインでも出版されて（"Fukushima Vivir el desastre",Satori Edciones）…、と書いて、そうか私に求められているのは単なる被災体験の報告でもないのだ、とやっと気付いたのである。

こうしてようやくたどり着いたのは、今回の大震災を経験した被災者の一人として、シシリア作品をどう見るか、つまり美術評論でもなく、また単なる被災者の体験記でもなく、被災体験を経た一人の人間の眼にシシリア作品はどう映じるのか、と落ち着いて考えれば当然の結論に至った。なんとか直球勝負を避けようとして、結局はいちばん難しい結論にたどり着いたわけだ。こうなれば観念するしかない。ところが前述のとおり、彼の作品を生で見たことがないのである。どう書けばいいのだろうと困り果てていたところに、思わぬ救いの手が差し伸べられた。なんと4月22日の午後、友人のロブレードさんの案内で彼自身が我が陋屋を訪ねてくださったのである。

短時間だったが彼と直にお話することができたし、今度の展覧会用に作られたというDossierなるものもいただいた。そして展覧会のタイトルが原民喜の原爆体験を描いた小説『夏の花』に想を得た『フクシマ　冬の花』であるということも知った。その際、音声を絵や彫刻に視覚化する方法についても説明していただいたのではあるが、しかし私のスペイン語のヒアリング能力不足もあって、正直なところ良くは理解できなかった。ともあれ作家ご本人にお会いし、作品制作の意図なども直にお聞きするという贅沢に恵まれたのに、いやもしかして恵まれたからこそ、私にはシシリア論のハードルは更に高くなったのである。

こうなれば開き直るしかない。いや正直言えば、素手で、無手勝流で相手あるいは敵に挑むことこそ私の生き方そのものだったはずだ。つまり「当たって砕けろ」なら少しは格好がつくが、私の戦法は「砕けて当たれ」である。そう言えば今回の当面の敵とも言うべき原発事故に対しても、同じような戦法を採った。つまり原発とは何か、放射能そして放射線とは何かについてほとんど無知のまま立ち向かったのである。たとえばその放射能と放射線の違いなど、たぶん今では小学生でも分かるような基本的なことさえ分からないし、分かろうともしていないのである。つまり事故以後も、それら敵方の情報など一切調べることもなく今日に至っているのだ。

ともかく初めから肝に銘じていたのは、放射能はサリンあるいは炭疽菌のように即死につながる毒でもないし、ペスト菌のように伝染するものでもないこと、少々なら（そして低線量なら）時間をかけてじっくり攻めてもいい相手だということである（それが逆に恐ろしいと言う人もいるが）。もちろん避難を思いとどまったのは、介護を必要とする妻や、高齢の母の存在のこともあったが、しかしもし原発事故が報じられるよりも深刻なものだとしたら、こんな狭い日本列島を逃げ回っても無駄だろうと考えたことも事実である。つまり敵に対する恐怖を次々と足し算するのではなく、最悪の事態からの引き算をしたのだ。

結局、とっさに決めたこの決断が正しかったわけだが、おかげでまるで定点観測のように、あるいは間隔を置いて撮影された映像を早回しで見るように、あの眼に見えない化け物に翻弄された市民たちの動きをじっくり観察することができた。こんなことを言うと、いかにも他人事として沈着冷静に事態の推移を見守ったように思われ、いらぬ憎しみを買うかも知れないが、実際は妻の介護をしながらのまるで綱渡りのような危なっかしい日々であったこともまた事実である。

思わず被災体験記に深入りしそうなのでこの辺で本題に戻らなければならない。私にとってホセ・マリア・シシリアの芸術とは何かという難問である。ここでまたもやオルテガのひそみ（『ドン・キホーテをめぐる思索』）に倣うなら、難問に対しては、ちょうど旧約聖書のイェリコ包囲戦のように、大きく弧を描きながら徐々に近づいて行った方がいいかも知れない。つまり正門突破ではなく、搦め手からの攻略である。

まずシシリアさんは今回の大震災に対して、つまりその悲惨な事件を表現しようとして、なぜ音にこだわったのだろう、と考えてみる。造形芸術の表現媒体あるいは素材として（果たしてこの問題の立て方自体が適切なのかどうか、それさえ分からないのだが）、素人にもすぐ思いつくのは、先ず色や線であろう。それなら彼はなぜ音声を？　対象が人間、それも姿かたちではなくその内面であるなら、たぶん色や線より音の方がもっと対象に近づけるからだろうか。たとえば、制作途中のものではあるが、南三陸で津波到達の危険を知らせる「遠藤未希」という作品がある。まだ下絵段階だが完成すれば２６０×２５０×０.５cmのステンレスの作品となり、天井から吊り下げられ、重さは１００キロ近いものになるそうだ。

完成態を目の前にしたと想像してみよう。まずその圧倒的な量感に打たれるはずだ。迫り来る大津波に対する恐怖と焦燥そして絶望の、言葉にならぬ叫び。見当違いな連想かも知れないが、たとえばここにムンクの『叫び』の中の男のように、恐怖のために体をよじった女性の姿を配してみたらどうだろう。いやいや、シシリアさんは人間の姿かたちさえ不要（？）と考え、叫びそのものの視覚化を求めたのだろうか。美術には冥い私なのにムンクなど呼び出したついでに、もう一人、スペインの大画家ゴヤも呼び出させていただこう。数ある泰西名画の中でいちばん好きな絵は、ともし聞かれたしたら、私はしばらく迷った後にゴヤの『砂に埋もれる犬』を挙げるであろう。

なぜ好きか、自分でも判然としない。しかし敢えて言えば、その判然としないところこそが魅力なのだ。つまり泰西名画であれ東洋の名画であれ、いかにも押し出しが立派な、誰もが太鼓判を押す意味明瞭な名画にはほとんど魅力を感じてこなかったのである。それについては過去に、私にとっては唯一の美術論と言ってもいいこんな文章を書いたことがある。

「私の中には、この世のものは全て過程のものである、という牢固たる確信めいたものがあって、何かを完結したものとして提示されると、それは嘘だという声がどこからともなく聞こえてくる。芸術作品とて未完のものにすぎないではないか。だから画家なり小説家なりが、最後の一筆をキャンバスに加えるとき、あるいは最後の文章にピリオドを打つとき、そこには大いなる逡巡、頭の中を吹き抜けてゆく突風のような無念さがあってしかるべきと頑固に信じている。

したがって、完璧な構成と自信ありげな筆遣いを誇っているような絵にはあまり魅力を感じない。　むしろ中途半端に投げ出されているような絵、画家が何を描こうとしているのか分からぬような作品に親近感を覚えてきた。その意味で、ここに取り上げたゴヤの<砂に埋もれる犬>は、比較的に好きな絵の一つである。といって部屋の中にその複製を掛けているわけでもないし、ときおり画集を開いて見るというほどの関係にもない。頭の片隅に染みのようにこびりついている気になる何かであるに過ぎない。砂だか、あるいは荒壁だか分からぬような背景、迫り来る死の恐怖に慄いているのか、それとも生の無意味さにじっと耐えているのか、頭部だけの犬の姿が哀れである。

聴覚を失った七〇歳代半ばのゴヤが、世間から隔絶された<聾の家>の二階の漆喰壁に描いたこの絵は、しかしそうした一切の意味付けと感情移入を峻拒しているようにも思われる。理不尽な生の気紛れに抗い、絶望の中で自由と生を求める人間の姿をそこに読み取っても間違いではなかろうが、それにしては圧倒的な砂の容積。その砂がやがてそうした一切の<意味付け>を徐々に浸食してくるはずだ。」

先ほどムンクの絵に触れて、シシリアさんが表現しようとしている「叫び」に人間の姿形はもはや不要で、叫びそのものを視覚化しようとしているのでは、と推測した。その流れで言うなら、シシリアさんはゴヤの絵に描かれている犬さえも不要な「説明」であって、「絶望」そのものを視覚化しようとしているのでは、と言いたくもなる。

これは芸術家の創造の聖域を侵す暴言だろうか。もしそうだとしたら恐懼して引き下がるほかはないが、しかし最初に断ったように私は美術にはまったくの門外漢、ならばむしろ怖じずにもう少し私見を続けさせてもらおう。

音楽は聴覚の芸術、絵画や彫刻は視覚（時には触覚）の芸術と一応は言えるかも知れない。とするとシシリアさんが目指しているのは、その二つの世界の境界線を飛び越えての越境なのだろうか。先ほど人間の内面を表現するには、視覚に訴えるより聴覚に訴えた方がより効果的ではないか、と言ったが、シシリアさんはそれさえをも踏み越えて、というかそれを逆手にとって、いったんは聴覚で捉えたものを今度は視覚に訴えようとしているのだろうか。

たとえば津波に襲われた人間の恐怖、絶望感を写実的な画き方で表現したとするなら、確かに被災者の恐怖や絶望感を分かりやすく、そしてある程度は表現することができるが、しかしそれでは恐怖なり絶望を小さく限定することになりはしないか。つまり恐怖や絶望の総量は、恐怖によじれた体や引きつった顔をはるかに超え出るほどのものだとしたらどうだろう？

　さて唐突ではあるが与えられた紙幅を考えるなら、あやふやな「美術論」はこの辺で切り上げて、そろそろシシリア芸術の本丸に迫らなければならない、つまり芸術家としての彼の哲学に。と言いながら、私は相変わらず必死に搦め手、つまり裏門はどこかを探している。すると彼との会話の中で発せられた一つの言葉が蘇ってきた。そう、「アクシデント」という言葉である。最初これを通常の意味に、つまり原発事故を語る際のその「事故」という意味に取った。もちろんそうではあるが、彼が語るアクシデントにはもっと深い意味が隠されている、つまり哲学的な意味が…そしてここで彼からもらったDossierに眼が行った。そうだその2ページ目に彼自身の重大な発言が記されていたではないか。

「アクシデントは日々私たちにその姿を現す。それは明らかになるまで隠れている。アクシデントは、時間、瞬間、生命と強く結びついている。全ての物がアクシデントの素材である。時間が全てを破壊し尽くす」。

そうだ生は断片でできあがっている。つまり偶然の積み重ねである。だからそれを意味あるものにするには、「紡ぐ」ことが必要なのだが、しかし悲しいことにいま世界は、とりわけ日本は調子のいい言葉が飛び交っているが、それら生の断片を意味ある連関へと紡いでいくことがなおざりにされている。大震災後しきりに「絆」というスローガンが叫ばれた。しかしそれは、奈落の底にある者にとって、またなんと空しく響いたことか。

アクシデントたる生の断片が意味ある連関にまで至らぬとき、それを私は「魂の液状化」と呼ぶ。つまり大地震後、各地に露呈した地層の液状化現象と同じく、人と人、あるいは人と集団・社会との内面的な繋がりを喪失した状態をそう呼んだのである。平穏に過ぎ行く平常時には決して見えなかった靱帯や絆の綻びが、いや時には完全にぶち切れていることが、震災によってはっきり露呈してしまったのである。こういう悲しい現実を表現するには、社会科学的な分析や論述より、芸術家の表現以上にすぐれたものは無い。先ほど日常に潜む（アクシデンタルな）危機についてのシシリアさんのコメントを紹介したが、先日、ここ南相馬で作品展のあった韓国の写真家鄭周河（チョン・ジュハ）さんも同じようなことを言っていた。つまり日常に潜む危険な兆候についてである。そしてこうした兆候を感知する能力を、私たちはいつの間にかすっかり失ってしまっている。

思い返せば１９７０年代、つまり福島県の浜通りという美しい海岸線に次々と原発が建設され始めたころ、そうした危機感知能力を麻痺させるアンゼン、アンシン、クリーンという呪文がやたら飛び交ったことを今でもはっきり覚えている。そう言えば、数日前にも日本の首相の口から同じ呪文が繰り返されていた。その狙うところは、フクシマ・ダイイチの事故が収束の見通しさえ立っていないというのに、恥ずかしげも無く、いやむしろ誇らしげに原発輸出を決め、原発再稼動へと大きく舵を切ることだった。それなのに、その呪文に魅せられたのか、ほとんどのマスコミは沈黙したまま、そしてほとんどの国民はそれが何を意味しているかさえ気付いていないように思える。

シシリアさんは、津波の音のイメージを両面にプリントした２５０×１６０cmの１２枚の旗にして天井から吊り下げ、それに「アクシデントという名の国（ Un país llamado　　　Accidente）」と名付けている。これが日本だけを指しての言葉なのかどうかは知らないが、でもそう呼ばれるだけの資格（？）は日本には充分すぎるほどある。そう日本はアクシデントの国なのだ。

一昨年、同じくロブレードさんが我が家に案内してくれた客人にスペインの小説家フアン・ホセ・ミリャスさんがいる。彼は帰国後「エル・パイース」の週刊版に"El País de más allá（はるか向こうの国）"という写真入りの長文のルポルタージュを発表した。これは被災地のみならずハラジュク、オモテサンドウなど歩いて、震災後の日本の現実を鋭く抉った報告だが、その記事の表題がシシリアさんの表現に非常に近いことがずしりと臓腑に沁みてくる。つまりあれほど深刻な事故を経験したのに、相変わらず浮き足立っている日本という国の真の姿を鋭く暴いてくれたからだ。
東北の生んだ偉大な喜劇俳優・伴淳三郎（1908−1981）は、むかし「アジャパー」というギャグで一世を風靡した。もしかして彼は天才的なひらめきを感じて、高度成長・バブル景気に浮かれて危険な傾斜を滑り落ちる、あるいは息せき切って登っていく日本に向かって、アジャ（向こうは）パー（何も無いよ）と警告していたのかも知れない（呵呵大笑！）。

もちろん東日本大震災がもたらしたものは、大津波による尊い人命を含む甚大な被害、それに追い討ちをかけるように発生した原発事故によるさらに悲惨な被害等々、数え上げればキリが無いが、しかし私個人に関して言えば、それら被害に加えて、大いなる覚醒もまたもたらされたと言わなければならない。時にそれを「奈落の底」とか「終末論的な視点」、あるいはそれらを総括するものとして「魂の重心」という言葉で表現してきた。たとえば事故直後にテレビから流れる報道を見ながら忽然と悟ったのは、世界は理想とか信念とか信仰、あるいは善意の人たちの苦労や助け合いによって動いているのではなく、まさに投機（especulación）によって動いているのだという苦い認識などである…そしてシシリアさんが喝破しているように、世界は本質や実質よりもアクシデンタルなものの連続という、まるで綱渡りのような危険でその場限りのものによって動いているという残酷な事実への覚醒である。

3.11以後という言葉が一時期流行（はやり）言葉のように口にされた。しかし9.11の時もそうであったように、時の経過とともにそれはいつか実質を失った空しい常套句へと変化し、いつか程なく忘れ去られる運命にある。いや少なくともその内実は既に忘れ去られたと言ってもいい。

かつては東京タワーが、今は日本の科学技術の粋を集めたと自画自賛するスカイツリーが、善男善女の目をやたら上方に向けさせている。かつての日本人は、たとえば小津安二郎映画に出てくる日本人は、貧しくとも何と品位があったことか！　もちろんそれには監督自身の人間性も反映していたが、そこには秘密もあった。つまり彼は撮影監督に命じて三脚の脚を切らせた。つまり重心を低くさせたのである。ともあれ今の日本人の生の重心の何と高いこと、ずべてに浮き足立っている。

芸術に効用性を求めるの筋違いだろうか。もしそうだとしても、被災住民の一人として切に願っているのは、今回の展覧会に展示されるシシリアさんの作品群が発している真摯なメッセージを、会場を訪れる全ての人に感じてとってもらいたいということである。生は確かにアクシデンタルなもの、しかしそれゆえにこそそこに本質的なもの、永続的なものへと架橋する手がかりを探さなければならない、というメッセージを読み取って欲しい。

そして同時に、日本の良質の伝統の中、世界に誇るべき芸術の中には、果敢ないがゆえにひときわ輝き出る美、消えゆく一瞬の中にこそ見えてくる永遠、があったということを想起してもらいたいのである。

そして最後にシシリアさん、あなたに心からなる感謝の意を表します。　日本に対する、そして私たち被災民に対するあなたの深い愛を、ありがとう！　2013/6/10)

A Cry from the Soul   Takashi Sasaki

Though I'm a layperson in matters artistic, I have been asked to provide a message on the occasion of the exhibition by José María Sicilia. I have to wonder, in my way, what fair wind has brought me this assignment. But I have to begin by confessing that at first I found myself put on the spot. Yes, the very manner in which I have chosen to begin these lines is proof of my initial unease. My knowledge of Sicilia was limited to what my friend Gonzalo Robledo had been able to tell me, and as far as his works, I only knew what few I had seen on the internet, some of which, moreover, were still unfinished. In addition, those few works were quite removed — far removed, it would be better to say — from the image that I had vaguely formed of his paintings and sculptures.

In my confusion, I prepared to re-read an essay on art by Ortega y Gasset, one which I had read a long time ago — an essay which, as I remembered it, amounted to an orientation on how to approach modern art — when I suddenly realized that what I was being asked to do wasn't to provide anything along the lines of a treatise on art, but rather to speak as a victim of the great earthquake that devastated eastern Japan a little more than two years ago, and as a victim, in particular, of the related nuclear accident.

Nevertheless, the fact is that my experiences as a victim, which made up a portion of the content of my blog, have been published in book form. They were first published in Japanese by Ronsōsha, then in Chinese by Joint Publishing in Hong Kong, shortly thereafter in Korean by Dolbegae in Paju-si, and finally, in May, in Spanish, under the title *Fukushima: Vivir el desastre*, by Satori Ediciones, precisely in Spain, the artist's native land. This made me understand, finally, that what was expected of me wasn't the simple testimony of a victim either.

And so it was that I arrived at the conclusion — a logical one, moreover, if one examines it calmly — that if it wasn't art criticism that I was being asked to provide, neither was it an account of my experiences as a victim, but rather an explanation of what someone who had endured the great disaster saw in Sicilia's works, of what aspects his work acquires in the eyes of someone who has undergone that experience. So you see, I acted like a baseball pitcher who, in order to avoid risking everything on a fastball, chooses the most complicated option.

That's what I had done and I had to resign myself to it. But the fact was that, as I said at the outset, I hadn't seen his original pieces. And just when I was despairing most of ever finding a formula, the hand of salvation reached out to me. And so it was that through the mediation of Robledo, on the 22nd of April, the artist visited my hut.

In spite of the brevity of his visit, I was able to speak directly with him and receive the so-called Dossier that had been created for the exhibition. I learned also that the title of the exhibit would be *Fukushima. Winter Flowers*, a title inspired by the novel *Natsu no hana* (Summer Flowers), in which Tamiki Hara reflects on his experiences of the atomic bombing of Hiroshima. I received that day explanations of the ways in which Sicilia had tried to visualize voices in his paintings and sculptures. As it happens, my oral comprehension of Spanish is limited, and to be honest I wasn't able to perfectly capture what he was saying.

Even so, in spite of the luxury of having been able to meet the artist in person and hear in his own words the intention that drove his work as well as additional details — or perhaps precisely because I had that luxury — the barrier that I had to surmount in order to be able to speak theoretically about Sicilia loomed even more unbreachable. That being so, all I could do was put my shoulder to the wheel. Although, if I may say so, that's exactly how I have always lived, without being forearmed in any way and by trying to achieve a victory over my opponent, my enemy, without going to battle. What we in Japan call "attacking all-out even if you are left in pieces" may be very heroic, but my strategy is the opposite: to receive the punishment first and then go all-out. And while we're on the subject, I will say that it is in this manner and no other that I have confronted what has for some time had to be my enemy: the nuclear accident. In other words, I have faced it without having any knowledge of certain matters, such as nuclear energy, or radioactivity, or radiation. An example: I don't know, nor do I have any intention of knowing, something as elemental as what the difference is between "radioactivity" and "radiation," a difference that now even primary-school children know. As you see, not even after the accident have I gathered information about the enemy. And there you have me.

In any case, what I did do was tell myself and repeat to myself that radioactivity wasn't like Sarin gas or the anthrax bacillus, poisons that can cause instantaneous death, nor like the plague bacillus, which is contagious. And if it came little by little (and at low intensity) one could confront it, giving it time and patience (which to many will sound even more terrifying). Of course, circumstances like having a wife who needed care or the presence of my mother who is now very elderly in the house contributed to discarding the possibility of our running to seek shelter somewhere, but what is equally true is that I also understood that if the nuclear accident was worse than what they were saying, in an island country as small as Japan there would be no escape. Instead of heaping up new fears, accumulating them, I opted to suppose the worst from the beginning, and from there, to diminish our fear.

That decision, taken so suddenly, turned out to be the correct one and left me in a position to observe at my leisure, like a meteorologist, or like a spectator of those fixed images taken over intervals of time and then presented in a series, the movements of my fellow citizens who were the playthings of that invisible monster. By saying these things it's going to seem like I've been observing the evolution of events with the greatest coolness, as if the matter had nothing to do with me, and it's possible that in this manner I've garnered unnecessary hostility, but the truth is that those were days of uncertainty, of walking on a tightrope for me as well, which I had to balance with the great care that my wife required.

As this begins to resemble dangerously the account of a victim, I will steer the matter back to the principle subject, to the difficult question of what Sicilia's art represents to me. And once more I draw upon the assistance of Ortega y Gasset and his *Meditations on Quixote*, because I will approach the subject in the manner in which he describes how the site of the biblical city of Jericho was approached: "in wide circles," "reaching it slowly." I won't attempt, then, to open a breach in the main gate. My idea is to make a circuit around the back in search of a weak point.

I ask myself, first, why Sicilia has taken it upon himself to express this great earthquake, the catastrophe of what happened, by means of sounds. To a layperson like myself, the first things that occur to me when discussing the expressive means or materials which one employs in the visual arts (although I don't know if this is the correct manner of posing the problem) are colors and lines. Why, then, did he choose voices? Perhaps because, if we set out from the starting point that the object of his art is the individual person, and the individual not so much in external appearance but in interiority, sound would allow us a closer approximation than that which lines and colors would provide. For example — and this is one of the unfinished works — we have the piece entitled *Miki Endo*, which is the name of a municipal employee of the city of Minamisanriku who by using a megaphone continued to warn of the imminent arrival of the tsunami and who finally died because he was unable to save himself. It's still a sketch, but when it's completed the work will consist of a piece of polished bronze, 46 x 65 x 10 centimeters and weighing approximately 25 kilos, which is designed to hang from the ceiling.

Let us imagine the piece already finished, before our eyes. The sensation of volume and weight must be impressive. It's a scream that finds no words, a scream of terror, of anxiety, of despair, in the face of the gigantic tsunami that approaches. The association of ideas may go astray, but one could propose, for example, counterpoising to it an image of a woman who writhes in terror, like the person in the Munch paintings called The Scream. But no; it seems that Sicilia has considered even the appearance of human form to be unnecessary, and that he has sought to visualize the scream itself. And now that I've invoked Munch, permit this novice in the fine arts to summon as well the presence of another great master of painting, the Spaniard Goya. If you asked me to choose only one of the countless works that make up the canon of Western painting,

I would probably, after some vacillation, go with Goya's *The Dog*. No definite reason explains my choice; but if I had to cite a reason, I would argue that what attracts me is precisely its indefiniteness. Because I have scarcely felt myself attracted, speaking of the masterworks of both Western as well as Eastern art, by those typical paintings of majestic appearance whose diaphanous meaning everyone takes for granted. On this point a while ago I wrote the following, which may stand as my only attempt to theorize about art:

> I have always harbored a kind of solid certainty about the fact that the things of this world are always things in process, in such a manner that when I'm presented with something that purports to be completely finished, out of some hidden corner I want to raise a voice that says no, it's a lie. To the extent that something is a work of art, it must always be incomplete, unfinished. For this reason, I firmly believe that when the painter hastens to put the finishing touch on a canvas, or when the writer places a period at the end of a piece of writing, there must be, of necessity, a great vacillation, a mortification like a gust of wind blowing through the mind. For the same reason, I'm not attracted all that much by those self-satisfied works that display flawless composition and a great firmness of line. On the contrary, my sympathies are with those paintings that have been abandoned along the way, those works in which one never manages to understand what the creator intended to paint. In this sense, Goya's The Dog is one of those paintings that I find relatively pleasing, but don't think that I have a reproduction of it in my room, or that I'm always looking for it in some book of paintings. It's simply something that bothers me here, like a little stain that won't go away in some corner of my head. That background that could equally well be sand as a wall of roughly finished stone; that dog whose figure reduced to a head inspires pity, either because it's trembling with fear before the imminence of its death, or because it resists motionlessly the senselessness of life.
>
> This work, which Goya, in his seventies, deprived of an audience, isolated from the rest of the world, sketched on the stucco wall of the second floor of the Quinta del Sordo, seems to reject, nevertheless, any assignment of meaning, any empathy. Perhaps they are not mistaken who see here a resistance in the face of the absurd caprices of life, the image of man who, sunk in desperation, cries out for liberty and cries out for life, but here we come up against that crushing volume of sand. Sand that will, with time, little by little, erode away any attempt to assign it a meaning.

I conjectured above, when I spoke of Munch's paintings, that the "scream" that Sicilia attempts to express perhaps no longer requires a human figure, that its intention was to visualize the scream itself. Taking a step further in that direction, I'm inclined to say that, to Sicilia, even Goya's dog becomes an unnecessary "explanation," and that what he wants is to visualize the "despair" in itself. Am I violating, with this verbal vulgarism, the creative sanctuary of the artist? If so, I humbly withdraw but... as I made clear at the beginning, I am an *outsider* in regard to art and as an *outsider* I ask you to allow me to develop my vision a bit more without any embarrassment.

It can be said, in principle, that if music is the art of the auditory, painting and sculpture are the arts of the visual (of the tactile, at times). Did Sicilia, perhaps, aspire to cross that divide between the two worlds, lifting himself through the air? I have said above that in order to express the human interior having recourse to the auditory might turn out to be more effective than the visual, but Sicilia goes even further than that.

For example, suppose that we express by means of a realist style of painting the fear and despair of individuals who are engulfed by the tsunami. To a certain degree that fear and despair can be expressed in a comprehensible manner. But I believe that in doing so those sentiments would remain limited, reduced. What would happen if the accumulated weight of fear and despair turned out to be infinitely greater than that body that writhes, that face that cringes in fear?

Forgive my bluntness, but in view of the space that I've been allotted I'm going to have to put an end here to my clumsy "theory of art" and start on the main event, which is none other than Sicilia's art, his philosophy as an artist. I say it this way but I remain desperately bound as ever to my same strategy, to circling around the back seeking a second entrance. And there I find myself when something that Sicilia said during that visit comes to mind. Yes, the matter of accidens. At first I took this in its ordinary sense, the "accident," yes, the accident we refer to when we talk about what happened in the nuclear power plant. Of course it doesn't cease to be that, but the accidens to which Sicilia alludes encloses a more profound meaning, it has a philosophical meaning... and my eyes come to rest on the *Dossier* that he gave me. Yes, on the second page there was an important declaration: "Hidden until it emerges into the light, the accidental is revealed to us every day."

In fact, life consists of fragments. It's an accumulation of coincidences. For this reason, converting it into something with meaning necessarily is to *thread it*. Nevertheless, unfortunately, in the world today, especially in Japan, one only hears opportunistic declarations and the necessary labor of threading required to link and give meaning to those fragments is neglected. After the great earthquake, the word *kizuna* (link, bond of union) was on everyone's lips, as a kind of slogan. But how hollow, how empty that word sounded to we who were in the depths of the abyss...

This state of things in which the accidental fragments of life don't cohere into a whole that would have meaning is what I call the liquefaction of the soul. I applied the name of the physical phenomenon of liquefaction of the soil, which occurred in many places in the country during the great earthquake, to the situation of loss of internal connection that was produced between people, between individuals and groups, and between the individual and society. This *ligament damage*, these enormous tears (total breaks, in many cases), which had remained perfectly concealed in the peaceful flow of normal existence, were exposed by the earthquake.

To express events as sad as these, there's nothing better than artistic expression, which surpasses what can be analyzed or debated within the social sciences. I quoted Sicilia remarking on the accidental crises that are hidden in the everyday, but the South Korean photographer Chung Chu-Ha, who exhibited here the other day, in Minamisōma, has said much the same. He also spoke of the omens of the danger that lurks beneath the everyday, and of how we have lost, without knowing when or how, the ability to discover these omens.

Looking back, I still remember well that in the 1970s, when they began to build nuclear power plants, one after another, in our beautiful coastal region of Hamadōri, one heard repeated the magic words *anzen, anshin, kuriin* (safety tranquility, cleanliness) with which our capacity to detect warning signs was neutralized. Incidentally, a few days ago we heard these same words from the mouth of the prime minister of Japan. What he proposed, without any shame, even proudly, at a time when we still couldn't even see the light at the end of the tunnel in the task of stabilizing the power plants of Fukushima Daiichi, was that we shift course and point our bow towards the exportation of nuclear power plants and the reopening of the ones that we have in Japan. But most of the media, victims perhaps of the spell, and the majority of our citizens, remain silent. They don't seem to understand what it means.

Sicilia hangs from the ceiling twelve 250 x 160 centimeter banners bearing printed images representing the sound of the tsunami on both sides and baptizes it *A Country Called Accident*. I don't know if it refers exclusively to Japan, but in any case our country is supremely qualified to be so named. Yes, Japan is truly an accidental country.

Two years ago my friend Robledo appeared on my doorstep accompanied by the Spanish writer Juan José Millás. After his return to Spain, Millás published in a supplement of the newspaper *El País* a full account with photographs, under the title "The Country Most Beyond." His report wasn't limited to the affected areas, because it included excursions through the Tokyo neighborhoods of Harajuku and Omotesandō in order to give a hard look at the reality of post-disaster Japan. The close similarity between the title of the article and the expressive form used by Sicilia has something that pierces me to the core. And it's that both, acutely, strip bare the Japan that, in spite of its experience with such a serious accident, continues on with its customary lack of firmness and seriousness.

The famous comedic actor Junzaburō Ban (1908-1981), a product of the northern portion of the Tōhoku region, made a generation laugh with a witticism that sounded something like "Allá Pá!" Who knows whether with this genial conceit, he was trying to warn Japan — that country where the economic miracle materialized, and which was then dazzled by the bubble years and ended up following a risky downward slope — or perhaps was simply addressing himself to the breathless Japan of his day that strove to ride the crest, and that "further beyond" [Spanish *más allá* — Trans.] there was absolutely nothing (in Japan we express this with *a paa!!*). Concurring laughter.

Of course, what we call the Great Earthquake of Eastern Japan, with its great tsunami, has resulted in enormous loss of life and tremendous damage, and combined, as if that weren't bad enough, with the dire effects of the nuclear accident, makes it impossible to produce a thorough accounting of the damage. But as far as I, personally, am concerned, I feel that above and beyond all that damage, we have to say that the great earthquake has also opened our eyes. I have been expressing this idea through concepts like "the depths of the abyss," "the eschatological perspective," or, more compendiously, "the center of gravity of the soul." For example, shortly after the earthquake, as I followed the reports that were broadcast on television, I came to understand bitterly that the world isn't moved by ideals, or by convictions, or by faith, nor even by the dauntless efforts and mutual aid that is extended by people of good will, but by speculation. And I also awoke to the cruel reality that, as Sicilia has come to warn us, what moves our world isn't the essential, or the substantial, as much as a succession of accidents, a dangerous succession of inconsequential movements just to get out of trouble, like a tightrope walker.

"Post-March 11" became a popular catchphrase, one that traveled from mouth to mouth. But as happened with September 11, with the passage of time that phrase has turned into an empty and insubstantial cliché, and its fate, sooner or later, is to fall into utter oblivion. Although in its true sense we could say that it has already been completely forgotten.

A few decades ago the Tokyo Tower, and today the new SkyTree, that self-satisfied jewel of Japanese technology, had the simple people of our country with their gaze always towards the heights. The Japanese of other eras, the Japanese that we see for example in the films of the director Yasujirō Ozu, —what dignity they had, no matter how poor they were! Naturally they reflect the humanity of the director as well, but beyond that lies a secret. Because Ozu ordered the director of cinematography to shorten the feet of his camera tripods. To put it another way, he made him lower the center of gravity. But today's Japanese keep their center of gravity so high! The lack of firmness that they show on every level!

Would it be senseless to try to find utility in art? Be that as it may, as a citizen who has endured the disaster, it's my sincere wish that all those who approach the site capture the sincere message that irradiates the work of Sicilia displayed on this occasion. Life, it's true, is accidental. But precisely because of this we have to search for something that can stretch a bridge towards the essential, the enduring. Such is the message that I would like you to take away.

And at the same time, I'd also like you to remember that within the great Japanese artistic tradition, of which we can be so proud before the world, there exists a beauty whose brilliance stands out precisely because it's an ephemeral beauty, the eternal that is made manifest precisely in the fleetingness of the moment.

I will end by expressing to you, José María Sicilia, my most sincere gratitude. Thank you for the profound love that you have given to the affected and to all Japan.

June 10th 2013

En el proceso de elaboración de estos trabajos sobre lo ocurrido el 11 de marzo de 2011, recibí muchas ayudas y muestras de amabilidad.

Vaya desde aquí mi más profunda gratitud y reconocimiento a Sven Nebel por su trabajo inestimable a lo largo de estos años, y a su familia, Mari Carmen, Ángela y Jan.

Mi agradecimiento a Toshio Tamada, con quien hice mi primer periplo por las costas de Tohoku, su entusiasmo hizo posible este proyecto, él me presentó a Shuko Shimaguchi de Therapy & School I am y al equipo curatorial del Prefectural Art Museum de Fukushima.

Gracias a todas las personas que trabajan en Therapy & School I am por la fluidez y facilidad con que llevaron a cabo los talleres, los continuos viajes, traslados, horarios...

Ha sido una suerte poder trabajar con Fernando Salas, Isauro Araujo, Rubén de la Vega y Javier Ponce, Antonio Negueruela y Misa, gracias a todos ellos.

Me gustaría expresar mi gratitud por sus consejos y ayuda a Joaquín Berao, Michel Battaglia y a su taller.

Mis agradecimientos a Denis Long y a su taller.

Gracias a Marina Ancona y a Mister por los días en Dean St., las conversaciones, los trabajos...

Por su labor y colaboración también quiero agradecer a la Galerie Meessen de Clercq y a la Galerie Chantal Crousel.

Gracias a Acción Cultural Española, y en particular a Monique Lambie, Kaori Taniguchi y Susana Urraca.

2011年3月11日の出来事についての制作過程において、多くの方々のご支援とご厚意を賜りました。

スヴェン・ネーベル氏のこの数年に及ぶ計り知れない努力をあらためて認識すると共に、そのご家族であるマリ・カルメンさん、アンヘラさん、ジャンさんを含む皆様に対し、ここに心から感謝の意を表します。

私の初めての東北沿岸視察にお付き合いくださった玉田俊雄氏に感謝致します。玉田氏の熱意によりこのプロジェクトが実現し、また、テラピー＆スクールアイアムの島口修子氏へ、そして福島県立美術館のキュレータースタッフの方々へもご紹介いただきました。

テラピー＆スクールアイアムのスタッフ全員の皆様のおかげで、ワークショップの実現や、度重なる移動、搬送やスケジュール管理に至るまで、スムーズにそして容易に万事を運ぶことができました。

フェルナンド・サラス氏、イサウロ・アランホ氏、ルベン・デ・ラ・ベガ氏、ハビエル・ポンセ氏、アントニオ・ネゲルエラ氏、ミサ氏、ありがとうございました。皆さんと一緒に仕事ができたことを幸甚に思います。

数々のアドバイスやご支援を賜ったホアキン・ベラオ氏、ミシェル・バタグリア氏とその工房の皆様へ感謝の意を表したいと思います。

デニス・ロング氏と彼のアトリエに感謝致します。

マリアナ・アンコナ氏とミステル氏、ディーンストリートでの語らいや共に作業に取り組んだ日々をありがとうございました。

その作品とご協力いただきましたことに対し、ギャラリー・メッセン・デ・クレアクとギャラリー・シャンタール・クルーセルにも感謝致したいと思います。最後に、AC/E　スペイン文化活動公社、特に、モニク・ランビー氏、谷口香織氏、スサナ・ウラカ氏、皆様、本当にお世話になりました。

As part of the process to create these works about what happened on March 11, 2011, I received a great deal of help and many gestures of kindness.

I would like to express my deepest gratitude and acknowledgment to Sven Nebel for his invaluable work throughout these years, as well as his family, Mari Carmen, Ángela and Jan.

My thanks to Toshio Tamada, with whom I took my first journey along the shores of Tohoku. His enthusiasm made this project possible. He introduced me to Shuko Shimaguchi of Therapy & School I am and to the team of curators at the Fukushima Prefectural Art Museum.

Thank you to all of the people who work at Therapy & School I am for the ease and speed with which they held the workshops, their constant travel, trips, schedules...

I had the great luck to work with Fernando Salas, Isauro Araujo, Rubén de la Vega, Javier Ponce, Antonio Negueruela and Misa. Thanks to you all.

I would like to express my gratitude to Joaquín Berao, Michel Battaglia and their workshop for their help and advice.

Thanks to Denis Long Studio.

Thank you to Marina Ancona and to Mister for the days at Dean St., for the conversations, the work...

For their efforts and cooperation, I would also like to thank the Meessen de Clercq Gallery and the Chantal Crousel Gallery.

Thank you to Acción Cultural Española, and in particular to Monique Lambie, Kaori Taniguchi and Susana Urraca.

ESCUELAS, INSTITUCIONES Y PERSONAS QUE HAN COLABORADO EN LOS TALLERES
ワークショップにご協力いただいた学校、機関および個人の皆様（以下、敬称略）
SCHOOLS, INSTITUTIONS AND PEOPLE WHO HAVE CONTRIBUTED TO THE WORKSHOPS

1. Área de Educación del Ayuntamiento de Iwate (Iwate) / 岩手町教育委員会 (岩手県岩手町) / Iwate Town Board of Education (Iwate)

2. Área de Educación del Ayuntamiento de Kamaishi (Kamaishi, Iwate) / 釜石市教育委員会 (岩手県釜石市) / Kamaishi City Board of Education (Kamaishi, Iwate)

3. Atsuko Kawamura, portavoz, Grupo de Voluntarios de Ishinomaki (Ishinomaki, Miyagi) / 石巻ボランティアサークル　代表 川村篤子（宮城県石巻市）/ Atsuko Kawamura, Representative Ishinomaki Volunteer Circle (Ishinomaki, Miyagi)

4. Chieko Fukushima, directora, Escuela infantil de Kagano (Morioka, Iwate) / 加賀野保育園　園長 福島智恵子（岩手県盛岡市）/ Chieko Fukushima, Director, Kagano Nursery (Morioka, Iwate)

5. Eiji Shiga, directora, Escuela de Educación Primaria de Ishigami (Minamisoma, Fukushima) / 石神第一小学校　校長 志賀英司（福島県南相馬市）/ Eiji Shiga, Director, Ishigami Daiichi Elementary School (Minamisoma, Fukushima)

6. Eiko Uchida, pediatra / 小児科医 内田瑛子 / Eiko Uchida, Pediatrician

7. Escuela de Educación Primaria (Iwate) / 浮島小学校（岩手県岩手町）/ Ukishima Elementary School (Iwate)

8. Escuela de Educación Primaria de Haramachi Daisan (Minamisoma, Fukushima) / 原町第三小学校 (福島県南相馬市) / Haramachi Daisan Elementary School (Minamisoma, Fukushima)

9. Escuela de Educación Primaria de Hourai (Fukushima) / 蓬莱小学校 (福島県福島市) / Hourai Elementary School (Fukushima)

10. Escuela de Educación Primaria de Noda (Noda, Iwate) / 野田小学校 （岩手県野田村）/ Noda Elementary School (Noda, Iwate)

11. Escuela de Enseñanza Media de Noda (Noda, Iwate) / 野田中学校 （岩手県野田村）/ Noda Junior High School (Noda, Iwate)

12. Escuela Infantil de Akasaki (Ofunato, Iwate) / 赤崎保育所（岩手県大船渡市 / Akasaki Nursery (Ofunato, Iwate)

13. Escuela Infantil de Atago (Miyako, Iwate) / 愛宕保育所（岩手県宮古市）/ Atago Nursery (Miyako, Iwate)

14. Escuela Infantil de Fukushima Kohitsuji (Fukushima) / 福島こひつじ幼稚園 (福島県福島市) / Fukushima Kohitsuji Kindergarten (Fukushima)

15. Escuela Infantil de Fukushima Mebae (Fukushima) / 福島めばえ幼稚園（福島県福島市）/ Fukushima Mebae Kindergarten (Fukushima)

Akinobu Seki, director / 園長 関章信 / Akinobu Seki, Director
Chiharu Ito, jefa / 主任 伊藤ちはる / Chiharu Ito, Chief

16. Escuela Infantil de Haramachiseiai (Minamisoma, Fukushima) / 原町聖愛保育園（福島県南相馬市）/ Haramachiseiai Nursery School (Minamisoma, Fukushima)

17. Escuela Infantil de Hinata (Noda, Iwate) / 日向保育所 （岩手県野田村）/ Hinata Nursery (Noda, Iwate)

18. Escuela Infantil de Kosano (Kamaishi, Iwate) / 小佐野保育園（岩手県釜石市）/ Kosano Nursery (Kamaishi, Iwate)

19. Escuela Infantil de la Universidad de Kuhonji (Iwaki , Fukushima) / 九品寺付属幼稚園（福島県いわき市）/ Kuhonji University Kindergarten (Iwaki, Fukushima)

20. Escuela Infantil de Morioka Shirayurigakuen (Morioka, Iwate) / 盛岡白百合学園幼稚園（岩手県盛岡市）/ Morioka Shirayurigakuen Kindergarten (Morioka, Iwate)

Katsuko Chitose, directora / 園長 千歳勝子 / Katsuko Chitose , Director
Risa Kowata, jefa / 主任 小綿理佐 / Risa Kowata, Chief

21. Escuela Infantil de Nakazuma Kodomonoie (Kamaishi, Iwate) / 中妻こどもの家保育園(岩手県釜石市) / Nakazuma Kodomonoie Nursery (Kamaishi, Iwate)

22. Escuela Infantil de Nodamura (Noda, Iwate) / 野田村保育所(岩手県野田村) / Nodamura Nursery (Noda, Iwate)

23. Escuela Infantil de Orikasa (Yamada, Iwate) / 織笠保育園 （岩手県山田町）/ Orikasa Nursery (Yamada, Iwate)

24. Escuela Infantil de Oura (Yamada, Iwate) / 大浦保育園(岩手県山田町) / Oura Nursery (Yamada, Iwate)

25. Escuela Infantil de Sabara (Miyako, Iwate) / 佐原保育所（岩手県宮古市）/ Sabara Nursery (Miyako, Iwate)

26. Escuela Infantil de Takada / 高田保育所 / Takada Nursery (Rikuzentakata, Iwate) / （岩手県陸前高田市）/ (Rikuzentakata, Iwate)

27. Escuela Infantil YMCA de Sendai (Sendai, Miyagi) / 仙台YMCA幼稚園（宮城県仙台市）/ Sendai YMCA Kindergarten (Sendai, Miyagi)

28. Escuela Primaria de Taihaku (Sendai, Miyagi) / 太白小学校（宮城県仙台市）/ Taihaku Elementary School (Sendai, Miyagi)

29. Hinako Takahashi, diputada de la Cámara de Representantes / 国会議員 高橋比奈子 / Hinako Takahashi, Member of the House of Representatives

30. Hiromi Suzuki, directora, Escuela de Educación Primaria de Hirata (Fukushima) / 平田小学校（福島県福島市）校長 鈴木廣美 / Hiromi Suzuki , Director, Hirata Elementary School (Fukushima)

31. Jun Saito, escritor (Iwate) / 作家 斎藤純（岩手県岩手町）/ Jun Saito, Writer, (Iwate)

32. Masanori Kusaka, director, Escuela Infantil de Fukushima Bunka (Fukushima) / 福島文化幼稚園 理事長 日下将孝（福島県福島市）/ Masanori Kusaka, Director, Fukushima Bunka Kindergarten (Fukushima)

33. Mihoko Kumagai (Miyako, Iwate) / 熊谷美穂子（岩手県宮古市）/ Mihoko Kumagai (Miyako, Iwate)

34. Mika Abe (Miyako, Iwate) / 阿部美香（岩手県宮古市）/ Mika Abe (Miyako, Iwate)

35. Nobuko Abe, Ayuntamiento de Yamada (Yamada, Iwate) / 山田町役場 阿部信子（岩手県山田町）/ Nobuko Abe Yamada Town Hall (Yamada, Iwate)

36. Oficina de la Diputada Hinako Takahashi / 高橋比奈子事務所 / Hinako Takahashi Office

37. Rotary International District 2520 / 国際ロータリー第2520地区 / Rotary International District 2520

38. Satoko Otsuchi (Miyako, Iwate) / 大槌聡子 （岩手県宮古市）/ Satoko Otsuchi (Miyako, Iwate)

39. Seiji Fukui, miembro de la Asamblea de la Prefectura de Iwate / 岩手県議会議員 福井誠司 / Seiji Fukui, Member of Iwate Prefectural Assembly

40. Shinichi Kobari, División de Educación Escolar del Área de Educación de la Ciudad de Fukushima (Fukushima) / 福島市教育委員会学校教育課 小針伸一（福島県福島市）/ Shinichi Kobari, School Education Division, Fukushima City Board of Education (Fukushima)

41. Shizui Saito (Minamisona, Fukushima) / 齋藤シズイ（福島県南相馬市）

42. Takashi Naito / 内藤隆 / Takashi Naito

43. Takaya Suzuki, alta dirección, Centro Comercial de Ofunato Yume (Ofunato, Iwate) / おおふなと夢商店街　専務理事 鈴木隆也（岩手県大船渡市）/ Takaya Suzuki , Senior Managing Director, Ofunato Yume Shopping Mall (Ofunato, Iwate)

44. Takeshi Saito (Minamisona, Fukushima) / 齋藤武（福島県南相馬市）

45. Templo de Jikouji (Kuji, Iwate) / 慈光寺（岩手県久慈市）/ Jikouji Temple (Kuji, Iwate)

46. Tetsuya Koyachi, Área de Educación del Áyuntamiento de Noda (Noda, Iwate) / 野田村教育委員会 小谷地鉄也（岩手県野田村）/ Tetsuya Koyachi, Noda Village Board of Education (Noda, Iwate)

47. Toshikatsu Abe, fotógrafo / 写真家 阿部敏勝 / Toshikatsu Abe, Photographer

48. Tsugiko Nonaka, directora, Centro Cultural Infantil de Fukushima (Fukushima) / 福島市野田児童センター 所長 野中ツギ子（福島県福島市）/ Tsugiko Nonaka, Fukushima Noda Children's Center, (Fukushima)

49. Yoichi Kimura, profesor adjunto de la Universidad de Mujeres de Artes Liberales de Doshisha /同志社女子大学　講師木村要一/ Yoichi Kimura, Assistant Professor, Doshisha Women's College of Liberal Arts

50. Yuji Oda, alcalde, Ayuntamiento de Noda (Noda, Iwate) / 野田村　村長 小田祐士（岩手県野田村）/ Yuji Oda, Village Mayor, Noda Village (Noda, Iwate)

EXPOSICIÓN
展覧会
EXHIBITION

Organizan
主催
Organisation

Fukushima Prefectural Museum of Art
Acción Cultural Española (AC/E)
Embajada de España en Tokio

Comisario
コミッショナー
Curator

José María Sicilia

Coordinación general
総括コーディネーション
General Coordination

Monique Lambie (AC/E)
Kaori Taniguchi (AC/E)
Hiroshi Miyatake
(Fukushima Prefectural Museum of Art)

Asistente de producción
制作アシスタント
Production assistant

Israel Ballano

Diseño y dirección de montaje
デザイン・展示指揮
Design and installation

José María Sicilia
Fukushima Prefectural Museum of Art
Acción Cultural Española (AC/E)

Montaje
展示
Installation

Nippon Express Co., Ltd.
日本通運株式会社

Transporte
輸送
Transport

TTI. Fine Arts Services

Seguros
保険
Insurance
Aon

Audiovisual
オーディオビジュアル
Audiovisual

José María Sicilia. Fukushima. Flores de invierno
ホセ・マリア・シシリア　福島・冬の花
Gonzalo Robledo
(Dirección / 監督 / Director)
PACE Inc. Tokio
(Producción / 編集制作 / Producer)

Pieza sonora
音声作品
Sound piece

Déjate devorar, adora el tiempo, 2013
汝を貪らしめよ、時を崇めよ 2013
Julio González (AC/E)

Editan
発行
Publishers

Acción Cultural Española (AC/E)
Turner

Dirección
監修
Director

José María Sicilia

Coordinación editorial
編集コーディネート
Publishing Coordination

Susana Urraca Uribe (AC/E)
Turner

Textos
テキスト執筆
Texts

Antonio Lucas
Takashi Sasaki
José María Sicilia

Traducción
翻訳
Translation

Javier de Esteban
Chris Kerin
Douglas Prat
Rumi Sato

Diseño
デザイン
Graphic Design

Jaime Narváez

Impresión
印刷
Printing

Artes Gráficas Palermo

Encuadernación
製本
Binding

Ramos

CRÉDITOS FOTOGRÁFICOS
写真提供
PHOTO CREDITS

Un país llamado Accidente
アクシデントという名の国
A Country called Accident
Cortesía del artista / 作家提供 /
Courtesy of the artist
© Photo Gori Salvà pp: 57-103

Miki Endo / 藤末希
Cortesía del artista / 作家提供 /
Courtesy of the artist
© Photo Gori Salvà pp: 105-107

Okawa /大川
Cortesía del artista / 作家提供 /
Courtesy of the artist
© Photo Gori Salvà pp: 108-111

Flores de invierno / 福島・冬の花 /
Winter Flowers
Cortesía del artista y la Galería Meessen
de Clercq, Bruselas / 作家およびギャラリー・
メッセン・デ・クレアク（ブリュッセル）提供る /
Courtesy of the artist and Meessen
de Clercq Gallery, Brussels

Ausencias / 無 / Absences
Cortesía del artista / 作家提供 /
Courtesy of the artist
© Photo Sven Gösta Nebel pp: 125-143

El instante I / 瞬間 I / The Instant I
Cortesía del artista y la galería Chantal
Crousel, París / 作家およびギャラリー・シ
ャンタール・クルーセル（パリ）の譲渡による /
Courtesy of the artist and Chantal Crousel
Gallery, Paris
© Photo Rebecca Fanuele pp: 145-179
© Photo Gori Salvà pp: 181-184

El instante II / 瞬間 II / The Instant II
Pp: 187-191, 194-196, 198, 199, 201
Cortesía del artista y la galería Meessen
de Clercq, Bruselas / 作家およびギャラリー・
メッセン・デ・クレアク（ブリュッセル）提供る
/ Courtesy of the artist and Meessen de
Clercq Gallery, Brussels
© Photo Philippe De Gobert

Pp: 192-193
Cortesía del artista /作家提供 /
Courtesy of the artist
©Photo Gori Salvà

P: 197
Van Nieuwland Collection, 's
Gravenwezel (Belgium)
© Photo Philippe De Gobert

P: 200
Colección particular, Bruselas / 個人蔵
（ブリュッセル） / Private Collection, Brussels

Pp: 202-203
Private Collection Norbert Müller, Brussels
©Photo Philippe De Gobert

Castillos de arena /砂の城 / Sandcastles
Pp: 205-209, 2012
Cortesía de Tamada projects, Toshio
Tamada / （株）タマダプロジェクトコーポ
レーション代表取締役 玉田俊雄氏提供
/ Courtesy of Tamada projects,
Toshio Tamada

Pp: 210-11
© Photo Gori Salvà
© 2013 BOLD@LIVE / 笑顔の窓 /
All Rights Reserved. Photos by
Toshikatsu Abe

ISBN: 978-84-15272-47-2 (SEAC)
      978-84-15832-70-6 (Turner)
DL: M-24555-2013

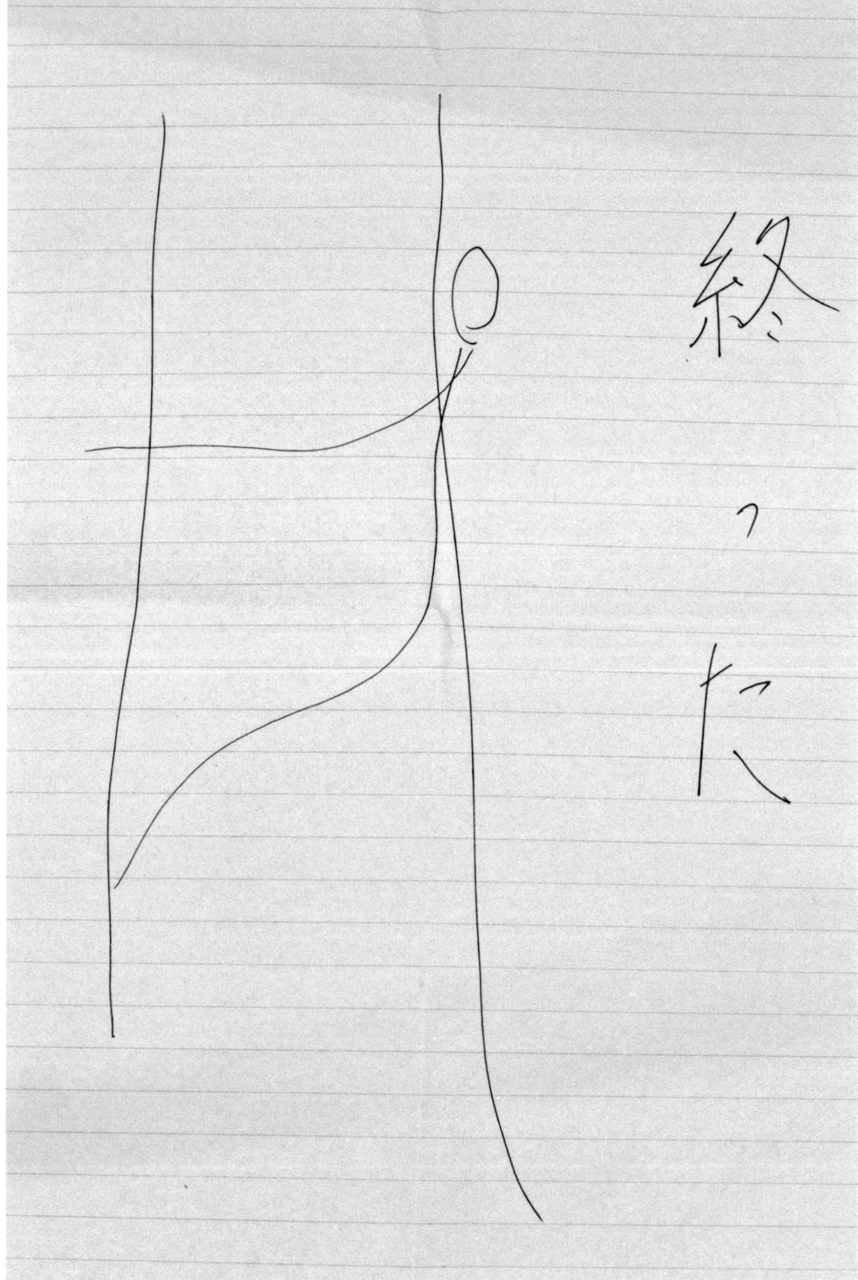

SE ACABÓ

Un instante dura mil años, el tiempo no puede volver sobre sus pasos, si así fuese el tiempo se rompería. La tierra se abrió, subí a un árbol y vi lo imprevisible, el tiempo puro llevándoselo todo. Mi vida se detuvo, el tiempo desapareció como la nube detrás de la montaña.

終った

一瞬は千年に及ぶ。時間はその経過に戻ることはできない。もしそれができるなら、時間は崩壊してしまうだろう。大地が割れた。私は木によじ登り、そして予期せぬものを見た。純一無雑な時間が、すべてを奪い去って行く様を。私の人生は途絶した。時間は掻き消えた、山の向こうへ姿を隠す雲のごとく。

IT'S FINISHED

An instant lasts a thousand years. Time cannot walk back on its own footsteps. If it could, time would be broken. The eart opened up, climbed a tree and saw the unforeseeable. Pure time taking everythin away. My life came to a halt. Time vanishe like a cloud behind a mountain.